NO PULP IN THE FICTION

DIE FRÜHEN FILME VON QUENTIN TARANTINO

MARKUS HIRSCH

NO PULP IN THE FICTION

Die frühen Filme von Quentin Tarantino

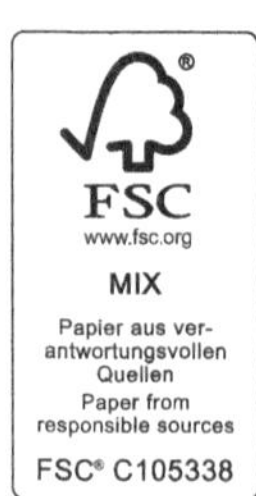

*Bibliografische Information der Deutschen National-
bibliothek:*
*Die Deutsche Nationalbibliothek verzeichnet diese
Publikation in der Deutschen Nationalbibliografie; de-
taillierte bibliografische Daten sind im Internet über
http://dnb.dnb.de abrufbar.*

Umschlaggestaltung: Claudia Hirsch

*Herstellung und Verlag: BoD – Books on Demand,
Norderstedt*

*ISBN: 978-3-**7519-9799-7***

Inhalt

Vorwort

„Nun befinden wir uns im Überlebenskampf des Films. Will man dem Film also eine Spritze verpassen, die sein Leben verlängern würde als Teil anderer Disziplinen […], müssen wir nach den Hauptquellen der Energie suchen. Eine Energiequelle könnte sein, die Regeln jenes Genres zu brechen, das genauso leer ist wie das Leben der Leute, die ihm folgen"

(ein Statement von Star-Regisseur *Emir Kusturica* aus dem Jahr 2007, das irgendwie auch genau jenen *Effekt* beschreibt, den Quentin Tarantino's Filme in den 90ern auf die Filmbranche im Allgemeinen und auf das Genre „*Crime Film*" im Besonderen hatten)

„All my dogs is at the reservoir
Top five, I'm where the legends are […]"

(ein großer amerikanischer Sprachkünstler, der Rapper EMINEM, bezieht sich auf einen anderen, nämlich *Quentin Tarantino* – aus: EMINEM's Song „*Yah Yah*" von 2020, enthalten auf dem Album „*Music to Be Murdered By*", das auch einige Hommagen an einen weiteren legendären Filmregisseur, nämlich an *Alfred Hitchcock*, enthält)

An Quentin Tarantino, dem 1963 in Knoxville (Tennessee) geborenen US-Regisseur, scheiden sich wahrlich die Geister. Die einen halten ihn für ein „*Bloody Genius*", so wie das eine Dokumentation von Tara Wood über Tarantino aus dem Jahr 2019 im Titel andeutet, und die anderen befällt beim Betrachten seiner oft „überlangen" & „überkonstruierten" Filme sicherlich so ein „*Thank you, you've made a happy woman/ happy man very old*"-Gefühl.

Fakt ist aber auch, dass Tarantino einer der einflussreichsten Filmemacher der letzten 30 Jahre ist und seine Werke speziell in den 90ern eben nicht nur das Genre des „*Crime Film*[s]" belebt haben, sondern der gesamten Filmbranche eine notwendige „*Adrenalinspritze ins Herz*" verpasst haben, also genau das getan haben, was „Vincent Vega" John Travolta mit „Mia Wallace" Uma Thurman in einer der berühmtesten Szenen von *Pulp Fiction* tut.

Das vorliegende Buch, entstanden im Frühjahr & Sommer des wahrlich „denkwürdigen" Jahres 2020, setzt sich ausschließlich mit den „frühen Werken" des Regisseurs auseinander, die gleichzeitig aber auch *meine* persönlichen „*Top Five*"-Tarantino-Filme sind, meine persönlichen, wenn man so will, „*QT-Legends*", nämlich *Reservoir Dogs*

– Wilde Hunde, *Pulp Fiction*, *Jackie Brown*, *Kill Bill – Volume 1* & *Kill Bill – Volume 2*.

Darüber hinaus wird die 1995 als Teil des Episodenfilms *Four Rooms* veröffentlichte Hitchcock-Hommage *The Man from Hollywood* berücksichtigt.

Da Tarantino aber eben nicht nur ein bedeutender Regisseur ist, sondern bekanntlich auch ein bedeutender Autor, dessen Drehbücher gewissermaßen eine „*Masterclass*" in Dialog, Struktur & Rhythmus sind, wurden in den Kapiteln zu *Pulp Fiction*, *Jackie Brown* und den beiden *Kill Bill* – Filmen umfangreiche Passagen aus den zugrundeliegenden Skripts eingebaut.

Mein besonderer Dank gilt an dieser Stelle meiner Frau Claudia, welche entscheidenden Einfluss darauf hatte, dass „*Quentin Tarantino*" das Thema sein sollte, welches dem zwei Bücher umfassenden Thema „*James Bond*" nachfolgt.

M. H.

PROLOG

VINCENT VEGA

Ich finde, wir sollten jetzt langsam gehen.

JULES WINNFIELD

Ja, das ist wahrscheinlich `ne gute Idee.

Nach diesem Dialog stecken *John Travolta* und *Samuel L. Jackson*, alias „Vincent & Jules", ihre Schusswaffen ein und spazieren wortlos aus dem „Hawthorne Grill Restaurant" in Los Angeles - und zu den Klängen von „*Surf Rider*" von *The Lively Ones* beginnt der Abspann: WRITTEN AND DIRECTED BY QUENTIN TARANTINO…

Nach und nach verlassen die nicht gerade wenigen Besucher das Grazer „*Opern*"-Kino, welches 1999 endgültig dichtgemacht wurde, und irgendwann sitze ich tatsächlich nur mehr allein in dem Saal und starre noch immer auf die Leinwand – es ist bestimmt das fünfte oder sechste Mal, dass ich den Film sehe.

Obwohl der Kino-Angestellte, der die Spätvorstellung von PULP FICTION betreuen musste, mit Nachdruck beginnt, diverse Popcorn- & Getränke-Becher wegzuräumen, „weigere" ich mich, obwohl die „Forderung" danach irgendwie klar im Raum steht, schon zu gehen und bleibe, bis der Abspann des Films allmählich endet und sämtliche Musik verstummt. Dann bewege auch ich mich in Richtung Seitenausgang, wo der mittlerweile leicht „vorwurfsvoll" dreinblickende Angestellte letztendlich wartet, um *endlich* die Tür hinter mir schließen zu können. Ich sage *„auf Wiedersehen"* zu ihm, er sagt ebenfalls *„auf Wiedersehen"*, und ich trete hinaus in die Nacht, wo „Mum & Dad" mich bereits erwarten und sich irgendwie darüber zu amüsieren scheinen, dass ich offenbar *wirklich* die letzte Person bin, die in dem Kinosaal noch übrig war.

…

OK, *vielleicht* hat *Quentin Tarantino* (und mir selbst ist es immer so erschienen, als wäre dieser Zeitpunkt nach der formidablen und auffällig „seriös" geratenen Pam Grier-Huldigung *Jackie Brown* von 1997 gekommen gewesen, *spätestens* aber nach dem wahrlich ekstatischen Rache-Epos *Kill Bill Vol. 1 & 2* aus 2003/2004) wirklich irgendwann begonnen, jene Filme zu drehen, die man ihm zuvor nur *unterstellt* hat, sie zu drehen, nämlich ganz spezielle, eben „*Tarantino-eske*", Formen der „*rabiaten Genre-Hommage*", die er dann tatsächlich in Werken wie *Inglourious Basterds* (2009) und *Django Unchained* (2012) nicht nur verwirklicht, sondern gleichsam auch auf die Spitze getrieben hat.

In den 90ern jedoch, lässt man den leicht albern geratenen Beitrag „*The Man from Hollywood*" in dem heutzutage fast schon wieder vergessenen Episoden-Film *Four Rooms* (1995; Regie: Allison Anders, Alexandre Rockwell, Robert Rodriguez & Quentin Tarantino) mal beiseite, waren Tarantino's Filme, *Reservoir Dogs* (1992), *Pulp Fiction* (1994) & *Jackie Brown*, wirkliche Meisterwerke und tatsächlich „*something new*" gegenüber dem, bei aller Brillanz, zum damaligen Zeitpunkt doch leicht *vorhersehbar* gewordenen Kino von US-Regie-Gurus wie beispielsweise *Woody Allen, Martin Scorsese* oder *Francis Ford Coppola*. Denn, letztendlich war die Lage, um gleich bei den drei Regie-Legenden zu bleiben, seinerzeit im Grunde so: Coppola feierte 1990, nach einer „kommerziellen Dürre" von 10 Jahren, ein mühsames und tendenziell vielleicht „einfallsloses" Comeback mit *Der Pate III* (The Godfather Part III) und *Bram Stokers Dracula* (1992; Dracula). Scorsese, von dem ich komischerweise nie so ein großer Fan war, wie man es gewiss sein *müsste*, lieferte von Teilen der Filmkritik bis heute fast hymnisch gefeierte, virtuos und wahrlich „entfesselt" gefilmte, irgendwie aber unterm Strich dann doch leicht „konservative" Mafia-Epen wie *Good Fellas – Drei Jahrzehnte in der Mafia* (1990; Goodfellas) oder *Casino* (1995) ab. Und Woody Allen's intellektuelles Personal wälzte, in Filmen wie *Ehemänner und Ehefrauen* (1992; Husbands and Wives) oder *Manhattan Murder Mystery* (1993), anscheinend immer dieselben Beziehungsprobleme in der tiefbürgerlichen Welt von Manhattan - und fing dabei irgendwann an zu reden, als wäre es gerade einem alten Ingmar Bergman-Film entsprungen.

Inmitten dieser „Durststrecke" des US-Kinos tauchte plötzlich „Q. T.", *Quentin Jerome Tarantino*, auf, dessen Filme nicht nur so waren, wie „Vincent Vega" John Travolta in *Pulp Fiction* sein Steak bestellt, nämlich *„bloody as hell"*, sondern auch Werke, in denen die *„bad-ass dudes"*, die Gangster, plötzlich begannen, über die wahre Bedeutung von Madonna's *„Like a Virgin"* oder über die „erotischen Qualitäten" von *Fußmassagen* zu philosophieren.

Reservoir Dogs (1992)

(ca. 99 Min.; dt. Verleihtitel: *Reservoir Dogs – Wilde Hunde*)

Das war die Partridge Family mit „Doesn't Somebody Want to Be Wanted", gefolgt von Edison Lighthouse mit „Love Grows (Where my Rosemary Goes)". Und weiter geht's mit K-Billy's Superoldies-Hitparade der 70er-Jahre

...

„Yeah/Looking back on the track for a little green bag/Got to find just a kind or losin' my mind"

(Ausschnitt aus dem Song „*Little Green Bag*" der *George Baker Selection* aus dem Jahr 1970, der den Vorspann von *Reservoir Dogs* untermalt, in dem „*acht Kriminelle in SCHWARZEN ANZÜGEN*" in *Zeitlupe* eine Straße lang gehen; *zuvor* die Worte des DJs der „*fictional radio station*" K-Billy, auf der gerade, wie im gesamten „Echtzeit-Teil" des Films, das „*K-Billy's Super Sounds of the Seventies Weekend*" läuft)

„Ooga-Chaka Ooga-Ooga/Ooga-Chaka Ooga-Ooga"

(aus dem 1973 veröffentlichten Song „*Hooked on a Feeling*" von *Blue Swede* – enthalten auf dem *Reservoir Dogs*-Soundtrack; es mag vielleicht merkwürdig klingen, aber *irgendwie* beschreiben diese „Textzeilen" auch *genau* das *Feeling*, das alle Filme von *Quentin Tarantino* verbreiten!)

MR. BROWN

Ich sag euch, worum's in „Like a Virgin" geht. Der Song handelt von einem Mädchen, das auf `nen Kerl mit einem großen Schwanz scharf ist. Das Ganze ist eine Metapher für große Schwänze.

(aus: *Reservoir Dogs – Wilde Hunde*; der Gangster „Mr. Brown", gespielt von seinem Schöpfer *Quentin Tarantino* höchstselbst, gibt den „*Popkultur-Nerd*" und klärt seine Kollegen während der berühmten „*pre-heist debate about the possible meanings of Madonna's `Like a Virgin* `" über die angeblich wahre Bedeutung des Songs auf – *heist*: Raub; gemäß der im Jahr 2000 bei *faber and faber* erschienenen Buchausgabe des Tarantino-Skripts sagt „Mr. Brown": „*Like a Virgin is all about a girl who digs a guy with a big dick. The whole song is a metaphor for big dicks.*")

MR. WHITE

Du wirst wieder gesund! Weißt du, die Eingeweide, das sind die schmerzempfindlichsten Körperteile, die man treffen kann. Aber es dauert lange, bis man daran stirbt. Wirklich sehr lange.

(aus: *Reservoir Dogs – Wilde Hunde*; „Mr. White" Harvey Keitel zu „Mr. Orange" Tim Roth, der mit einem Bauchschuss blutend auf dem Boden des Lagerhauses liegt; laut Tarantino-Skript sagt „Mr. White" zu „Mr. Orange": *„Listen to me, kid. You ain't gonna die! Along with the kneecap, the gut is the most painful area a guy can get shot in. […] But it takes a long time to die from it. I'm talkin' days."*)

MR. BLONDE

Willst du noch weiter bellen, kleines Hündchen, oder willst du beißen?

(aus: *Reservoir Dogs – Wilde Hunde*; „Mr. Blonde" Michael Madsen zu „Mr. White" Harvey Keitel während ihres Streits im Lagerhaus; laut QT-Skript: *„You gonna bark all day, little doggie, or are you gonna bite?"*)

Quentin Tarantino's „*Kino der Eingeweide*" (Copyright: *New York Times*-Kritikerin *Manohla Dargis* – Vorwort zur deutschen Drehbuchausgabe von *Pulp Fiction*, erschienen 1994) und sein damit einhergehender „*hard-hitting style*" haben Anfang der 90er-Jahre wuchtig wie ein Aufwärtshaken von Rocky Balboa in der Filmwelt eingeschlagen.

Dabei sind Tarantino's „Helden" praktisch die Gegenentwürfe zu den heroischen „80er-Jahre-Kampfmaschinen", denn es sind tatsächlich, um auf den Titel eines der erfolgreichsten Tarantino-Filme Bezug zu nehmen, sozusagen „*Inglorious Bastards*", „unrühmliche Bastarde", die einem der Regisseur da, inmitten von spritzendem Blut und splitternden Knochen, präsentiert.

Während Gangster und Mafiosi speziell in der *Godfather*-Trilogie von Francis Ford Coppola sowie in den in den 90ern entstandenen Mafia-Filmen von Martin Scorsese (der wunderbare *Mean Streets – Hexenkessel* von 1973 mit Harvey Keitel & Robert De Niro hingegen ist ein völlig anderer Fall!) *oftmals* als „Amtsträger" rüberkommen, findet bei Tarantino, und das schon in dessen Regiedebüt *Reservoir Dogs – Wilde Hunde*, also gleichsam von Anfang an, wahrlich keinerlei „*Glorifizierung & Mystifizierung*" von Verbrechern und Berufskillern statt. Im Gegenteil: Die

Mafiosi, die Gangster, die Killer, das sind „ganz normale" Menschen, die zur „Arbeit" gehen, davor und danach irgendein alltägliches, „blödes" oder belangloses Zeug quatschen und somit auch ganz normale „Lebensprobleme" wälzen. Diese *unrühmlichen Bastarde* sind also weder besonders „heroisch" noch besonders „gescheit", sie sind - in der Regel zumindest- „Menschen mit Gefühlen", denen auch, wie beispielsweise dann im dritten Abschnitt von *Pulp Fiction* („THE BONNIE SITUATION"), als „Vincent Vega" John Travolta dem auf der Rückbank des Autos sitzenden „Marvin" (Phil LaMarr) quasi aus Versehen eine Kugel in den Kopf jagt, „Arbeitsunfälle" passieren.

Der Plot von *Reservoir Dogs – Wilde Hunde*:

Der Film beginnt damit, dass 8 Männer („*Mr. White*", „*Mr. Orange*", „*Mr. Blonde*", „*Mr. Pink*", „*Mr. Blue*" & „*Mr. Brown*" sowie „Nice Guy" *Eddie Cabot* und dessen Vater, der Ober-Boss *Joe Cabot*) am Tisch eines Diners in Los Angeles sitzen und sich, bevor sie dann losziehen, um einen geplanten Diamantenraub auszuführen, über die möglichen Bedeutungen des *Madonna*-Songs „*Like a Virgin*" unterhalten sowie auch über die Wichtigkeit des Trinkgeldgebens [als „Widersacher" stehen sich hier vor allem „*Mr. Pink*" und „*Mr. White*" gegenüber: MR. PINK, der kein Trinkgeld, vor allem keine „automatischen Trinkgelder", geben will, macht eine dementsprechende Bewegung mit Daumen und Mittelfinger und sagt: „*Weißt du, was das ist? Das ist die kleinste Violine der Welt. Die spielt nur für die Kellnerin*" / MR. WHITE, der das Ganze mehr „von der soziologischen Seite her" betrachtet: „*Das Gaststättengewerbe stellt die meisten Arbeitsplätze für Frauen ohne Hochschulabschluss in diesem Land. Das ist der einzige Job, den praktisch jede Frau kriegen und davon leben kann. Und zwar deswegen, **weil** man Trinkgeld gibt*"].

Nach dem Raubüberfall flüchtet Mr. White mit dem schwer verletzten Mr. Orange in einem Wagen – Orange, der stark blutet und vor Schmerzen schreit, hat [wie man erst *viel später* im Rahmen einer *Rückblende* und im Kapitel „MR. ORANGE" erfährt] von der Besitzerin des gestohlenen Wagens einen Schuss in den Bauch verpasst bekommen, bevor Orange die Frau dann gleichsam aus einem Reflex heraus erschossen hat. White bringt Orange zu dem verabredeten Treffpunkt, eines von Joe Cabot's Lagerhäusern, platziert ihn dort auf dem Boden und versucht ihn irgendwie zu beruhigen. Plötzlich taucht auch Mr. Pink auf, der es ebenfalls geschafft hat, der Polizei zu entkommen, und ist felsenfest davon überzeugt, dass der Juwelenraub deswegen schiefgegangen ist, weil es einen Verräter in den eigenen Reihen gegeben hat und die Polizei in Wahrheit schon vor Ort gewesen ist. Außerdem informiert er White darüber, dass Mr. Blue und Mr. Blonde vermisst werden – White wiederum berichtet seinerseits, dass Mr. Brown tot ist. Pink und White beginnen sich in der Folge über Mr. Blonde zu unterhalten, denn dieser hat während des Raubüberfalls begonnen wahllos Zivilisten zu töten, und White ist erzürnt darüber, dass sein alter Freund Joe Cabot offenbar einen „Psychopathen" angeheuert hat [MR. WHITE: *„Warum zum Teufel hat Joe bloß so einen Irren angeheuert? […] Psychopathen sind keine Profis. Ich kann nicht mit Psychopathen arbeiten. Du weißt doch nie, was diese kranken Arschlöcher als Nächstes tun"*]. Nachdem Pink White mitgeteilt hat, dass *er* die Diamanten hat und in einem Versteck in der Nähe untergebracht hat, geraten die beiden Männer darüber in einen Streit, was mit dem verletzten und mittlerweile bewusstlos gewordenen Mr. Orange [MR. PINK: *„Scheiße, ist der schon abgekratzt?"*] geschehen soll, der bald stirbt, wenn er keine medizinische Hilfe bekommt. Der Streit endet damit, dass White und Pink aufeinander losgehen und schließlich auch die Waffen aufeinander richten. *Plötzlich* steht Mr. Blonde im Raum und trinkt in Ruhe aus einem Fast Food-Restaurant-Getränkebecher. Beinahe gerät White dann auch mit ihm in eine Auseinandersetzung, aber Blonde beendet den Streit sozusagen, indem er Pink und White seine Geisel präsentiert, die sich im Kofferraum seines Autos befindet – es handelt sich dabei um den jungen Streifenpolizisten Marvin Nash.

In dem Zwischenkapitel „MR. BLONDE" [*Anmerkung*: Zuvor wurde man in dem Zwischenkapitel „MR. WHITE" Zeuge eines Gesprächs zwischen Joe Cabot und Mr. White, in dem Cabot und White, der in Wirklichkeit *Lawrence* „Larry" *Dimick* heißt, über alte Zeiten reden und in dem auch der beabsichtigte Juwelenraub kurz angesprochen wird] sieht man ein Treffen zwischen Vic Vega, so der wirkliche Name von „Mr. Blonde" [*Anmerkung*: Dass John Travolta später in *Pulp Fiction* ebenfalls den Nachnamen „Vega" trägt, ist kein Zufall, denn laut Tarantino sollen „Vic & Vincent Vega" *Brüder* sein], und den beiden Cabots. Als Gegenleistung dafür, dass Vega eine vierjährige Haftstrafe abgesessen hat ohne die Cabots zu verraten, bieten ihm „Nice Guy" Eddie und dessen Vater eine Art „*no-show job*" als Dockarbeiter an, der nur dazu dient, Vega's Bewährungshelfer Seymour Scagnetti [*Anmerkung*: Auch hier gibt es *Namensähnlichkeiten* innerhalb des Tarantino-Personals, denn in dem nach einem Tarantino-Drehbuch von *Oliver Stone* inszenierten Serienkiller-Spektakel *Natural Born Killers* aus 1994 treibt sich der von *Tom Sizemore* gespielte „Massenmörder-jagende" Detective Jack *Scagnetti* herum] zu täuschen, dem Vega aber in Wirklichkeit nicht nachgeht. Da Vega aber nach „echter Arbeit" fragt, machen die Cabots ihn zum Mitglied im „Juwelenraub"-Team.

Zurück im Lagerhaus: Mr. Pink und Mr. White prügeln den gefangenen Polizisten, um von ihm Informationen bezüglich des vermuteten „Maulwurfs" in den eigenen Reihen zu erhalten, und fesseln ihn dann an einen Stuhl. Schließlich taucht Eddie Cabot auf und will, dass Pink und White mit ihm gemeinsam die vor dem Lagerhaus geparkten Autos entfernen und in der Folge die von Pink versteckten Diamanten holen – Blonde soll währenddessen im Lagerhaus bleiben und auf den Polizisten aufpassen. Der junge Polizist Nash betont anschließend nochmals gegenüber Mr. Blonde, dass er nichts von einem Undercover-Cop oder von einer Falle wisse und er auch unter Folter nichts gestehen könne. Blonde dreht daraufhin das Radio an, wo noch immer K-Billy's „*Super Sounds of the Seventies-Weekend*" läuft, und zu den Klängen des *Steelers Wheel*-Song „*Stuck in the Middle with You*" schneidet

Blonde dem jungen Polizisten Nash mit einem Rasiermesser ein Ohr ab. In dem Moment, als Blonde Nash dann auch noch mit Benzin übergossen hat und ihn offenbar tatsächlich anzünden will, wird Mr. Blonde von dem auf dem Boden liegenden Mr. Orange erschossen. Orange offenbart Nash, dass er in Wahrheit ein Undercover-Cop namens Freddy Newandyke ist und dass die Polizei bald kommen wird, jedoch auf das Eintreffen des alten Joe Cabot wartet [FREDDY NEWANDYKE/MR. ORANGE zu MARVIN NASH: *„Wir werden still vor uns hinbluten, bis Joe Cabot seinen fetten Arsch durch die Tür schwingt"*/Originalfassung gemäß QT-Skript: *„We're just gonna sit here and bleed until Joe Cabot sticks his fuckin' head through that door"*].

In dem Zwischenkapitel „MR. ORANGE" erfährt man schließlich mehr über Newandyke und darüber, wie er, unter der Anleitung seines Vorgesetzten Holdaway [Beschreibung von *Holdaway* im Tarantino-Skript: *„A tough-looking black man named Holdaway, who sports a Malcom X beard, a green Chairman Mao cap with a red star on it, and a military flack jacket"*], versucht ein guter Undercover-Cop (inklusive gefakter krimineller Vergangenheit) zu werden [HOLDAWAY zu NEWANDYKE - auf dem Dach eines Gebäudes: *„Ein verdeckter Ermittler muss wie Marlon Brando sein. Du musst ein fabelhafter Schauspieler sein* *und dabei ganz natürlich wirken*"] – außerdem werden auch Szenen präsentiert, in denen es Newandyke gelingt, das Vertrauen der Cabots sowie von „Mr. White" zu erlangen und somit Teil der Diamantenraub-Gruppe zu werden [„Mr. Brown" Quentin Tarantino bei der „Decknamen-Vergabe" durch „Joe Cabot" Lawrence Tierney – in Originalfassung: „[…] *Mr. Brown? That's little too close to Mr. Shit*" / „Mr. Pink" Steve Buscemi: „[…] *Mr. Pink sounds like Mr. Pussy*"]. „Mr. White" entwickelt sich darüber hinaus zu so etwas wie einem Mentor für „Mr. Orange", der auch zunehmend mehr über die Vergangenheit von White erfährt [HOLDAWAY zu NEWANDYKE bezüglich Mr. White bei einem Treffen im „Denny's" (laut QT-Skript: „*Denny bacon, cheese and avocado burger*"): „*Und ich würde mit dir um den Kontostand unserer verdammten Pensionskasse wetten, dass in Milwaukee schon 'ne Akte über diesen Mr. White-Arsch vorliegt*" *– zur Erklärung*: Einige White-Aussagen, die Newandyke seinem Vorgesetzten im „Denny's" wiedergibt, deuten eben darauf hin, dass White aus dieser US-Region kommt].

Zum Schluss kehrt der Film wieder zu den Vorkommnissen im Lagerhaus zurück: Mr. White, Mr. Pink und „Nice Guy" Eddie treffen mit den Diamanten ein und finden den toten Mr. Blonde vor. Orange versucht sie davon zu überzeugen, dass Mr. Blonde letztendlich geplant hat, bei der Rückkehr alle zu töten und die Diamanten zu stehlen. Der impulsive Eddie Cabot glaubt ihm aber nicht, erschießt den immer noch an den Stuhl gefesselten Polizisten Nash, und betont, dass Blonde sozusagen ein loyaler und langjähriger Freund der Cabots war, der sogar eine Gefängnisstrafe abgesessen hat, ohne irgendjemanden etwas zu verraten. Als der Ober-Boss Joe Cabot auftaucht, eskaliert die Lage endgültig: Cabot, der zuvor noch mitteilt, dass auch Mr. Blue getötet wurde, beschuldigt Orange, der Verräter und somit ein Undercover-Cop zu sein. Der alte Cabot setzt dazu an, Orange zu erschießen, doch White, der von Orange's Unschuld immer noch tief überzeugt ist, richtet plötzlich seine Waffe auf Cabot. Ein „Mexican Standoff" entsteht [*Mexican Standoff*: Eine Situation, in der keinerlei „Strategie" existiert und die Gegner ihre jeweiligen Waffen so aufeinander richten, dass *jeder* den Sieg davontragen könnte – bekannt vor allem auch aus *Italo-Western* oder aus den Hongkong- sowie US-Filmen von Regisseur *John Woo*], in dem Cabot, White und der über White natürlich erzürnte „Nice Guy" Eddie Cabot die Schusswaffen aufeinander richten. Letztendlich feuern alle drei Personen Kugeln ab, mit dem Ergebnis, dass Joe & Eddie Cabot tödlich getroffen werden, Mr. Orange eine weitere Kugel abbekommt und auch Mr. White schwer verletzt ist. Mr. Pink, der kein Teil der Mexican-Standoff-Situation war und als Einziger unversehrt ist, schnappt sich die Diamanten und flüchtet aus dem Lagerhaus, wo ihn aber, wie man hören kann, die Polizei erwartet. White schleppt sich zu Orange und hält ihn in den Armen, woraufhin Orange gesteht, dass er ein Undercover-Cop ist [MR. ORANGE – gemäß QT-Skript: „*I'm a cop.* [...] *I'm sorry. I'm so sorry*"]. White hält in der Folge Mr. Orange/Freddy Newandyke seine 45er an den Kopf – die Polizei fordert, als sie dann schließlich in das Lagerhaus gelangt, White dazu auf, die Waffe fallen zu lassen. Der Film endet damit, dass Mr. White seine Waffe abfeuert und im Kugelhagel der Polizei stirbt [Regie-Anweisungen im Tarantino-Skript: „*Mr. White looks up at them, smiles, pulls the trigger. / BANG / We hear the burst of a shotgun fire. / Mr. White is blown out of frame, leaving it empty*"].

„I don't take the violence very seriously. I find violence very funny, and especially in the stories, that I've been telling recently"

&

„I'm not trying to preach any kind of morals or get any kind of message across, but for all the wildness that happens in my movies, I think, that they usually lead to a moral conclusion"

(*Quentin Tarantino* zu dem Thema *„Gewaltdarstellung & Amoralität in seinen Filmen"* – aus einem Interview mit *Graham Fuller* vom Mai 1993, abgedruckt dann in dem 1994 von *John Boorman & Walter Donohue* herausgegebenen Buch *„Projections 3: Film-Makers on Film-Making"*; *Anmerkung:* Wenn Tarantino von *„unlängst erzählten Geschichten"* spricht, dann bezieht er sich, neben *Reservoir Dogs*, vor allem auf das damals bereits fertiggestellte Drehbuch zu seiner zweiten Regiearbeit *Pulp Fiction*)

„It never looks like a script – it always looks like Richard Ramirez's diary, the diary of a madman"

(Quentin Tarantino - wiederum in dem *Projections 3*-Interview - über die handgeschriebenen „Erstfassungen" seiner

Drehbücher; *Richard Ramirez* - „The Night Stalker": einer der bekanntesten US-Serienmörder)

Das Drehbuch zu *Reservoir Dogs* (*Anmerkung*: Der großartige Titel soll, der von Tarantino selbst so kommunizierten „*legend*" nach, davon inspiriert worden sein, dass ein „*customer*" bei den „*Video Archives*" in Manhattan Beach [Kalifornien], wo Tarantino Anfang der 90er gearbeitet hat, sich nach Louis Malle's 1987er-Meisterwerk „*Au revoir, les enfants*" [dt. Titel: *Auf Wiedersehen, Kinder*] erkundigt und den Filmtitel irgendwie in Richtung „Reservoir" „*mispronounced*" hat) ist das erste aus der Reihe jener „*tough, cynical & exuberatly*[überschwänglich] *amoral genre-bending scripts*" (Copyright: *Graham Fuller*), die verfilmt wurden und die auch von Anfang an ein Markenzeichen des Autors und Regisseurs waren.

Alles, was Tarantino's filmische Welt ausmacht, der „*rapidly talking flow*" der Protagonisten, die „verwickelt" strukturierten Plots, die „*explosions of violence*", die „*Pop-Kultur-Referenzen*", das alles ist in *Reservoir Dogs – Wilde Hunde*, der für gewisse Leute bereits ohnehin „*der perfekte Tarantino-Film*" war, vorhanden. Und die *ersten sieben*

Minuten des Films, also die „*pre-heist*“-Debatte, in der Tarantino selbst, als „Mr. Brown“, sich zunächst in einer Art „anti-intellektueller *Madonna*-Demystifikation“ versucht und die dann in einem „Tarifstreit“ über Trinkgelder in der Gastronomie endet, sind „*Tarantino pur*“ und, wenn man so will, die ultimative Einführung in dessen „Männerwelt“.

Geschrieben hat Tarantino *Reservoir Dogs – Wilde Hunde* im Oktober 1990 („QT on QT“: „*I am a pretty good writer – but I always think of myself as a director*“). Ein zentraler Punkt beim Verfassen des Drehbuchs, neben dem Augenmerk auf die Dialoge (QT: „*All the right people endet up saying all the right things*“), war das „*non-linear storytelling*“, also die auffällige „*Antworten-zuerst, Fragen-später*“-Struktur des Films.

Reservoir Dogs – Wilde Hunde zeigt die Vorkommnisse *vor* und *nach* dem schiefgegangenen Überfall, aber der „*heist*“ selbst bleibt, ähnlich wie übrigens in dem im selben Jahr erschienenen Meisterwerk *Glengarry Glen Ross* (1992; Regie: James Foley; literarische Vorlage: David Mamet), in dem der erwähnte Überfall „*never shown on camera*“ ist, „*an event we didn't see*“ (*Anmerkung*: Ursprünglich hatte die Entscheidung, den Raubüberfall *nicht* zu zeigen, durchaus „budgetäre Gründe“, doch Tarantino hat später betont, dass sein Film eigentlich *„about other things"* ist und diese Tatsache somit nicht wirklich störe). Während die Szenen im Lagerhaus (als Drehort diente übrigens eine ehemalige *Leichenhalle*, deren oberstes Stockwerk dann für die dementsprechenden Szenen auch noch zu „*Mr. Orange's Apartment"* umfunktioniert wurde) gleichsam in Echtzeit ablaufen, also einer „*real-timeclock"* folgen, erfährt man in „Zwischenkapiteln" mehr über „*Mr. White"*, „*Mr. Blonde"* und schließlich „*Mr. Orange"*.

Die „*Zwischenkapitel"*-Struktur von *Reservoir Dogs - Wilde Hunde* war sozusagen ein erster Ausdruck von Tarantino's Leidenschaft, in seinen filmischen Werken mit „*novel-structures"*, mit der Struktur von Romanen und somit von *Literatur*, zu spielen (QT: „*Reservoir Dogs ist der Schundroman, den ich immer schreiben wollte"* / „*Ich schrieb Reservoir Dogs mit der Intension, dass es sich anfühlen sollte, als lese man ein Buch – mit Kapitelüberschriften für die verschiedenen Szenen"*). Während später bei *Pulp Fiction* gleichsam die *Hauptfiguren* einer Episode plötzlich in einer anderen Episode nur als *Nebenfiguren* auftreten (ein Beispiel: „Vincent Vega & Mia Wallace" John Travolta und Uma Thurman spielen im Abschnitt „VINCENT VEGA AND MARSELLUS WALLACE'S WIFE" die Hauptrollen, im Abschnitt „THE GOLD WATCH", in dem es primär um „Butch Coolidge" Bruce Willis geht, kommen beide jedoch nur kurz vor), also etwas tun, was in *der* Form sonst nur Romanautoren so einfach mit ihren Figuren machen können, heißt das im Falle von *Reservoir Dogs – Wilde Hunde*, dass jeder *„chapter about a guy"*, wie in einem Roman, ein Mehr an Informationen bringt, bevor man dann sozusagen *„back in main action again"* ist.

Von Anfang an war Tarantino, trotz all der Insider-Jokes und Pop-Kultur-Bezüge, durchwegs seine eigene Schöpfung, soll heißen: Ein Leinwandkünstler *ganz eigener* Couleur!

Dennoch gab es, und das schon seit *Reservoir Dogs – Wilde Hunde*, immer wieder *„Plagiat vs. Hommage"*-Diskussionen im Zusammenhang mit seinen Filmen.

Als Werk, von dem Tarantino sich *auf jeden Fall* bei seinem Debüt hat beeinflussen lassen, muss Stanley Kubrick's fantastischer „Heist-Movie" *The Killing - Die Rechnung ging nicht auf* (1956; *The Killing*) gelten, der in Wahrheit eines der großen Meisterwerke der 50er-Jahre ist und selbst in Kubrick's wahrlich eindrucksvoller Filmographie -aus meiner Sicht jedenfalls- ein wirkliches Highlight darstellt. In „*The Killing*", so eben der Originaltitel, arbeitet Kubrick nicht nur mit non-linearen Erzählweisen, sondern schildert das Geschehen, ähnlich wie das in Akira Kurosawa's legendärem *Rashomon – Das Lustwäldchen* (1950; Rashōmon) der Fall ist, auch aus mehreren Blickwinkeln.

Fest steht, dass *Reservoir Dogs – Wilde Hunde* immer wieder als eine Art „*update on Stanley Kubrick's 'The Killing'*" betrachtet wurde - Tarantino selbst hat natürlich nie von einem „Remake" oder dergleichen gesprochen, seinen Film dafür aber durchaus als „*my ‚Killing'*" bezeichnet, also als „*his take on that kind of heist-movie*" (*zur Erklärung*: *Heist-Movie*: Ein zur Gruppe der Thriller gehörendes Filmgenre, in dessen Mittelpunkt die Planung, Vorbereitung und Durchführung von Raubüberfällen steht – das Besondere ist auch, dass die Handlung von Heist-Movies aus dem Blickwinkel der Räuber erzählt wird).

Weitere Filme, die den „*a planned heist goes terribly wrong*"-Plot von *Reservoir Dogs - Wilde Hunde* angeregt haben, sind definitiv aber auch der „American film noir and crime film" *Der vierte Mann* (1952; Kansas City Confidential; Regie: Phil Karlson) und Joseph H. Lewis' Gangster-Film *Geheimring 99* (1955; The Big Combo), in dem es sogar einen Gangsterboss namens „Mr. Brown" gibt, also eine Figur, die genau so heißt wie die von Tarantino selbst gespielte Nebenfigur in *Reservoir Dogs – Wilde Hunde*.

Die Tatsache, dass im Tarantino-Debüt gleichsam *„characters named after colors“* vorkommen, wurde als „Verbeugung“ vor dem 70er-Jahre-Thriller-Klassiker *Stoppt die Todesfahrt der U-Bahn 1-2-3* (1974; The Taking of Pelham One Two Three; Regie: Joseph Sargent) angesehen, in dem die von Robert Shaw angeführten U-Bahn-Entführer eben allesamt Decknamen wie „Mr. Blue“ (Shaw), „Mr. Green“ (Martin Balsam), „Mr. Grey“ (Hector Elizondo) und wiederum „Mr. Brown“ (Earl Hindman) tragen.

Wenn jemand allerdings Tarantino ernsthaft „Plagiatsvorwürfe“ machen könnte, dann nur der chinesische Regisseur *Ringo Lam* (inszenierte auch die drei *Jean-Claude Van Damme*-B-Film-Action-Klassiker *Maximum Risk*, *Replicant & In Hell*, veröffentlicht 1996, 2001 & 2003), denn *Reservoir Dogs - Wilde Hunde* weist wahrlich *„key elements similar to“* Lam's Hongkong-Klassiker *City on Fire* (1987; Alternativtitel: *Cover Hard 2*) mit Chow Yun-Fat und Danny Lee auf, in dessen Story es ebenfalls um einen Undercover-Cop geht, der ein Verbrechersyndikat infiltriert, das auf Juwelenraub spezialisiert ist. Am Ende von

City on Fire, der im Grunde ein nicht untypischer ultraharter „Hongkong-Actioner" der 80er-Jahre ist, kommt es sogar zu einem ähnlichen „Mexican Standoff" in einer Lagerhalle wie in dem Tarantino-Werk, denn der Verbrecher „Fu" (gespielt von Danny Lee – ist praktisch das Vorbild für „Mr. White" Harvey Keitel) stellt sich schützend vor den durch einen *Bauchschuss* schwer verletzten und von dem Banden-Boss, der über den missglückten Coup wütend ist, als „Verräter" bezeichneten Undercover-Cop „Ko Chow" (Chow Yun-Fat), mit dem er sich mittlerweile angefreundet hat – im Rahmen des Showdowns stirbt allerdings, nachdem er, gleichsam in „Mr. Orange"-Manier, „Fu" sein Undercover-Cop-Dasein gestanden hat, nur „Ko Chow" an seinen Verletzungen, während „Fu" aber von der Polizei abgeführt wird.

City on Fire, von dem sich Tarantino (QT über *City on Fire*: „*I loved City on Fire...It's a great movie*") ganz offensichtlich auch zur *Mr. White schießt mit gleich zwei Pistolen auf einen heranfahrenden Polizeiwagen und tötet die Insassen*-Szene hat inspirieren lassen, denn „Fu" Danny Lee tut in Ringo Lam's Werk tatsächlich auf „verblüffend ähnliche" Weise dasselbe, wurde nach dem Erscheinen von *Reservoir Dogs – Wilde Hunde* bei den diversen *City on Fire*-DVD-Releases aus Werbezwecken durchaus als

„Vorbild" für das Tarantino-Debüt angeführt, und das DVD-Exemplar des Ringo Lam-Films, das ich persönlich besitze, trägt sogar folgende Aufschrift: „DIE VORLAGE FÜR TARANTINOS BAHNBRECHENDES MEISTERWERK RESERVOIR DOGS".

Ursprünglich hatte sich der damalige Video-Store-Angestellte Tarantino darauf eingestellt, *Reservoir Dogs – Wilde Hunde* quasi im „Guerilla-Style" in den Straßen von Los Angeles drehen zu müssen, und das lediglich *„with his friends"*, einem Budget von etwa 30.000$ und im *„16mm black & white-format"*. Tarantino's Kumpel *Lawrence Bender*, der letztendlich dann Mitbegründer der berühmten Tarantino-/Bender-Produktionsgesellschaft *„A Band Apart"* wurde (*Anmerkung*: Als Vorbild für den Firmennamen diente Jean-Luc Godard's Film *Bande á part*, deutscher Titel: *Die Außenseiterbande*, aus 1964) und alle Tarantino-Filme (mit Ausnahme von *Death Proof – Todsicher* aus 2007) bis einschließlich *Inglourious Basterds* (2009) produzieren sollte, hätte dabei einen jungen *„Police Officer"* gespielt, der „Mr. Pink" hinterherjagt.

Nun, Bender sollte dann bekanntlich nicht eine der Hauptrollen in *Reservoir Dogs - Wilde Hunde* spielen, er ist aber derjenige, der das *Reservoir Dogs*-Projekt in der

Folge erst so wirklich auf ein „höheres Level" gebracht hat, indem er gleichsam die „*Lawrence Bender gave the script to his acting teacher, whose wife gave the script to Harvey Keitel*"-Legende begründet hat, auf die Tarantino und er in der *Pulp Fiction*-Zeit dann in so ziemlich *jeder* US-TV-Show angesprochen wurden, in der sie zu Gast waren. Und Fakt ist tatsächlich: Lily Parker, die Frau von Bender's „*acting teacher*" Peter Flood, gab Tarantino's Drehbuch weiter an *Harvey Keitel*, und zwar deswegen, weil Bender einmal erwähnt hatte, dass -„*in einer perfekten Welt*"- Harvey Keitel seine und Tarantino's allererste Wahl für die Rolle des „Mr. White" wäre.

Keitel, der glücklicherweise zu Beginn der 90er-Jahre, nachdem ihn in den „*70s*" Robert De Niro bei Scorsese gleichsam als dessen bevorzugter „Leading Man" abgelöst hatte, wieder zu so etwas wie zum Lieblingsschauspieler einer ganzen Generation von US-Independent-Filmern wurde (ein absolutes Keitel-Highlight seinerzeit: Abel Ferrara's *Bad Lieutenant* aus 1992), mochte das *Reservoir Dogs*-Skript von Anfang an, bezeichnete Tarantino's Geschichte um Betrug, Vertrauen und Loyalität als „*brillant geschrieben*" und das gesamte Drehbuch als „*wichtig*" und als „*eines der besten Drehbücher seit Jahren*".

Der überzeugte „*method actor*" Keitel, der dann später bekanntlich nicht nur die Rolle von „The Wolf" in *Pulp Fiction* spielen sollte, sondern auch den Part des Geistlichen „Jacob Fuller" in Robert Rodriguez's -nach einem Drehbuch von Tarantino entstandener- wüster „Gangster- & Vampirhorror-Film-Mischung" *From Dusk Till Dawn* (1996; Co-Stars: George Clooney, Juliette Lewis & Quentin Tarantino), fungierte schließlich als „Co-Producer" bei *Reservoir Dogs – Wilde Hunde*, was, wie vor allem Tarantino immer wieder angemerkt hat, nicht umgehend sozusagen sämtliche Türen öffnete, es aber ihm und Bender leichter machte, das Projekt finanziert zu bekommen (*Anmerkung*: Als offizielles *Reservoir Dogs*-Budget gilt der Betrag von 1,2 Millionen US-Dollar).

Eine endgültige Finanzierungszusage erhielt Tarantino dann schließlich durch *Richard N. Gladstein*'s Produktionsfirma „*Live*". Gladstein, der spätere stellvertretende Generaldirektor von *Miramax*, erkannte ebenfalls sofort die Qualitäten des *Reservoir Dogs*-Skripts, das er aus den Händen des Filmregisseurs *Monte Hellman* erhalten hatte (*Anmerkung*: Bei Hellman hatte Tarantino einen Regie-Kurs am *Sundance Institute* absolviert – Hellman betreute das *Reservoir Dogs*-Projekt dann als „Executive Producer"), und meinte: „*Quentin schafft es wirklich, den*

Sprachstil eines gewissen Milieus zu erfassen, und auch die Geschichte selbst ist mit ihren Zeitsprüngen einzigartig".

Nachdem die Finanzierung geklärt war, führte eine lange und anstrengende Casting-Phase (denn: plötzlich herrschte sowohl bei alteingesessenen als auch bei jungen Schauspielern ein reges Interesse daran, ein Teil von *Reservoir Dogs – Wilde Hunde* zu sein) Tarantino und Bender schließlich nach New York, wo Harvey Keitel mit seinem eigenen Geld einige *„casting sessions"* organisiert hatte.

Und diese Casting-Sessions waren auch der Ort, wo die beiden auf *Steve Buscemi*, *Michael Madsen* und *Tim Roth* trafen, also gleichsam ihren „Mr. Pink", ihren „Mr. Blonde" und ihren „Mr. Orange" fanden (*Anmerkung*: Madsen und Roth gehören seit damals quasi zur *„Tarantino-Gang"*, denn Roth war nicht nur in *Reservoir Dogs – Wilde Hunde* zu sehen, sondern auch in *Pulp Fiction*, in der Episode *„The Man from Hollywood"* aus *Four Rooms* sowie in dem Western *The Hateful Eight* (2015) - eine Rolle in dem großartigen *Once Upon a Time in Hollywood* von 2019 fiel der Schere zum Opfer, während Michael Madsen später auch Auftritte in *Kill Bill Vol. 1 & 2, The Hateful Eight* und *Once Upon a Time in Hollywood* hatte).

Steve Buscemi war seinerzeit, dank der Coen-Brothers-Geniestreiche *Miller's Crossing* (1990; Regie: Joel Coen) und *Barton Fink* (1991; Regie: Joel & Ethan Coen), sicherlich der populärste Schauspieler im *Reservoir Dogs*-Ensemble nach Harvey Keitel und wurde in den Jahren nach dem Tarantino-Debüt zu einem der größten Stars des US-Independent-Kinos. Die Charaktere in *Reservoir Dogs – Wilde Hunde* fand der gebürtige New Yorker und „Mr. Pink"-Darsteller angeblich „*witzig und schockierend*" zugleich, wobei Buscemi im Zusammenhang mit dem Werk auch folgende Aussage tätigte, die zutreffender nicht sein könnte: „*Es ist eine Männergeschichte, aber nicht **zwingend** ein Männerfilm*".

Joe Egan und Gerry Rafferty bildeten die Gruppe Steelers Wheel. Und im April 1974 nahmen sie diesen auf Bob Dylan getrimmten Pop-Bubblegum-Hit auf, der bis auf Platz 5 der Hitparade kletterte. Und diesen Titel werden wir jetzt als Nächstes spielen.

…

„Well I don't know why I came here tonight/I got the feeling that something ain't right […] /Clowns to the left of me/Jokers to the right/Here I am/Stuck in the middle with you"

(aus: *Reservoir Dogs – Wilde Hunde*; der DJ der Radio-Station „*K-Billy*" kündigt, im Rahmen der „*Superoldies-Hitparade der 70er-Jahre*", den Song „*Stuck in the Middle with You*" von *Steelers Wheel* an, der die „*ear cutting-torture-scene*" mit „Mr. Blonde" Michael Madsen & „Marvin Nash" Kirk Baltz untermalt; *Anmerkung*: Als DJ des „*K-Billy's Super Sounds of the Seventies Weekend*" fungierte der Comedian *Steven Wright*, der damals in den USA „*known for his deadpan delivery of jokes*" war, also für die „*unbewegte & ausdruckslose*" Art, seine Witze zu erzählen; *Bubblegum*: Rockmusik-Genre mit simplen Liedtexten und eingängigen Melodien, deren Anspruchsniveau sich an der Altersgruppe von Kindern orientiert)

MR. PINK

Wieso dürfen wir die Farben nicht aussuchen?

JOE CABOT

Auf gar keinen Fall. Ich hab's versucht. Das funktioniert nicht. Dann hast du vier Kerle, die sich darum streiten, wer „MR. BLACK" sein darf.

(aus: *Reservoir Dogs – Wilde Hunde*; Dialog zwischen „Mr. Pink" Steve Buscemi und „Joe Cabot" Lawrence Tierney während der „*aliases*"-Vergabe; laut Tarantino-Skript sagt Mr. Pink „*Why can't we pick out our own color?*" und Joe Cabot antwortet „*I tried that once, it don't work. You get four guys fighting over who's gonna be Mr. Black*" - wenig später macht „*the big boss*" Joe Cabot klar, dass *er* hier das Sagen hat und bei der „Decknamen-Vergabe" keine weiteren Einwände bezüglich der „Farben-Verteilung" toleriert: „*Listen up, Mr. Pink. We got two ways here, my way or the highway.*")

MR. BLUE

Was soll sie tun, dir einen runterholen?

(aus: *Reservoir Dogs – Wilde Hunde*; „Mr. Blue", gespielt von dem 2005 verstorbenen Schriftsteller und Schauspieler Edward „Eddie" Bunker, zu „Mr. Pink" Steve Buscemi, der aus

Prinzip kein Trinkgeld geben will und zuvor, laut QT-Skript, zu „Mr. Blue" gemeint hat: *„Our girl was okay. She didn't do anything special."*; die Originalversion der Mr. Blue-Aussage lautet: *„What's something special, take ya in the kitchen and suck your dick?"*; *Anmerkung*: Eddie Bunker (Jahrgang 1933), der im Jahr 2000 seine Memoiren *„Mr. Blue: Memoires of a Renegade"* veröffentlicht hat, verleiht der Rolle des „Mr. Blue" deshalb eine zusätzliche Glaubwürdigkeit, weil er, bevor er im Alter von 40 dann seinen ersten Roman ablieferte, im Laufe seines Lebens mehrfach zu längeren Haftstrafen verurteilt wurde, die er zumeist in San Quentin absitzen musste)

*„Wenn du Menschen sagst, **was** sie tun sollen und nicht, **wie** sie es tun sollen, dann werden sie dich mit ihrer Genialität überraschen"*

(Quentin Tarantino über seine Arbeitsweise am Set – der QT-Sager ist eine Anlehnung an den berühmten US-General *George S. Patton*, der die 3. US-Armee nach der Landung in der Normandie befehligte und dessen Spitzname übrigens *„Old Blood and Guts"* war)

Angeführt wird das phänomenale Schauspielensemble, also die *„Eight men dressed in BLACK SUITS"* (Copyright:

Reservoir Dogs-Skript; *Anmerkung*: Den „80er-Jahre-Retro-Look" der Gangster, die schwarzen Anzüge mit dünnen Schlipsen, hat Tarantino als „*deren Uniform, deren Rüstung*" bezeichnet) rund um „*big boss*" Joe Cabot, von „Mr. White" Harvey Keitel (eine berühmte Aussage von „Mr. White", gerichtet an den auf der Rückbank des gestohlenen Wagens aufgrund des Bauchschusses blutenden und schreienden „Mr. Orange": „*Say-the-goddam-words: you're gonna be okay!*" – QT-Skript-Version / dt. Fassung: „*Nun sag diese verdammten Worte schon! Du wirst wieder gesund!*").

Die Kinolaufbahn von Harvey Keitel begann im Grunde bereits Ende der 60er-Jahre, denn damals hatte sich Keitel (Jahrgang 1947) auf die Anzeige eines jungen New Yorker Regie-Studenten gemeldet, der nach Schauspielern für seinen Abschlussfilm suchte. Bei dem jungen Regisseur handelte es sich tatsächlich um keinen Geringeren als *Martin Scorsese*, der Keitel daraufhin dann auch die Rolle des „J.R." in seinem Regie-Debüt *Wer klopft denn da an meine Tür?* (1967; Who's That Knocking at My Door?) gab.

Wie bereits erwähnt wurde Keitel in den 70ern dann für kurze Zeit sogar zu so etwas wie Scorsese's „Leading Man" und spielte 1973 die Hauptrolle in dessen erstem großen Gangsterfilm *Mean Streets – Hexenkessel*. Obwohl

Keitel nach *Mean Streets – Hexenkessel* bei Scorsese dann bekanntlich von Robert De Niro als „Lieblingsschauspieler" abgelöst wurde, besetzte ihn Scorsese immer wieder in seinen Filmen, so auch in der „Dramedy" *Alice lebt hier nicht mehr* (1974; Alice Doesn't Live Here Anymore; in den Hauptrollen: Ellen Burstyn & Kris Kristofferson), in dem Skandalfilm *Die letzte Versuchung Christi* (1988; The Last Temptation of Christ; Hauptrolle: Willem Dafoe), in dem Keitel sogar die Rolle des „Judas Iscariot" spielte, oder auch in dem grandiosen 209-minütigen Gangsterepos *The Irishman* aus 2019 (Hauptbesetzung: Robert De Niro, Al Pacino & Joe Pesci).

Den vielleicht „*most memorable part*" bei Scorsese hatte Keitel aber 1976 als Zuhälter („Matthew *Sport* Higgins") der damals erst 14-jährigen Jodie Foster („Iris Steensma") in dem Jahrhundertfilm *Taxi Driver* (in der Hauptrolle des „Travis Bickle": Robert De Niro; Drehbuch: Paul Schrader), den auch Quentin Tarantino in den „*1990s*" in diversen Interviews als „*einen seiner drei Lieblingsfilme*" bezeichnet hat (die anderen beiden waren Brian De Palma's *Blow Out – Der Tod löscht alle Spuren* mit John Travolta aus 1981 und Howard Hawks' Westernklassiker *Rio Bravo* aus 1959; Quelle: *Charlie Rose*-Show 1994).

Keitel's absolutes Meisterstück bleibt aber seine Rolle des „namenlosen" und drogen- sowie wettsüchtigen „*police lieutenant*[s]" in Abel Ferrara's radikalem Meisterwerk *Bad Lieutenant* (1992), den ich persönlich für „*one of the greatest independent films of all time*" halte (*Anmerkung*: „Independent-Filme"/„Indie-Filme" – Filmproduktionen, die außerhalb etablierter (Studio-)Strukturen umgesetzt werden), da Keitel's Performance darin eine „*Intensität der Verzweiflung*" erreicht, die fast schon *unheimlich* ist und die ich in *der* Form kaum je irgendwo anders, im Übrigen auch nicht bei Robert De Niro, gesehen und vor allem *gespürt* habe.

Weitere Filmographie-Highlights des Workaholics Keitel, der oft bis zu sechs Filme pro Jahr drehte und sich eben immer wieder sozusagen auch für Nachwuchs-Filmemacher zur Verfügung stellte (*Anmerkung*: Keitel trat nicht nur im Scorsese- und im Tarantino-Debüt auf, sondern auch in den Regie-Debüts von *Alan Rudolph* und *Ridley Scott*, also in *Willkommen in Los Angeles* und *Die Duellisten*, veröffentlicht 1976 und 1977), sind Jane Campion's poetisches Meisterwerk *Das Piano* (1993; The Piano) sowie die nach einer Drehbuch-Vorlage von Paul Auster entstandenen Independent-Filme und „New York-Porträts" *Smoke – Raucher unter sich* (1995; Smoke; Regie: Wayne

Wang) und *Blue in the Face – Alles blauer Dunst* (1995; Blue in the Face; Regie: Wayne Wang & Paul Auster).

Zu den zahlreichen Dialog-Höhepunkten in *Reservoir Dogs – Wilde Hunde*, abseits der „[…] *'True Blue' was about a nice girl who finds a sensitive fella* […] *But 'Like a Virgin' was a metaphor for big dicks*"-Debatte (Copyright: MR. PINK, der die Ausführungen von MR. BROWN, laut Tarantino-Skript, auf diese Weise zusammenfasst) zu Beginn, gehört auf jeden Fall *auch* jene Konversation zwischen „Mr. Orange" Tim Roth und „Mr. White" Harvey Keitel, die stattfindet, als die beiden einmal vor der Location des geplanten Juwelenraubs in einem Auto sitzen und der „erfahrene Kriminelle" Mr. White den jungen Mr. Orange quasi unter seine Fittiche nimmt und sich als eine Art „Mentor" präsentiert.

Die Konversation scheint für Tarantino so zentral gewesen zu sein, dass sie auch auf dem *Reservoir Dogs*-Soundtrack (gleichsam als „Dialogschnipsel" und betitelt mit „*Let's Get A Taco*") enthalten ist, und an dieser Stelle sei ein Ausschnitt daraus wiedergegeben, der sowohl den Text der deutschen Synchro enthält als auch die Originalversion aus dem *Reservoir Dogs*-Drehbuch:

MR. WHITE

Wenn du was wissen willst und er[der Geschäftsführer] *nicht antwortet, dann schneid ihm einen Finger ab. Den kleinen Finger. Und sag ihm, der Daumen wär der nächste. Dann verrät er dir sogar, dass er Damenunterwäsche trägt. Ich hab Hunger, gehen wir was essen.*

(Mr. White's *vollständige* Ausführungen bezüglich des Managers lauten gemäß QT-Skript wie folgt: „*Now, if it's a manager, that's a different story. The Manager know better than to fuck around. So if one's givin' you static, he probably thinks he's a real cowboy. So what you gotta do is break that son- of-a-bitch in two. If you wanna know something and he won't tell you, cut off one of his fingers. The little one. Then you tell 'im his thumb's next. After that he'll tell ya if he wears ladies underwear. I'm hungry, let's get a taco.*")

Angeblich hatte der „Mr. Blonde"-Darsteller Michael Madsen (MR. BLONDE zu „Marvin Nash" Kirk Baltz: „*Hör zu, Kleiner. Ich will dir gar nicht erst was vormachen, OK? Es ist mir eigentlich völlig egal, was du weißt oder nicht weißt. Weil ich dich in jedem Fall foltern werde*") so seine Probleme, die wahrlich schockierende „*torture scene to the tune of Steelers Wheel's 'Stuck in the Middle with You'"* zu Ende zu führen, denn speziell in dem Moment, in dem der „Marvin Nash"-Darsteller Kirk Baltz zu ihm sagt *„Ich habe Familie, ich hab ein kleines Kind, bitte!"*, musste Madsen die Szene fast abbrechen.

Diese berühmt-berüchtigte *„ear cutting-scene"* (QT: „*I wanted that scene to be disturbing*") hat Tarantino's Werk damals nicht nur zu einem beliebten Diskussionsgegenstand bezüglich *„on-screen-violence"* gemacht, sondern ihrem Schöpfer -gleichsam von Karrierebeginn an- auch durchaus schmeichelhafte Vergleiche mit Regie-Meistern wie *Alfred Hitchcock* und *David Lynch* eingebracht, da *Reservoir Dogs – Wilde Hunde* an jener Stelle ohne Zweifel ganz nahe an den *„ultimativen Horror"* von Werken wie Hitchcock's *Psycho* (1960) mit der bahnbrechenden *„shower murder scene"* oder Lynch's *Blue Velvet* (1986), in dem bekanntlich die von Kyle MacLachlan gespielte Hauptfigur auf einer Wiese ein abgeschnittenes Ohr findet, herankommt.

Beim *Sitges Film Festival* (oder: „*Sitges Festival Internacional de Cinema Fantástic de Catalunya*") in Spanien, wo *Reservoir Dogs – Wilde Hunde* ebenfalls gezeigt wurde, sollen der *A Nightmare on Elm Street*- & *Scream*-Regisseur *Wes Craven* sowie der legendäre Special

Effects-Künstler *Rick Baker* (z. B.: 1981: *American Were-wolf*; 1983: Musikvideo zu Michael Jackson's Song „*Thril-ler*") die Vorstellung, zusammen mit 13 anderen Leuten, während der Folterszene verlassen haben, was, wie Rick Baker nachher betonte, mehr „*als Kompliment*" an Taran-tino gemeint war, da Craven und er die Szene aufgrund ih-res hohen Grads an *Realismus* als wahrlich „*zermürbend*" empfanden (*Anmerkung*: Als Tarantino's Vorbild für die „*ear cutting-scene*" wurde übrigens immer wieder der Italo-Western-Klassiker *Django* von Sergio Corbucci aus 1966 genannt, da sich darin eine ähnlich geartete Fol-terszene befindet).

Wie auch immer: Michael Madsen's „Mr. Blonde" ist einer der ganz großen „*psychos*" der Filmgeschichte, denn Madsen spielt die Figur, ähnlich wie Anthony Perkins „Norman Bates" in Hitchcock's *Psycho*, bis in die kleinste Geste hinein ungeheuer überzeugend und äußerst „*creepy*".

Ein Aspekt, der die besagte *Reservoir Dogs*-„*ear cut-ting-torture-scene*" noch einmal auf ein ganz besonderes Level hebt, ist der Umstand, dass „Mr. Blonde" Michael Madsen dabei zunächst zu den Klängen von „*Stuck in the Middle with You*", also zu den Klängen des Songs, der ge-rade auf der Radio-Station „K-Billy" läuft, zu *tanzen* be-ginnt – die verwendete *Musik* sollte, laut Tarantino, eine

Art „*counterpart to the onscreen violence & action*“ sein, also: eine Art *Gegenentwurf* zur Handlung auf der Leinwand, denn der Regisseur wollte für seinen *gesamten* Film ausdrücklich ein „*1950s feel while using 70s music*“.

Die dritte Figur, der Tarantino in *Reservoir Dogs – Wilde Hunde* ein eigenes „Kapitel“ zugestanden hat, ist der Undercover-Cop „Freddy Newandyke“ alias „Mr. Orange“ (MR. ORANGE zu MR. WHITE – laut Skript: „*All this blood is scaring the shit outta me. I'm gonna die, I know it*“).

Der Brite Tim Roth, der sich für die „Mr. Orange“-Rolle seinen britischen Akzent abtrainieren musste, folgte Anfang der 90er-Jahre sozusagen dem Ruf nach Hollywood. Zuvor hatte er aber in seiner Heimat praktisch mit fast der gesamten Regie-Elite des Landes gearbeitet, denn er war unter anderem in Mike Leigh's TV-Produktion *Meantime* (1983) zu sehen sowie auch in Stephen Frears' „meditativem Kriminalfilm“ *The Hit* (1984) – der mit Abstand beste UK-Film, in dem Roth in den 80er-Jahren zugegen war, ist aber gleichzeitig, zumindest aus meiner ganz persönlichen Sicht, *einer der besten europäischen Filme aller Zeiten*, nämlich Peter Greenaway's *Der Koch, der Dieb, seine Frau und ihr Liebhaber* (1989; The Cook, the Thief,

His Wife & Her Lover), in welchem Roth, an der Seite seiner Co-Stars Richard Bohringer, Michael Gambon und Helen Mirren sowie eingekleidet in die fantastischen Kostüme
von *Jean-Paul Gaultier*, die Rolle des Gangsters „Mitchel"
spielte.

Tim Roth, der bei den Dreharbeiten zu *Reservoir Dogs
– Wilde Hunde* vor allem von Tarantino's *„energy"* angetan
war, gibt in dem Film einen sehr guten „Verletzten mit
Bauchschuss" und somit „Mr. White-Gesprächspartner"
ab, ist jedoch in den *„becoming an undercover-cop"*-Sze-
nen mit „Holdaway" Randy Brooks (im Übrigen der *erste*
bedeutende *„Afro-American"* im Tarantino-Personal!) weit
weniger überzeugend, da Roth darin komischerweise ein
wenig zum „Overacting" tendiert.

Eine wirklich großartige Dialog-Sequenz von *Reservoir Dogs – Wilde Hunde* mit „Tim Roth-MR. ORANGE-Be-
teiligung" ist hingegen die folgende Unterhaltung zwischen „Mr. Pink" Steve Buscemi, „Nice Guy Eddie Cabot"
Chris Penn (Sean Penn's 2006 verstorbener *Bruder*; weiteres Filmographie-Highlight: Abel Ferrara's *Das Begräb-
nis* von 1996) und eben „Mr. Orange" Tim Roth, die in einem Wagen stattfindet, in dem sich darüber hinaus noch
„Mr. White" Harvey Keitel befindet - der Dialog zeugt
nicht nur von einer *„sexual attraction to Pam Grier"*, also

Tarantino's späterer *Jackie Brown*-Darstellerin, sondern er ist auch typisch für die *Art*, wie „*white criminals*" in *Reservoir Dogs - Wilde Hunde* über „*black people*" sprechen, die übrigens auch ähnlich der Art ist, wie Kriminelle über Afro-Amerikaner in Scorsese-Filmen wie *Mean Streets – Hexenkessel* und *Good Fellas – Drei Jahrzehnte in der Mafia* reden (*Anmerkung*: Der Dialogpassage geht gleichsam „*Die Story von Lady E*" voraus, die „Nice Guy Eddie" Chris Penn allen erzählt und die von einer äußerst attraktiven „*black cocktail waitress named Elois*" handelt – nur kommen sie von „Elois/Lady E" dann eben irgendwann auf „Blaxploitation & Pam Grier"):

EDDIE
You know who she[Elois/„Lady E"] *looked like? Christie Love. 'Member that TV show „Get Christie Love"? She was a black female cop. She always used to say „You're under arrest, sugar".*

MR. PINK
[…] *What the fuck was the name of the chick who played Christie Love?*

EDDIE
Pam Grier.

MR. ORANGE

No, it wasn't Pam Grier. Pam Grier was the other one.
Pam Grier made the movies. „Christie Love“ was like a Pam
Grier TV show, without Pam Grier.

(*Anmerkung*: Der Text folgt dem *Reservoir Dogs*-Skript;
die deutsche Synchro: EDDIE: „*Wisst ihr, wie sie ausgesehen*
hat? Sie sah aus wie Christie Love, dieser schwarze, weibliche
Bulle aus der Fernsehserie ‚Ein Auftrag für Christie Love‘. Die
hat doch immer gesagt: ‚Du bist verhaftet, Süßer‘“ / MR. PINK:
„*Wie hieß denn diese Schauspielerin gleich noch?*“ / EDDIE:
„*Pam Grier*“ / MR. ORANGE: „*Nein, das war nicht Pam Grier.*
Sie war überhaupt nicht dabei. Pam Grier hat den Film ge-
macht. Christie Love war wie die Pam Grier-Fernsehshow.
Aber ohne Pam Grier“; Eddie, Mr. Pink & Mr. Orange reden
im Grunde von der US-TV-Serie „*Get Christie Love!*“, die von
1974-1975 lief und in der *Teresa Graves* (und eben nicht Pam
Grier) die Hauptrolle spielte, was Graves damals auch zur ersten afroamerikanischen Frau machte, die die Hauptrolle in einer Fernsehserie innehatte; wenn Tarantino „Mr. Orange“ in
seinem Skript von „*movies*“ sprechen lässt, dann hatte er da
wohl Pam Grier-Kinofilme wie *Coffy – Die Raubkatze* (1973)
oder *Foxy Brown* (1974) im Sinn – im fertigen Film jedoch hat
QT „Mr. Orange“ Tim Roth aber dann tatsächlich den Satz
„*Pam Grier did the film*“ sagen lassen, was die „*Christie Love-*

Pam Grier-Verwirrung" der Gangster nur noch stärker hervor-
hebt)

Reservoir Dogs – Wilde Hunde feierte seine Premiere im Januar 1992 beim „Sundance Film Festival". Das Werk wurde „*picked up for distribution by Miramax Films*" und lief am Ende in über 60 Kinos in den USA. Während der Film in den Vereinigten Staaten nur als „*modest success*" gewertet wurde, hatte er beispielsweise weit mehr Erfolg in Großbritannien. Als finales Einspielergebnis des Taran-tino-Debüts gilt der Betrag von 2,8 Millionen US-Dollar.

So richtig populär wurde *Reservoir Dogs – Wilde Hunde* aber natürlich erst nach dem weltweiten Erfolg von *Pulp Fiction* und landete, und das sei hier erwähnt, um das gegenwärtige „Standing" des Werks zu verdeutlichen, bei einem Voting des *Empire*-Magazines von 2013 mit dem Titel „*Empire's 50 Greatest Independent Films*" sogar auf Platz 1 (vor Richard Kelly's „science fiction psycho thril-ler" *Donnie Darko* aus 2001 und James Cameron's *Termi-nator* aus 1984).

Jenseits von Votings muss *Reservoir Dogs – Wilde Hunde*, den der britische Filmregisseur und „Gelegenheitsfilmkritiker" Mark Cousins sogar einmal „[Tarantino's] *Meisterwerk in Form und Inhalt*" nannte, in der Tat als wichtiger und einflussreicher Meilenstein des *„independent filmmaking"* gelten, der aber jedoch bei seinem Erscheinen, wie fast alle Tarantino-Filme, Kritik *„for it's strong violence & language"* erntete (QT zum Thema „Sprache" in seinen Filmen: *„For some people […] the rudeness of the language […] is a mountain they can't climb. That's OK. It's not their cup of tea. There's other things that they can see"*).

Einige Pressestimmen: Vincent Canby von der *New York Times* lobte seinerzeit die Leistung des Schauspielensembles rund um Harvey Keitel und zeigte sich von Tarantino's *„non-linearem Geschichtenerzählen"* beeindruckt. Die *New York Daily News* meinte im Nachhinein im Zusammenhang mit *Reservoir Dogs – Wilde Hunde* und der darin vorkommenden Gewalt *„people were not ready for it"* und verglich den *Effekt* des Films gar mit jenem des Stummfilms *Die Ankunft eines Zuges im Bahnhof von La Ciotat* (L'arrivée d'un train en gare de La Ciotat; Regie: Auguste & Louis Lumiére) von 1895, bei dessen Premiere die Zuseher -*angeblich*- aus einem als Vorführraum dienenden Café gerannt sind, weil sie Angst hatten, von dem einfahrenden Zug überrollt zu werden. Der *Chicago Sun-Times*-Star-Kritiker Roger Ebert gab dem Film lediglich 2 ½ von 4 Sternen, da er zwar die schauspielerischen Leistungen darin mochte, dafür aber der Meinung war, dass Tarantino's Skript besser hätte sein können („[Tarantino] *has an **idea** and trusts the **idea** to drive the plot*"). Die Zeitschrift *Vanity Fair* nannte *Reservoir Dogs – Wilde Hunde* einst einen „*Actionfilm für Nihilisten*".

EPILOG

Die Anschaffung von Soundtracks ist, selbst für „Film-Freaks", im Grunde in den meisten Fällen keine sehr sinnvolle oder lohnende Sache, denn losgelöst von den Bildern sind viele „*Scores*" einfach nur langweilig und öde. Eine Ausnahme stellen aber auf jeden Fall die Soundtracks zu Tarantino-Filmen dar, die fast ein „*Must-Have*" sind, wenn man mit Tarantino's filmischem Universum etwas anfangen kann.

Der *Reservoir Dogs*-Soundtrack, den ich persönlich mir, wie wahrscheinlich die meisten „Tarantino-geneigten Kinogeher", erst angeschafft habe, nachdem mich 1994/1995 die „*Pulp Fiction*-Begeisterung" erfasst hatte, ist ein ganz besonderes Juwel, denn der Soundtrack „*set the structure Tarantino's later soundtracks would follow*", da zwischen den einzelnen Musiktiteln gleichsam „Schnipsel" („*Dialogue Excerpts*") eingefügt sind, die zentrale Dialoge aus dem Film wiedergegeben – ein Effekt, der dazu führt, dass man den gesamten Film beim Hören des Soundtracks irgendwie noch einmal erlebt.

Reservoir Dogs' „MUSIC FROM THE ORIGINAL MOTION PICTURE SOUNDTRACK" verfügt über viele Highlights, wie eben die Songs „*Little Green Bag*", „*Hooked on a Feeling*" und „*Stuck in the Middle with You*", aber auch „*Fool for Love*" von *Sandy Rogers* ist großartig und ein Song, der schon in dem gleichnamigen Robert Altman-Film von 1985 Verwendung fand und dort gleichsam als „*title country pop ballad*" fungierte.

Der beste Song des gesamten Albums ist jedoch „*Coconut*" von *Harry Nilsson*, der während des Abspanns läuft und nochmals so etwas wie einen triumphalen Schlusspunkt setzt.

In „*Coconut*", erschienen ursprünglich 1971 auf Nilsson's Album „*Nilsson Schmilsson*", gibt es in den „*lyrics*" quasi vier Charaktere: den „Erzähler", den „Bruder", die „Schwester" und den „Doktor". Drei dieser Charaktere (der Erzähler, die Schwester & der Doktor) werden von Nilsson mit verschiedenen Stimmen gesungen. Die Story des Songs, denn „*Coconut*" ist ein so genannter „*novelty song*", handelt von einem Mädchen, das nachts ihren Arzt anruft, weil sie Bauchschmerzen hat und der Arzt verordnet ihr dann sozusagen genau jenen Drink (Inhalt einer Kokosnuss & Limette), der die Bauchschmerzen überhaupt erst ausgelöst hat.

Das Ganze ist wie ein ultimativer „Kommentar" zum Ende von *Reservoir Dogs – Wilde Hunde*, denn „Mr. White" Harvey Keitel „*heilt*" die „Bauchschmerzen" von „Mr. Orange" Tim Roth letztendlich mit demselben Mittel, das sie hervorgerufen hat: „*a bullet*"!

She put the lime in the coconut/she drank ‘em bot‘ up (3x)
She put the lime in the coconut/she call the doctor/woke
‘I’m up

And said „doctor, ain’t there nothin‘ I can take?"

I said „doctor, to relieve this belly ache"

I said „doctor, ain't there nothin' I can take?"

I said „doctor, to relieve this belly ache"

(aus: „*Coconut*" von *Harry Nilsson*)

Pulp Fiction (1994)
(ca. 154 Min.; dt. Verleihtitel: *Pulp Fiction*)

„Any of you fuckin' pricks move and I'll execute every motherfuckin' last one of you!"

(aus: *Pulp Fiction*; letzter Satz, gesprochen von „Honey Bunny" Amanda Plummer, bevor das Bild einfriert und schließlich die „CREDIT SEQUENCE" [also: der Vorspann] von *Pulp Fiction* erscheint, die mit dem Instrumentalstück „*Misirlou*" (1962) [performed by: *Dick Dale & His Del-Tones*] sowie mit dem Song „*Jungle Boogie*" (1973) [performed by: *Kool & The Gang*] unterlegt ist; in der deutschen Fassung sagt die im *Pulp Fiction*-Skript als „*psychopathic, hair-triggered*[leicht reizbar, launisch], *loose cannon*" bezeichnete Diebin Honey Bunny Folgendes: „*Wenn sich auch nur einer von euch stinkenden Schwänzen rührt, verspreche ich euch: Ich werd' ihm die Eier einzeln abschießen!*")

JULES WINNFIELD
OK, los: Erzähl mir noch mal von den Haschisch-Bars.
[…] Der Stoff ist da legal, ja?

VINCENT VEGA

Ja, schon legal, aber nicht hundertprozentig legal. Du kannst unmöglich in ein Restaurant gehen, dir `nen Joint rollen und dann drauf lospaffen. Ich meine, die wollen, dass du zuhause oder nur in bestimmten Plätzen rauchst.

(aus: *Pulp Fiction*; Berufskiller auf dem Weg zur Arbeit I – Dialog zwischen „Jules Winnfield" Samuel L. Jackson und „Vincent Vega" John Travolta in einem Auto über Vega's Zeit in Amsterdam; laut Tarantino-Skript sagt „JULES" „*Okay, so, tell me about the hash bars? […] Hash is legal there, right?*" und „VINCENT" „*Yeah, it's legal, but it ain't a hundred percent legal. I mean, you just can't walk into a restaurant, roll a joint, and start puffin' away. I mean, they want you to smoke in your home or certain designated places*")

VINCENT VEGA

Well, Big Mac's a Big Mac, but they call it Le Big Mac.

(aus: *Pulp Fiction*; Berufskiller auf dem Weg zur Arbeit II – „Vincent Vega" John Travolta zu „Jules Winnfield" Samuel L. Jackson, wiederum im Auto; in der deutschen Fassung lautet Travolta's legendärer „*Big Mac*"-Sager, der die Antwort auf die „Jules Winnfield"-Frage „*Wie nennen die*[Franzosen] *einen*

Bic Mac?" ist: *„Big Mac ist ein Big Mac, aber die nennen ihn*
Le Big Mace.")

VINCENT VEGA

[…] Ich hab einer Million Ladies eine Million Fußmassa-
gen verpasst und die haben alle was bedeutet. Wir tun zwar so,
als wär das nicht der Fall, aber es is' so. Das ist ja grade das
Geile daran. Du hast eine sinnliche Sache am Kochen, du…du,
man redet nicht darüber, aber du weißt es und sie weiß es […].

(aus: *Pulp Fiction*; Berufskiller auf dem Weg zur Arbeit III
- „Vincent Vega" John Travolta zu „Jules Winnfield" Samuel
L. Jackson im Gang eines *„apartment building"*; die Originalfassung der *„foot massages"*-Aussage im Tarantino-Skript lautet: „[…] *I've given a million ladies a million foot massages*
and they all meant somethin'. Now, we act like they don't, but
they do. That's what's so fuckin' cool about 'em. There's a
sensual thing goin' on that nobody's talkin' about, but you
know it and she knows it […].")

VINCENT VEGA

Also, du gehst jetzt da raus, du wirst sagen: „Gute Nacht, es war ein reizender Abend". Du spazierst aus der Tür, steigst ins Auto, fährst nach Hause, holst dir einen runter, und das war's dann.

(aus: *Pulp Fiction*; Berufskiller und die Loyalität zum großen Boss - „Vincent Vega" John Travolta bei seinem „*...it's a moral test of yourself, wheter or not you can maintain loyalty*"-Selbstgespräch im Badezimmer von Marsellus Wallace's Haus; währenddessen tanzt sein Date „Mia Wallace", die Ehefrau von Marsellus Wallace, gespielt von Uma Thurman, im Wohnzimmer zu den Klängen des *Urge Overkill*-Songs „*Girl, You'll Be a Woman Soon*" aus 1992; in der Originalfassung sagt John Travolta: „*So you're gonna go out there, drink your drink, say `Goodnight, I've had a very lovely evening`, go home and jack off. And that's all you're gonna do.*")

„*Ich fand immer, dass John Travolta einer der größten Filmstars ist, den Hollywood je hatte*" (Copyright: *Quentin Tarantino*, in der *Charlie Rose*-Show 1994) – Nun, ich war immer ein großer Fan von *John Travolta* und Travolta ist definitiv einer meiner Lieblingsschauspieler, denn: Er war nicht nur großartig als „Tony Manero", als „Eintänzer der

Nation", in *Saturday Night Fever* (1977; Regie: John Badham), in dem Travolta's Tanzszenen eine bis heute unerreicht *„meditativ einnehmende"* Wirkung besitzen, sondern auch in dem Musical *Grease* (1978; Regie: Randal Kleiser; Co-Star: Olivia Newton-John) sowie in dem unterschätzten Drama *Urban Cowboy* (1980; Regie: James Bridges) und vor allem auch in Brian De Palma's „neo-noir political thriller" *Blow Out – Der Tod löscht alle Spuren* (Blow Out; 1981), einer Art Hommage an Michelangelo Antonioni's Meisterwerk *Blow Up* (Blowup) von 1966, nur eben mit einem explizit politischen Hintergrund.

Ende der 70er-Jahre war Travolta *„such a huge star"* in Hollywood, wie das vielleicht zuvor nur bei dem jungen Marlon Brando der Fall gewesen ist. In den 80ern jedoch geriet er bekanntlich, durch eine Reihe von Flops, fast in Vergessenheit und hätte dann wohl weiter ein eher trauriges Dasein in auf Zelluloid gebanntem „crap" wie den *Kuck mal, wer da spricht!*-Filmen führen müssen, wenn sich nicht Quentin Tarantino irgendwann an Travolta's einstige „Coolness" erinnert und ihm die Rolle des „Vincent Vega" in *Pulp Fiction* gegeben hätte.

David Lynch's *Wild at Heart – Die Geschichte von Sailor und Lula* (1990; Wild at Heart; literarische Vorlage: Barry Gifford) mag einst der erste große Film der 90er-

Jahre gewesen sein, aber Tarantino's *Pulp Fiction*, der *zumindest* ein Meisterwerk ähnlichen Ausmaßes ist wie der Lynch-Film, hat förmlich für ein ganzes Jahrzehnt definiert, was „*filmische Coolness*" bedeutet – und ein wichtiger Teil des „*Coolnessfaktors*" von *Pulp Fiction* war eben der „wiederauferstandene" John Travolta!

Der Plot von *Pulp Fiction*:

Im „PROLOGUE" wird man zunächst Zeuge eines morgendlichen Tischgesprächs in einem „*normal Denny's, Spire's-like coffee shop in Los Angeles*" [Copyright: Tarantino-Skript; *Anmerkung*: Als Drehort fungierte letztendlich das „*Hawthorne Grill*"-Restaurant in Hawthorne, im Südwesten von Los Angeles County – das „*Hawthorne Grill*" ist bekannt für seine „*Googie architecture*", die quasi ihren Ursprung im Süden von Kalifornien hatte und für die die Beeinflussung durch „*car culture*", „*jets*" sowie „*the Space & Atomic Age*" typisch ist] zwischen dem Gangsterpärchen Pumpkin und Honey Bunny, das irgendwann im Laufe ihres Gesprächs zu dem Entschluss kommt, dass es in Zukunft lieber Restaurants ausrauben will statt Bars, Schnapsläden oder Tankstellen. Das Gespräch endet damit, dass sich die beiden gegenseitig eine Liebeserklärung [im Original: HONEY BUNNY: „*I love you, Pumpkin*“ / PUMPKIN: „*I love you, Honey Bunny*“] machen und anschließend tatsächlich das Restaurant überfallen [*Anmerkung*: Tarantino hat in sein Drehbuch Folgendes über die *Art & Weise* geschrieben, wie seine beiden Figuren, „Pumpkin & Honey Bunny“, gespielt von *Tim Roth & Amanda Plummer*, ihren Dialog sprechen sollen: „*Their dialogue is to be said in a rapid-pace* His Girl Friday *fashion*“; „*His Girl Friday*“ – Originaltitel der berühmten *Howard Hawks*-Screwball-Comedy *Sein Mädchen für besondere Fälle* von 1940 mit Cary Grant & Rosalind Russell].

Der *Prolog*-Teil zeigt in der Folge die beiden Berufskiller Vincent Vega und Jules Winnfield bei der Erledigung eines Auftrages: Nachdem die Männer, die in einem alten „*1974 Chevy Nova*“ herumfahren [Beschreibung der Kleidung von Vincent Vega & Jules Winnfield im Tarantino-Skript: „[…] *both wearing cheap black suits with thin black ties* […]“], bei einem „Apartment Building“ angekommen sind [laut QT ein „*hacienda-style Hollywood apartment building*“], betreten die beiden Killer das Apartment 49 und holen sich von drei offensichtlich überforderten jungen Geschäftspartnern [„Marvin, Roger & Brad“ - gespielt von *Phil LaMarr, Burr Steers & Frank Whaley*] ihres Bosses Marsellus Wallace, die den großen Boss offenbar betrogen haben, einen Koffer [Kombination: *666* – quasi *„the number of the beast"*, welche verwendet wird, den *Teufel*, den *Antichristen* oder *das Böse* generell zu repräsentieren] zurück, dessen Inhalt im Übrigen den gesamten Film über *unbekannt* bleibt.

Winnfield erschießt Roger, der auf einer Couch liegt, „demonstrativ beiläufig" und konfrontiert Brad mit seinem versuchten Betrug an Wallace [WINNFIELD zu BRAD: *„Du hast versucht, ihn zu ficken. Und Marsellus Wallace lässt sich nun mal nicht gerne ficken, es sei denn von Mrs. Wallace"*/Originalfassung laut Skript: *„Ya tried to fuck `im and Marsellus Wallace don't like to be fucked by anybody except Missus Wallace"*]. Dann, bevor Winnfield und Vega den schreienden und zitternden Brad erschießen, zitiert Winnfield noch eine Bibelpassage, nämlich *„Ezekiel 25:17"* [*Anmerkung*: Tatsächlich stimmt nur der letzte Teil des *„Hesekiel 25, Vers 17"*-Zitats mit der Bibelstelle überein; die Version der deutschen Synchro dieses wahrlich *legendären & ikonischen* „Bibelzitats" aus *Pulp Fiction* lautet: *„Der Pfad der Gerechten ist auf beiden Seiten gesäumt mit Frevelei der Selbstsüchtigen und der Tyrannei böser Männer. Gesegnet sei der, der im Namen der Barmherzigkeit und des guten Willens die Schwachen durch das Tal* *der Dunkelheit geleitet. Denn er ist der wahre Hüter seines Bruders. Und der Retter der verlorenen Kinder. Und da steht weiter: Ich will große Rachetaten an denen vollführen, die da versuchen meine Brüder zu vergiften und zu vernichten. Und mit Grimm werd` ich sie strafen, dass sie erfahren sollen, ich sei der Herr, wenn ich meine Rache an ihnen vollstreckt habe"*].

An dieser Stelle wird -sozusagen- die Geschichte von Winnfield und Vega unterbrochen und es, obwohl die „TITLE CARD" den Abschnitt „VINCENT VEGA AND MARSELLUS WALLACE'S WIFE" ankündigt, beginnt auch die Geschichte von Butch Coolidge. Der Preisboxer Coolidge [laut Tarantino-Skript: *„a white, 26-year-old prizefighter"* – der Butch-Darsteller *Bruce Willis* war 1993, als der Film gedreht wurde, 38 Jahre alt] unterhält sich im „*Sally LeRoy's*", einem großräumigen Club, der Marsellus Wallace gehört, gerade mit *„everybody's boss"* [QT-Skript]. Nachdem Wallace eine Zeit lang über die ungemein harten Tatsachen des (Preisboxer-)Lebens monologisiert hat [MARSELLUS zu BUTCH: *„This business is filled to the brim with unrealistic motherfuckers who thought their ass would age like wine"*/dt. Fassung: *„In dieser Branche watest du bis zum Knie in einem Sumpf von unrealistischen*

*Wichsern, Traumtänzern, die dachten, ihr Arsch würde rei-
fen wie Wein*" – Tarantino bezüglich *Marsellus Wallace* in
seinem Skript: „*The black man sounds like a cross between
a gangster and a king*"], übergibt Wallace Coolidge einen
Umschlag mit Geld und macht klar, wie sich Coolidge bei
seinem nächsten Kampf, den er offenbar *absichtlich* verlieren soll, zu verhalten hat [MARSELLUS zu BUTCH: „*In der
fünften geht dein Arsch zu Boden*"/laut Skript: „*In the fifth,
your ass goes down*"].

Währenddessen klopfen Winnfield und Vega, mit dem
wiederbeschafften Koffer sowie plötzlich gekleidet in
Shorts und T-Shirts, an den Eingang des Clubs und werden
von Paul, dem Manager des „*Sally LeRoy's*", der außerdem
ein enger Mitarbeiter von Wallace ist, hereingebeten
[PAUL, gespielt von *Paul Calderon*, der in Tarantino's
Skript ursprünglich noch als „ENGLISH DAVE" bezeichnet
wurde, dabei zu VINCENT & JULES: „*Ja, Vincent Vega, unser Mann in Amsterdam. Jules Winnfield, unser Mann in
Inglewood. Na kommt rein, ihr Säcke! Verflucht nochmal,
Jungs, was ist mit euren Klamotten los?*"; Inglewood: Stadt
im Los Angeles County mit überwiegend afro-amerikani-
scher sowie hispanischer Bevölkerung].

Im Innern des ansonsten leeren Clubs sucht Winnfield
-nachdem nochmal die Tatsache erwähnt und besprochen

wurde, dass Vega offenbar Mia Wallace, die Frau des Chefs, ausführen soll, da dieser nach Florida muss [VIN-CENT zuvor zu JULES – als die beiden noch im dem Apartment-Gebäude, vor der Tür 49, gestanden sind: „*It ain't a date!* […] *It's just...you know...good company, that's all*"; Text gemäß QT-Skript]- erst mal die Toilette auf, während Vega an der Bar beinahe mit dem nach dem Gespräch mit Marsellus äußerst geladenen Butch aneinandergerät, weil dieser Vega's Art ihn anzustarren nicht leiden kann [BUTCH zu VINCENT - laut Skript: „*Lookin` at somethin',
friend?*"].

Kurz bevor die Lage dann zwischen den beiden zu eskalieren beginnt [VINCENT zu BUTCH: „*Ich bin nicht dein Freund, Penner*"], wird Vega aber von Wallace zu sich gerufen – Butch blickt Vega hinterher [*Anmerkung*: Die Art, *wie* Coolidge Vincent Vega hinterherblickt, *wie* Coolidge reagiert, ist von Tarantino äußerst exakt und wie folgt in seinem Skript beschrieben worden: „*We dolly into* CU[Close-Up: Groß- oder Nahaufnahme] *on Butch, left alone in the frame, looking like he's ready to go into the manners-teaching business.* […] *Butch makes the wise decision that if this asshole's a friend of Marsellus, he better let it go – for now*"].

An der Stelle wird die Butch-Geschichte wieder unterbrochen und es beginnt *tatsächlich* die Geschichte von „Vincent & Mia".

Bevor Vega mit seinem roten Malibu zu Marsellus Wallace's protzigem Domizil fährt, um dort Mia Wallace abzuholen, schaut er noch bei seinem Dealer Lance [gespielt von dem *Die Maske*[1985]- & *Die Fliege 2*-Star *Eric Stoltz*] vorbei, in dessen Haus [„*a suburban house in Echo Park*"; QT-Skript] sich auch Lance's Frau, die „Piercing-Enthusiastin" Jody [gespielt von *Rosanna Arquette* – bekannt seinerzeit vor allem als Co-Star von *Madonna* in dem Susan Seidelman-Film *Susan...verzweifelt gesucht* von 1985], sowie deren Freundin Trudi [gespielt von *Bronagh Gallagher* – gab ihr Kinodebüt drei Jahre zuvor, 1991, in Alan Parker's Musikfilm *Die Commitments*] befinden. In einem Schlafzimmer preist Lance seine Ware an. Als Vega sich dann für eine bestimmte Heroinsorte entschieden hat, fragt er seinen Dealer noch, ob er sich in dessen Wohnung einen Schuss setzen darf – Lance stimmt zu [LANCE: „*Me casa, su casa*" / VINCENT: „*Mucho gracias*"].

Vega und Mia Wallace betreten später am Abend das „*Jackrabbit Slim's*", ein Diner im Stil der 50er-Jahre, in dem die Kellnerinnen und Kellner als klassische Filmstars oder Filmfiguren [zum Beispiel: *Marylin Monroe, James Dean & Zorro*] oder als Musiker [zum Beispiel *Buddy Holly*, gespielt von *Reservoir Dogs*-Star *Steve Buscemi* - dieser betreut quasi den Tisch von Travolta & Thurman; ein *Ricky Nelson*-Imitator ist nicht als Kellner unterwegs, sondern singt eine Zeit lang Ricky Nelson-Songs, wie etwa „*Lonesome Town*" aus 1958, auf der Bühne] verkleidet sind [*Anmerkung*: Tarantino bezeichnet das „*Jackrabbit Slim's*" in seinem Skript als „*the big mama of 1950s diners*"; das 2400 Quadratmeter große „Googie-Stil-Diner" wurde, unter Aufsicht von Produktionsdesigner *David Wasco*, in einer Lagerhalle im kalifornischen *Culver City* aufgebaut; das Herzstück war natürlich die *Tanzfläche*, die Tarantino unbedingt *kreisförmig angeordnet* haben wollte, da er etwas Ähnliches in dem Howard Hawks-Film *Rote Linie 7000* von 1965 sowie in dem Elvis Presley-Film *Speedway* von 1968 gesehen hatte].

Die beiden nehmen in einem der Oldtimer-Cabriolets Platz, die sozusagen als die „exklusiveren" Restaurant-Tische fungieren, und sprechen über eine Reihe von Themen, so zum Beispiel über Mia's gescheiterte Versuche als Schauspielerin [VINCENT: „*Hab gehört, Sie haben einen Piloten gedreht*" / MIA: „*Das waren meine großen 15 Mi-*

nuten. […] Eine Serie über ein Team von weiblichen Geheimagenten namens `Fox Force Five`"], und über ein „Gerücht", das schon bei dem Winnfield & Vega-Gespräch in dem Apartment-Gebäude zu Beginn Gegenstand von abenteuerlichen Spekulationen war, nämlich, dass Marsellus Wallace einen an sich mit ihm befreundeten Gangster namens Antwan Rockamora [Spitzname: „*Tony Rocky Horror*"] von einem Balkon hat hinunterschmeißen lassen, weil dieser seiner Frau die Füße massiert hat [MIA diesbezüglich zu VINCENT: „*Dass Marsellus Tony vom Balkon werfen ließ, weil er mir die Füße massiert hat, erschien Ihnen vernünftig?*" - Nachsatz von MIA: „*[…] wenn ihr kleinen Gangster euch trefft, ist das schlimmer als ein Näh-Kränzchen*"].

Schließlich wird im „*Jackrabbit Slim's*", von einem Ed Sullivan-Imitator [Ed Sullivan: ein speziell in den 50ern & 60ern beliebter US-Entertainer & Talkshowhost], ein Twist-Contest ausgerufen [ED SULLIVAN: „*Ladies and Gentlemen, hier kommt der Augenblick, auf den sie alle gewartet haben: Der weltberühmte Jackrabbit Slim's Twist-Wettbewerb*"]. Mia meldet sich sofort und macht klar, dass Vincent, der nicht begeistert scheint, gar keine andere Wahl hat, da er von ihrem Ehemann ja den Auftrag bekommen hat, sie zu unterhalten [MIA: „*Now, I want to dance. I want to win. I want that trophy*" / VINCENT (seufzt): „*All right*"; Dialog gemäß Originalfassung]. Die beiden gehen auf die Tanzfläche und legen einen Twist hin [*Anmerkung*: Die legendäre *Tanzszene* mit Travolta & Thurman, die man mittlerweile getrost als *eine der berühmtesten Szenen der Filmgeschichte* bezeichnen kann, wurde natürlich erst vor Ort choreografiert – in Tarantino's Skript stehen diesbezüglich nur folgende Anweisungen: „*Mia and Vincent dance to Chuck Berry's `You Never Can Tell`. They make handmovements as they dance*"; ursprünglich hatte QT eine etwas anders geartete Tanzszene konzipiert, denn „Vincent & Mia" sollten *gemeinsam mit anderen* Twist Contest-Teilnehmern auf der Tanzfläche tanzen, was im *Ur-Skript* u. a. mit folgenden Sätzen beschrieben wurde: „*The two face each other for that brief moment before you begin to dance, then they both break into a devilish twist. Mia's version of the twist is that of a sexy swivelling rhythm that would make Mr Checker* [Chubby Checker: US-Sänger, der 1960 durch den Hit „*The Twist*" weltbekannt wurde] *proud. The other dancers on the floor are trying to do the same thing, but Vincent and Mia seem to be strangely shaking their asses in sync. The two definitely share a rhythm and share smiles as they sing along with the last verse of the golden oldie*"].

Als Vega und Mia Wallace wieder, mit der Twist-Contest-Trophäe in ihrem Besitz, zurück in Marsellus' Haus sind, beginnt Mia nochmal, während Vega die Toilette aufsucht, zu den Klängen eines Songs von *Urge Overkill* zu tanzen. Vega kämpft im Rahmen eines Selbstgesprächs mit seiner Loyalität zu Marsellus, da die Frau seines Chefs für ihn sozusagen -sexuell- Tabu bleiben sollte. Mia findet in der Folge in Vincent's Mantel das Säckchen mit Heroin, das Vega zuvor seinem Dealer abgekauft hat. In völliger Unkenntnis davon, dass es sich bei dem Säckchen um Heroin und eben nicht, wie sie annimmt, um Kokain handelt, schnieft Mia das Heroin [Anweisungen im QT-Skript: *„Mia has the unbeknownst-to-her heroin cut up into big lines on her glass top coffee table"*] mit einer 100-Dollar-Note – der Effekt: Sie erleidet eine „OD" [Overdose – Überdosis] und sackt zusammen.

Vincent findet die „OD'ing" Mia [VINCENT – im Original: *„Jesus Christ! […] Mia! Mia!"*] – dieser läuft mittlerweile Blut aus der Nase und sie hat Schaum vor dem Mund. Vega packt sie, platziert sie auf dem Beifahrersitz seines Malibus und rast mit ihr zu seinem Dealer Lance, den er zuvor noch am Telefon über die Umstände informiert [VINCENT: *„Ich hab hier `ne Braut, die an `ner Überdosis krepiert"* / LANCE: *„Dann bring sie nicht her!"*]. In weiterer Folge landen alle -Vincent, Mia, Lance, Jody und Trudi, die noch immer high bei dem Ehepaar herumhängt- im Wohnzimmer von Lance's Haus in Echo Park. Lance, der irgendwann seinen Widerstand gegen die ganze Sache aufgibt [VINCENT (schreit): „*Hol die Spritze!!!*"], holt eine Adrenalin-Spritze samt Anleitungsbuch. Vincent markiert mit einem Filzstift [im Original: „*magic marker*"] Mia's Brustplatte, gleichsam um ihr Herz nicht zu verfehlen. Dann jagt er ihr die Adrenalinspritze ins Herz – Mia öffnet die Augen, sie röchelt, schreit, hustet und richtet sich schließlich mit samt der Spritze, die noch immer in ihrer Brust steckt, auf.

Die Nacht endet damit, dass Vega Mia Wallace zurück zu ihrem Haus bringt, wo beide sich das Versprechen ab-ringen, Marsellus *niemals* etwas von dem Vorfall zu erzäh-len. Als Vincent sich verabschiedet [VINCENT: „*Wenn ich mich jetzt entschuldigen darf. Ich fahr nach Hause und krieg `nen Herzinfarkt*"], möchte Mia ihm noch einen Witz erzählen, den sie ihm im „*Jackrabbit Slim's*" quasi schul-dig geblieben ist, da sie ihn nicht für witzig hält und sich nicht blamieren wollte – er stammt aus der Pilot-Folge zu der geplanten und nie verwirklichten Serie „*Fox Force Five*". Nachdem sie den lahmen Witz [MIA: „*Drei Tomaten* *gehen auf der Straße spazieren: Papa Tomate, Mama To-mate, Baby Tomate. Baby Tomate bleibt `nen bisschen zu-rück und Papa Tomate wird ziemlich wütend. Er geht zu-rück, zermantscht Baby, und sagt `Ketchup`"*] erzählt hat, den sie eben auch in dem Piloten zum Besten gegeben hat, verabschieden sich die beiden nun endgültig und Mia ver-schwindet ins Haus. Vincent blickt ihr noch eine kurze Zeit nach und schickt ihr, bevor er zurück zu seinem Malibu geht, einen Kuss hinterher [Anweisungen im QT-Skript: *„Mia turns and walks inside her house. […] Vincent conti-nues to look at where she was. He brings his hands to his lips and blows her a kiss"*].

Die „VINCENT VEGA AND MARSELLUS WALLACE'S WIFE"-Story endet und die Geschichte von Butch wird wieder aufgenommen – und zwar beginnend mit „Butch's Traum" [QT-Skript: *„We're in the living room of a modest two bedroom house in Alhambra, Cali-fornia, in the year 1972"*]. Der 5-jährige Butch, der vor dem Fernseher sitzt, bekommt Besuch von Captain Koons [gespielt von Schauspiel-Legende *Christopher Walken*, der schon 1993 in Tony Scott's Verfilmung von Tarantino's erstem Drehbuch *True Romance* einen denkwürdigen Auftritt als Mafiosi „Vincenzo Coccotti“ hatte und dort gegenüber Dennis Hopper den folgenden „klassischen Tarantino-Satz“ zum Besten gab: „*I haven't killed anybody since 1984*“]. Seine Mutter stellt ihm Koons vor [BUTCH'S MUTTER: „*Das hier ist Captain Koons, er war mit deinem Daddy im Kriegsgefangenenlager*(Anm.: in *Vietnam*)“ – Koons ist, laut Skript, „*a man dressed in the uniform of an American Air Force Officer*“] und dieser erzählt ihm die Geschichte der „goldenen Uhr“, die sozusagen ein *Erbstück* ist, das Butch unbedingt erhalten soll, da die Uhr offenbar schon im Besitz von Butch's Urgroßvater war und in der Folge an Großvater und Vater weitergegeben wurde [CAPTAIN KOONS – an dem Punkt, wo dieser schon von der Kriegsgefangenschaft und dem vietnamesischen Gefangenenlager berichtet: „*So wie dein Dad es sah, war diese Uhr dein Erbe. Er wollte verdammt sein, wenn irgendwelche Schlitzaugen*[im Original: „*slopeheads*“ – abfällig für Personen mit „*East Asian ethnicity*“] *nach dem Erbe seines Sohnes grapschen würden. Also versteckte er sie an dem einzigen sicheren Ort, den er kannte: seinem Arsch. Fünf ganze Jahre lang trug er diese Uhr in seinem Arsch. Und dann, als er an der Ruhr erkrankte, gab er mir die Uhr und ich versteckte diesen Metallhaufen zwei Jahre lang in meinem Arsch. Dann, nach sieben Jahren, wurde ich zu meiner*

Familie nach Hause geschickt. Und jetzt, kleiner Mann, gebe ich die Uhr dir"].

Der erwachsene Butch erwacht in einer Garderobe [laut Skript immer noch „[s]*haken by the bizarre memory* […]"] – es ist unmittelbar vor dem Boxkampf, den Butch laut Marsellus Wallace *unbedingt* verlieren soll. Der Trainer des Boxers [KLONDIKE, Butch's Trainer, wird von *Sy Sher* dargestellt] betritt den Raum und teilt Butch, der schon sämtliche Box-Utensilien (wie Handschuhe, Schuhe, Mantel etc.) trägt, mit, dass der Kampf beginnt. Nachdem Coolidge die Garderobe verlassen hat, schließt der Trainer die Tür -und nach einer *Abblende* erscheint die „TITLE CARD" zu dem zweiten großen Abschnitt von *Pulp Fiction*: „THE GOLD WATCH".

Den Boxkampf („COOLIDGE VS WILSON") selbst bekommt man nicht zu sehen – das Ergebnis, nämlich, dass Coolidge gewonnen hat und Wilson sogar im Ring gestorben ist, erfährt man allerdings durch die Stimmen der Sportreporter „Richard & Dan", die aus dem Radio des Taxis ertönen, in dem „*a female cabbie named Esmarelda Villalobos*" [QT-Skript; in der deutschen Synchro: „ESMERALDA Villalobos"; „Esmarelda" wird von *Angela Jones* gespielt] sitzt. Kurze Zeit später springt Coolidge, nachdem er zuvor eine Tasche aus einem Fenster geworfen hat, aus einem Gebäude hinunter in einen Müllcontainer – er trägt noch immer sein Boxer-Outfit. Die Taxifahrerin rast mit ihrem Taxi sowie mit Butch auf der Rückbank davon und unmittelbar an dem Eingang zu der Location, in der der Boxkampf stattgefunden hat, vorbei. Währenddessen bahnen sich Paul aus dem „*Sally LeRoy's*" sowie Vincent Vega ihren Weg durch einen langen Flur hin zur Garderobe des getöteten Boxers Floyd Wilson – in der Garderobe befinden sich bereits Wilson's Trainer, Marsellus Wallace sowie auch Mia Wallace, die sich bei Vega nochmal kurz für das Abendessen im „*Jackrabbit Slim's*" bedankt. Da klar ist, dass Coolidge alle gelinkt hat, gibt Marsellus seine Anweisungen bezüglich Butch an Paul weiter [MARSELLUS: „*Ich bin gewillt, die ganze Welt nach diesem Scheißkerl zu durchkämmen. Wenn Butch nach Indochina geht, soll sich ein N***** in einer Reisschüssel verstecken und ihm eine Sprengkapsel in den Arsch schieben*" / PAUL (leicht sarkastisch): „*Ich werd mich darum kümmern*"].

Im Taxi wird Butch, der sich beginnt auf der Rückbank umzuziehen, von Esmeralda auf die offensichtliche Tatsache angesprochen, dass es sich bei ihm um den Boxer handelt, der gerade eben einen anderen Boxer im Ring getötet hat [ESMERALDA: „*Was ist das für ein Gefühl? Einen Mann zu töten? Mit den eigenen Händen einen anderen Mann* umzubringen?“ / BUTCH: „*Bist du pervers, oder was?*“/im Original: „*Are you some kinda weirdo?*“]. Nachdem die beiden während der Taxifahrt Kommentare bezüglicher ihrer Namen abgegeben haben [BUTCH über den Namen der Kolumbianerin „ESMARELDA VILLALOBOS“ – laut Skript: „*That's one hell of a name you got there, sister*“ / ESMARELDA: „*Butch, what does it mean?*“ – BUTCH: „*I'm an American, our names don't mean shit*“ (dt. Synchro: „*Ich bin Amerikaner, Süße. Unsere Namen bedeuten einen Scheiß*“)] und Butch bekräftigt hat, dass ihm die Sache mit Floyd Wilson nicht wirklich leid tut, spricht Coolidge, während Esmeralda mit dem Taxi auf ihn wartet, dann in einer Telefonzelle mit Scotty, der offenbar, so wie man während des Telefongesprächs erfährt, für Butch bei einer Reihe von Buchmachern auf den Boxkampf gesetzt hat [BUTCH (ins Telefon): „*Genug von dem armen, unglücklichen Mr. Floyd. Reden wir über den reichen, wohlhabenden Mr. Butch*“].

Schließlich chauffiert Esmeralda Butch zu einem Motel, wo er ihr, bevor sich die beiden verabschieden [BUTCH: „*Bonsoir, Esmeralda Villalobos*“ / ESMERALDA: „*Buenas noches, Butch*“], eine 100-Dollar-Banknote gibt, damit sich bei ihr gewisse „Erinnerungslücken“ auftuen bezüglich der Fahrgäste, die sie an diesem Abend in ihrem Taxi befördert hat.

In dem Zimmer des Motels [das „RIVER GLEN MOTEL“ – am *Riverside Drive* in L.A.] wartet „*Butch's French girlfriend, Fabienne*“ [Copyright: QT-Skript] auf ihn. Nachdem Fabienne [gespielt von der Portugiesin *Maria de Medeiros* - war z. B. 1990 zusammen mit ihrem *Pulp Fiction*-Co-Star Uma Thurman in dem Philip Kaufman-Film *Henry & June* zu sehen] und Butch ein längeres Gespräch geführt haben, in dem auch die *Gefahr* angesprochen wurde, in der sie sich befinden, schlafen sie miteinander [Anweisungen im Tarantino-Skript: „*Butch's head goes down out of frame to carry out the oral pleasure*“] und machen anschließend Pläne, wo sie in Zukunft mit dem vielen Geld, das Coolidge bei den Buchmachern gewonnen hat, leben wollen [BUTCH: „[…] *Mexikanisch ist leicht. Donde esta el zapataria?*“ / FABIENNE: „*Was soll das heißen?*“ / BUTCH: „*Wo ist das Schuhgeschäft?*“].

Am nächsten Tag bemerkt Butch, dass Fabienne doch *tatsächlich* sein Erbstück, die goldene Uhr seines Vaters, vergessen hat einzupacken und rastet daraufhin aus [BUTCH: „*Fabienne, diese scheiß Uhr gehörte meinem Vater! Hast du 'ne Vorstellung davon, was er durchmachen*

musste, damit ich sie bekomme? Ich will dir nicht alles sa-
gen, aber er hat `ne Menge durchgemacht"]. Coolidge
fängt sich aber sozusagen wieder und beruhigt die aufgrund
seines Ausrasters verängstigte und weinende Fabienne,
macht ihr aber gleichzeitig klar, dass er unbedingt zurück
in sein Apartment muss, um die Uhr zu holen.

In Fabienne's Honda, in dem er dann zu seinem Apartment fährt [laut Skript befindet sich dieses in einem *„North
Hollywood apartment building"*], lässt er seinem Zorn bezüglich der Uhren-Geschichte noch einmal freien Lauf
[BUTCH – gemäß QT-Skript: *„Of all the fuckin` things she
coulda forgot, she forgets my father's watch"*]. Nachdem
Coolidge am helllichten Tag über ein paar Hinterhöfe ge-
schlichen ist, betritt er vorsichtig sein Apartment und
nimmt die besagte „goldene Uhr" an sich. Da er der Meinung ist, dass niemand in seinem Apartment ist, geht er in
die Küche und steckt zwei Scheiben Toast in den Toaster.
Dann entdeckt er eine Schusswaffe in seiner Küche [QT-
Skript: *„What he sees is a small compact Czech M61 sub-
machine gun with a huge silencer*[Schalldämpfer] *on it"*].
Butch nimmt die Waffe und sieht sich um. Dann hört man
die Toilettenspülung – *Vincent Vega* kommt, in der Hand
ein Buch haltend [laut Skript: „Modesty Blaise *by Peter
O'Donnell"* – im Grunde eine Mischung aus *„pulp novel"*

& „*spy fiction*"-Roman, erschienen 1963], aus der Toilette. Die beiden Männer starren sich an, ohne etwas zu sagen. Als dann die Toastscheiben aus dem Toaster springen, erschießt Butch Vega [Travolta's *Pulp Fiction*-„Sterbeszene" gemäß Drehbuch: „*Vincent is seemingly wracked with twenty bullets simultaneously – lifting him off his feet, propelling him through the air and crashing through the glass shower door at the end of the bathroom. By the time Butch removes his finger from the trigger, Vincent is annihilated*[ausgelöscht, vernichtet]"]. Coolidge wischt die Waffe ab, verlässt sein Apartment, steigt wieder in Fabienne's Honda und fährt davon.

Unweit seines Apartments muss er -gerade zu den Tönen des *Statler Brothers*-Klassikers „*Flowers on the Wall*", welcher aus dem Autoradio tönt, singend- bei einer Ampel anhalten. Die Person, die die Straße unmittelbar vor seinem Auto überquert, ist: *Marsellus Wallace* [dazugehörige Passage im Tarantino-Skript: „[…] *the big man himself, Marsellus Wallace, exit Teriyaki Donut, carrying a box of a dozen donuts and two large styrofoam cups of coffee*"]. Wallace erkennt Butch [MARSELLUS: „*Abgefuckte Mistratte!*"] – Coolidge tritt aufs Gaspedal und Wallace wird über den Wagen förmlich hinwegkatapultiert, während der Honda anschließend mit einem goldfarbenen

Sportwagen crasht. Wenig später kommt es zu einer Verfolgungsjagd zwischen Coolidge und Wallace, die beide verletzt sind. Wallace feuert, dabei herumtorkelnd, einige Schüsse aus seiner „*.45 Automatic*" [Quelle: QT-Skript] ab und schießt sogar aus Versehen eine Passantin an, die dem -durch die zerstörte Frontscheibe seines Hondas- im Gesicht verletzten Butch zur Hilfe geeilt ist. Kurz darauf flüchtet sich Coolidge ein paar Ecken weiter in den Shop eines Pfandleihers [im Skript als „MASON-DIXON PAWNSHOP" bezeichnet] – der Besitzer, Maynard, steht hinter der Ladentheke. Nachdem auch Wallace den Shop betreten hat, wird er von Butch umgehend zusammengeschlagen. Als Coolidge den beinahe schon bewusstlosen Wallace [MARSELLUS: „*Du bringst mich besser um…*"] auch noch mit dessen eigener 45er töten will, greift Maynard ein und richtet eine Pumpgun auf die beiden – er knockt Coolidge in der Folge mit der „*pump-action shotgun*" [QT-Skript] aus.

Butch und Marsellus erwachen in einem Hinterzimmer des Ladens – sie sind beide an Stühle gefesselt und haben einen speziellen S&M-Knebel im Mund [Ausschnitt aus dem Tarantino-Skript: „*In their mouths are two S&M-styled ball gags (a belt goes around their heads and a little red ball sticks in their mouths). […] The two prisoners look up at their captor*[Fänger]"]. Wenig später taucht auch der in der Uniform eines Sicherheitsbeamten gekleidete Zed auf, den Maynard zuvor noch angerufen hat, nachdem Coolidge k.o. gegangen ist [Beschreibung von „Maynard & Zed", gespielt von *Duane Whitaker & Peter Greene*, im Drehbuch: *„Zed is an even more intense version of Maynard, if such a thing is possible. The two hillbillies*[US-Jargon: abfällig für „Hinterwäldler"/„Landeier"] *are obviously brothers. Where Maynard is a vicious pitbull, Zed is deadly cobra"*].

Zed will in der Folge, dass Maynard „Hinkebein" [im Original: „*The Gimp*" – verkörpert von dem Briten *Stephen Hibbert*] holt [ZED – laut Skript: *„Bring out the Gimp"*]. „Hinkebein" ist eine Art Liebessklave in Ledermontur [QT-Skript: *„The Gimp is a man they keep dressed from head to toe in black leather bondage gear. […] On his head is a black leather mask with two eyeholes and a zipper (closed) for a mouth"*], den Maynard in einer Abstellkammer aus seinem Verlies holt – anschließend bindet er die Leine, an der „Hinkebein" geführt wird, an einem Balken fest. Zed entscheidet sich, nach einem *„Eenie, meany, miney, moe…*-Auswahlverfahren", dafür, mit Marsellus zu beginnen und diesen in „*Russell's altes Zimmer*" zu befördern [Erläuterungen zu „*Russell's old room*" im Tarantino-

Skript: „*Russell, no doubt, was some other poor bastard that had the misfortune of stumbling into the Mason-Dixon pawnshop. Whatever happened to Russell is only known to Maynard and Zed, because his old room* […] *is empty*"].

Die weiteren Abläufe: Maynard & Zed verschwinden mit Marsellus in „*Russell's old room*" – Butch befreit sich von seinen Fesseln und dem Knebel, verpasst „Hinkebein", der Alarm machen will, einen kräftigen Faustschlag, so-dass er sich beim Zusammensacken mit seiner Leine er-hängt. Dann will er aus dem Shop flüchten, stiehlt die Schlüssel zu Zed's Motorrad, hält aber im letzten Moment, in Anbetracht der ganzen Vorgänge [QT-Skript: „[…] *he's about to go out when he stops and listens to the hillbilly psychopaths having their way with Marsellus*"], inne. Butch kommt zum Entschluss, dass er *niemanden*, nicht mal Marsellus Wallace, in einer Situation wie dieser zu-rücklassen kann und beginnt den Shop nach einer *geeigne-ten* Waffe abzusuchen – nachdem er Dinge wie einen Ham-mer, einen Baseballschläger oder eine Kettensäge wieder an ihren Platz zurückgelegt hat, entscheidet er sich schließ-lich für ein Samurai-Schwert [QT-Skript: „*But then he spots what he's been looking for: A Samurai sword.* […] *Butch takes the sword of the wall, removing it from its she-ath*[Schaft, Hülle]. *It's a magnificent piece of steel*"].

In der Folge betritt Coolidge mit dem Schwert den besagten Raum, in dem Marsellus gerade von Zed vergewaltigt wird – Maynard schaut dabei zu. Butch ersticht Maynard mit dem Schwert, dann wendet er sich Zed zu, der von Marsellus ablässt und sich dessen 45er schnappen will, die griffbereit in der Nähe liegt. Coolidge will die Sache zu Ende bringen, doch Marsellus Wallace lässt es sich -*natürlich*- nicht nehmen einzugreifen [MARSELLUS (off) – in der Originalfassung: „*Step aside, Butch*"].

Marsellus schießt mit Maynard's Pumpgun auf Zed [im Skript wie folgt beschrieben: „KABOOM!!!! *Zed is blasted in the groin*[Leistengegend]. *Down he goes, screaming in agony*"]. Butch fragt Marsellus, ob er „*okay*" sei, was dieser *selbstverständlich* verneint [MARSELLUS – in der Originalfassung: „*Naw, man. I'm pretty fuckin' far from okay!*"], und anschließend, wie es nun mit ihm und Marsellus weitergehe. Nachdem Wallace Butch mitgeteilt hat, was mit Zed passieren wird [MARSELLUS: „*Was jetzt? Ich sag dir, was jetzt ansteht. Ich werd' ein paar eisenharte, durchgeknallte Crackn***** herschicken, die unseren Freund hier mit 'ner Kneifzange und 'nem Lötkolben bearbeiten werden*"], kommt er zum Kern von Coolidge's Frage und meint, dass Butch und er jetzt *quitt* [im Original: „*cool*"] miteinander wären [MARSELLUS: „*Ja, wir sind* *quitt. […] Erzähl niemandem von dieser Nummer. Diese Scheiße bleibt zwischen mir, dir und Mr. `der-bald-den-Rest-seines-kurzen-Scheißlebens-in-unerträglichen-Schmerzen-verbringen-wird`-Vergewaltiger"*/Originalfassung des letzten Teils der Wallace-Aussage: *„This shit's between me and you and the soon-to-be-livin'-the-rest-of-his-short-ass-life-in-agonizing-pain, Mr Rapist here"*]. Außerdem soll, so „Auflage Nummer zwei", Butch Los Angeles *dauerhaft* verlassen. Die beiden verabschieden sich – Butch schnappt sich *„Zed's Big Chrome Chopper*[kalifornische Bezeichnung für stark modifizierte Motorräder]" [QT-Skript], der vor dem Shop geparkt und mit dem Namen „GRACE" versehen ist, und rast mit dem Motorrad davon.

Butch holt mit dem Chopper Fabienne beim River Glen Motel ab [BUTCH zu FABIENNE: *„Liebling, seit ich dich verlassen habe, ist das hier ohne Zweifel der seltsamste Scheißtag meines ganzen Lebens"*]. Nachdem er seine Freundin beruhigt hat, setzt sie sich zu ihm auf das Motorrad und die beiden fahren los und anschließend eine breite Straße entlang und davon – *zuvor* fragt Fabienne Butch aber noch, wem denn der Chopper überhaupt gehöre, und als Fabienne dann auch noch fragt, wer denn dieser „Zed" sei, den Butch erwähnt, meint Coolidge nur [Quelle: QT-Skript]: *„Zed's dead, baby, Zed's dead"*.

Die Butch-„GOLD WATCH"-Geschichte endet und die Geschichte von Jules und Vincent wird wieder aufgenommen – die „TITLE CARD" kündigt den dritten Abschnitt an: „THE BONNIE SITUATION".

Man hört, bei immer noch schwarzem Hintergrund, die Stimmen von Jules Winnfield und Brad, wobei Winnfield gerade beginnt, seine einschüchternde *„Ezekiel 25:17"*-Passage vorzutragen. Nach der Aufblende sieht man aber den *„Fourth Man"* [QT-Skript] im Badezimmer jenes Apartments stehen, in dem die ganze Sache abläuft [im Skript ist das „THE BONNIE SITUATION"-Einstiegsszenario wie folgt beschrieben: *„We're in the bathroom of the Hollywood apartment we were in earlier. In fact, we're there at exactly the same time. Except this time, we're in the bathroom with the Fourth Man"*]. Der besagte „vierte Mann" hält eine große, silberne *„.357 Magnum"* [QT-Skript] in seiner Hand.

Vincent und Jules erschießen Brad. Anschließend stellt Jules seinem Partner den jungen Farbigen namens Marvin vor [JULES: *„[…] Marvin-Vincent-Vincent-Marvin"*], der ihnen die Tür aufgemacht hat und jetzt zusammengekauert in einer Ecke hockt - dieser ist offensichtlich ein Bekannter von Winnfield. Marvin ist aber irgendwie zu geschockt, um den beiden von dem *vierten Mann* zu erzählen. Dieser überlegt im Badezimmer, was er tun soll [Passage aus dem Skript: „*Waiting for them isn't the smartest move. Bursting out the door and blowing them all away while they're fuckin' around is the way to go*"] – dann stürmt er raus und schießt mehrmals auf Vincent und Jules [FOURTH MAN: „*Verreckt, ihr verdammten Wichser, verreckt!!!*"]. Sämtliche Kugeln verfehlen ihr Ziel, was Vega und Winnfield zunächst dazu bringt, sich gegenseitig ungläubig anzustarren, um abzuchecken, ob sie denn *tatsächlich* nicht getroffen wurden. Als das geklärt ist, erschießen sie den vierten Mann. Winnfield ist -im Gegensatz zu Vega, der von „*Glück*" spricht- „*obviously shaken*" [Copyright: QT-Skript] und glaubt, dass der Vorfall einem „*Wunder*" gleichkommt und so etwas wie „*göttliche Vorsehung*" [im Original: „*divine intervention*"] war [JULES: „[…] *Das war göttliche Vorsehung. […] Was hier passiert ist, war ein verdammtes Wunder*"].

Dann, als die beiden mit Marvin in ihrem Chevy Nova unterwegs sind, spricht Winnfield sogar davon, sein Auftragskiller-Dasein hinter sich lassen zu wollen [JULES – im

Original: „*That's it for me. From here on in, you can consi-*
der my ass retired. […] I'm tellin' Marsellus today I'm
through"]. Vega, der weiterhin ungehalten über die entstandene „*theological discussion*" [VINCENT zu JULES - *zu-*
vor im Apartment] und natürlich über Winnfield's *Ich-*
werde-mich-zur-Ruhe-setzen-Gedanken ist, dreht sich im
Wagen um und fragt Marvin nach dessen Meinung zu dem
ganzen Thema, hält dabei allerdings auch noch seine Waffe
in der Hand und irgendwie auf Marvin gerichtet. *Plötzlich*
löst sich ein Schuss [Skript: „*Vincent's .45 goes BANG!*"]
und Marvin wird davon tödlich am Kopf getroffen [*Anmer-*
kung: In Tarantino's *Ur-Skript* war „MARVIN" übrigens
nicht auf der Stelle tot, sondern anfangs nur in die Brust
getroffen („*Marvin is hit in the upper chest, below the*
throat. He gurgles blood and shakes"), was Vega sozusagen dazu zwingt, ihm einen zweiten & tödlichen Schuss zu
verpassen – das Ganze wurde aber herausgeschnitten und
man sieht jetzt dementsprechend nur mehr, wie Marvin's
Blut sich nach dem „BANG!" über die Heckscheibe ver-
teilt]. Vega beteuert gegenüber dem verärgerten Winnfield,
dass der Schuss nur ein *Unfall* war [VINCENT: „*Oh Mann,*
ich hab Marvin ins Gesicht geschossen" / JULES: „*Warum*
tust du denn sowas?!" / VINCENT: „*War doch nicht Absicht,*
war 'n Unfall"], und stellt kurz eine „Theorie" bezüglich

der Ursache auf [VINCENT: „*Du bist wahrscheinlich über `n Hubbel gefahren, was weiß ich*“ / JULES: „*Hey, hey, ich bin über keinen verdammten Hubbel gefahren*“ – im Skript verwendet QT das Wort „*bump*“, was eben „Unebenheit“ oder tatsächlich „Hubbel“ heißt].

Winnfield und Vega sind sich darüber im Klaren, dass der Wagen *sofort* von der Straße muss – Jules ruft seinen Freund Jimmie an, der ein Haus [QT-Skript: „*a two-bedroom suburban house*“] in Toluca Lake [*Distrikt* in Los Angeles & „Prominentenwohnort“] hat, und erzählt ihm vorerst nur das Nötigste über den „*serious shit*“ [Copyright: Skript], in dem sich er und sein Partner nun befinden [JULES – durchs Telefon: „*Ich sitze hier mit `nem Kumpel verdammt tief in der Scheiße, Mann. Wir sitzen in einem Wagen, der von der Straße muss, pronto!*“]. Wenig später sieht man die beiden bereits in Jimmie's Badezimmer, wie sie sich das Blut von den Händen waschen. In der Küche stellt der Hausherr [„JIMMIE“, gespielt von *Quentin Tarantino* persönlich, ist laut Drehbuch „*a young man in his late-twenties dressed in a bathrobe*“ – im Skript, jedoch *nicht* im Film, wird auch kurz der *Nachname* von „Jimmie“ erwähnt, der „*Dimmick*“ lauten soll, also genau so wie der Nachname des von Harvey Keitel in *Reservoir Dogs – Wilde Hunde* gespielten „MR. WHITE/Larry“] klar, dass er verärgert ist über die Situation, in die ihn die beiden gebracht haben [JIMMIE – im Original: *„When you drove in here, did you notice a sign out front said `Dead N***** Storage`?"*], und denkt aber vor allem daran, wie seine afro-amerikanische Frau *Bonnie* reagieren wird, wenn sie von der Arbeit als Krankenschwester nach Hause kommt und davon Zeugin wird, dass ein paar Gangster eine Leiche in ihr Haus geschleppt haben [JIMMIE: *„Wenn Bonnie nach Hause kommt und `ne Leiche in ihrem Haus findet, lässt sie sich scheiden. Kein Eheberater, keine Trennung auf Probe, sie lässt sich einfach scheiden. Okay? Und ich will einfach nicht geschieden werden, klar?"*]. Winnfield ruft daraufhin seinen Boss Marsellus Wallace an, der gerade mit seiner Frau Mia beim Swimmingpool seines Domizils sitzt – Jules spricht mit Marsellus über die „Bonnie-Situation" [JULES – in das Telefon: *„Wir müssen uns darüber im Klaren sein, was für ein explosives Element diese Bonnie-Situation ist"*] und will von ihm eine Lösung für das Problem, die, wie Marsellus ihm mitteilt, in der Gestalt von „*The Wolf"* kommen wird.

Nachdem Winnfield seine Begeisterung über diese Tatsache zum Ausdruck gebracht hat [JULES – laut Skript: *„You sendin` The Wolf? […] Shit […], that's all you had* *to say*"], sieht man den besagten „Wolf" [gespielt von *Harvey Keitel*; der Erstauftritt von „THE WOLF" ist im QT-Skript wie folgt beschrieben: „*The camera pans to the right*[*Anm.*: im fertigen Film dann nach *links*] *revealing: sitting on a bed, phone in hand with his back to us, the tuxedo-clad Winston Wolf aka `The Wolf`*"] dann auf dem Bett einer Hotelsuite sitzen, in der gerade eine Party im Gang ist. Wolf notiert sich Dinge, die „Bonnie-Situation" betreffend, die ihm wohl Marsellus Wallace persönlich über Telefon mitteilt, in seinen Notizblock.

„NINE MINUTES AND THIRTY-SEVEN SECONDS LATER" [*Einblendung* in einer Aufnahme von -wie Tarantino sie im Drehbuch nennt- „JIMMIE'S STREET"] parkt Wolf dann mit seinem silbernen Porsche vor Jimmie's Haus und stellt sich diesem in der Folge vor [WOLF: „*Ich bin Mr. Wolf, ich löse Probleme*"]. Der „Problemlöser" kommt dann auch gegenüber „Vincent & Jules" gleich zur Sache [WOLF: „[…] *Sie haben eine Leiche ohne Kopf in Ihrem Wagen in der Garage. Führen Sie mich hin!*"/Originalfassung: „*Now you got a corpse in a car, minus a head, in a garage. Take me to it!*"] und gibt den beiden einige Anweisungen, was mit dem Auto in der Garage nun geschehen soll (im Grunde: durchputzen & mit Decken auslegen) – als dann bei Vega ein Problem mit „Wolf's Befehlston"

96

aufkommt [QT-Skript: VINCENT: „*A `please` would be nice*"], weist ihn Wolf zurecht [QT-Skript: THE WOLF: „*Get it straight, Buster*[„Freundchen"]. *I'm not here to say `please`. I'm here to tell you what to do*"], woraufhin sich die beiden dann an die Arbeit machen.

Winnfield und Vega geraten, als sie den Chevy Nova innen mit Putzmitteln sauber machen [Anweisungen im Skript: „*Vincent is in the front seat washing windows, while Jules is in the back seat, picking up little pieces of skull and gobs*[Klumpen] *of brain. Both are twice as bloody as they were before*"], wiederum in ein Streitgespräch [VINCENT: „*Jules, hast du schon mal von der Philosophie gehört, wenn ein Mann zugibt, dass er sich geirrt hat, müssen ihm sofort alle seine Fehler vergeben werden* […]" / JULES: „*Wer das gesagt hat, musste nie winzig kleine Schädelsplitter zusammensuchen, nur weil du so `n blöder Arsch bist*"], das damit endet, dass die beiden sozusagen ihre Rollen beim Putzen tauschen [JULES: „*Du bist der Wichser, der den Hirn-Sondereinsatz fahren sollte! Wir tauschen, verdammt! Ich putze die Scheiben, und du sammelst das Gelee von dem N***** auf*"].

In Jimmie's Schlafzimmer führt Wolf, im Beisein von Jimmie, ein weiteres Telefonat – mit einem gewissen „Joe", der die Leiche dann offenbar endgültig entsorgen soll [WOLF – ins Telefon: „*Nobody who 'll be missed*"]. Wenig später begutachtet Marsellus' „Problemlöser" den geputzten und im Innern mit Decken ausgelegten Wagen in der Garage und gibt sich zufrieden. Im Hinterhof des Hauses müssen sich Winnfield und Vega dann von ihrer blutverschmierten Kleidung befreien, werden von Wolf mit einem Wasserschlauch abgespritzt und wieder sauber gemacht – Jimmie lässt die besudelten Klamotten in einem Müllsack verschwinden. Schließlich sieht man die beiden gekleidet in T-Shirts und Badehosen [Kommentar dazu im Skript: „*They look a million miles away from the black-suited, bad-asses we first met*"], was bei Jimmie und Wolf zu einiger Erheiterung führt. Dann teilt „The Wolf" Vega & Winnfield mit, dass sie alle drei mit den beiden Autos (Chevy Nova & Wolf's Porsche) nun zu einem Laden namens „*Monster Joe's Abschleppdienst*" [im Original: „*Monster Joe's Truck and Tow*"] fahren, da „Monster Joe" und dessen Tochter Raquel ihnen aus ihrem, wie Wolf es nennt, „*Dilemma*" helfen wollen.

Außerhalb des *Monster Joe's Abschleppdienst*-Geländes warten Vega und Winnfield dann auf Wolf, der ihnen schließlich, in Begleitung von Raquel [gespielt von *Julia Sweeney*; *Anmerkung*: Ursprünglich hatte Tarantino auch eine Unterhaltung zwischen „THE WOLF" und „MONSTER

JOE" gefilmt, die allerdings der Schere zum Opfer fiel, da Tarantino der Meinung war, dass der Film dann doch zu lang werden und an Tempo einbüßen würde, da „Vincent & Jules" sozusagen *irgendwann* im „Hawthorne Grill-Restaurant" landen müssen – „Monster Joe" wurde von *Dick Miller* dargestellt, einer von QT verehrten B-Film-Ikone, die zum Beispiel in zahlreichen Joe Dante-Filmen, wie *Piranhas* (1978) oder *Das Tier* (1981), mitgewirkt hat], beim Eingangsbereich mitteilt, dass die Sache vom Tisch ist und der Chevy Nova samt Leiche & Müllsack im Kofferraum geschrottet wurde [WOLF: „*Als wär es nie passiert*"]. Nachdem Raquel einen Kommentar zu den „Freizeit-Outfits" von Winnfield und Vega abgegeben hat [RAQUEL: „*Äh, was soll diese Aufmachung? Geht ihr zu einem Volleyballspiel oder was?*"], rast Wolf, der den beiden -ihm nun ihre *Dankbarkeit* versichernden- Gangstern zuvor noch quasi das *Du*-Wort anbietet [WOLF – im Original: „*Call me Winston*"], mit seinem Porsche und Raquel, die er zum Frühstück ausführt, davon. Jules und Vincent wollen es ihm nachtun und ebenfalls frühstücken gehen.

An dieser Stelle endet im Grunde, ohne, dass dies im Film angekündigt oder zum Ausdruck gebracht wird, „THE

BONNIE SITUATION" - und es beginnt etwas, was Tarantino durchaus als „EPILOGUE"-Teil von *Pulp Fiction* versteht.

Der besagte „EPILOGUE" findet im *Hawthorne Grill*-Restaurant statt, in dem man die beiden Kleinkriminellen Pumpkin & Honey Bunny schon zu Beginn im „PROLOGUE" gesehen hat. Vincent und Jules sitzen an einem Tisch und frühstücken [Beschreibung im Skript: „*Jules and Vincent sit at a booth*[im Sinne von: eigenes Abteil/eigene Nische]. *In front of Vincent is a big stack of pancakes and sausages, which he eats with gusto. Jules, on the other hand, just has a cup of coffee and a muffin. He seems far away in thought*"]. Die beiden handeln einige Themen ab, so wie die offensichtliche „Coolness" und „Professionalität" von „*The Wolf*" oder in welchem Ausmaß Schweine und Hunde „*filthy animals*" [Copyright: QT-Skript] sind, die Jules niemals essen würde. Dann kommen sie wieder zu dem Vorfall mit dem „vierten Mann" im Apartment und machen ihre Standpunkte klar – Jules spricht abermals von einem „Wunder" [JULES - im Original: „*The miracle we witnessed*"], während Vincent an der „Zufalls-Theorie" festhält [VINCENT – im Original: „*The miracle you witnessed. I witnessed a freak occurrence*"]. Vega erkennt, dass es seinem Partner, welcher im Rahmen des Vorfalls „*God's touch*" [Skript] gespürt hat, *ernst* ist mit dem Plan auszusteigen, und er fragt ihn, was er denn in Zukunft quasi beruflich machen will [VINCENT: „*Was willst du denn tun?*" / JULES: „*Zuerst werd` ich Marsellus den Fall darlegen. Dann werde ich einfach über die Erde spazieren. […] Du weißt schon, wie Caine in `Kung Fu`. Von Ort zu Ort gehen, Menschen treffen, Abenteuer erleben*"]. Inmitten des Gesprächs, das weiterhin „kontrovers" verläuft [VINCENT: „*Dann hast du dich entschieden, ein Penner zu werden*" / JULES: „*Ich werde einfach Jules sein, nicht mehr und nicht weniger*"], hört man plötzlich deutlich die Worte „*Garçon, Kaffee!*" – der „PATRON" [Ausdruck im QT-Skript; *patron*: Kunde/Kundin], der das gesagt hat, ist: *Pumpkin* [Skript-Passage, die die nunmehrige *Überschneidung* von *Prolog & Epilog* beschreibt: „*We recognize the patron to be Pumpkin from the first scene of Pumpkin and Honey Bunny*"].

Nachdem Vincent sich auf die Toilette verabschiedet hat [VINCENT – im Original: „*I gotta take a shit. To be continued*"], startet der Überfall von Pumpkin & Honey Bunny, welcher schon das Ende ihres Gesprächs im *Prolog*-Teil markiert hatte [PUMPKIN – im Original: „*Everybody be cool, this is a robbery!*" usw. - Anweisung im QT-

Skript: „[…] *Pumpkin and Honey Bunny rise with guns rai-*
sed"]. Vega bekommt zunächst von dem ganzen Überfall
nichts mit, da er auf der Restaurant-Toilette seelenruhig
das Buch liest, das er sozusagen *später* auch in Butch's
Apartment auf der Toilette liest, nämlich eben „*Modesty*
Blaise". Beim Zusammensammeln der Brieftaschen
kommt Pumpkin, während Honey Bunny weiterhin für die
„*crowd control*" [Copyright: Skript] zuständig ist, irgendwann zu Jules' Tisch, unter dem dieser schon seit Beginn
des Überfalls seine 45er parat hält [*Anmerkung*: Auch an
der Stelle hatte Tarantino anfangs *eine völlig andere Szene*
geplant, in der der „Profi" Winnfield das Gangsterpärchen
einfach erschießt und am Ende zu dem sterbenden
Pumpkin nur meint: „*Wrong guy, Ringo*"; „Ringo": Figur,
die *John Wayne* in dem *John Ford*-Western *Ringo* (OT:
Stagecoach) von 1939 gespielt hat]. Winnfield gibt
Pumpkin seine Brieftasche, verweigert jedoch die Heraus-
gabe des Koffers, den Vega und er zuvor aus dem Apartment geholt haben, woraufhin Pumpkin beginnt bis drei zu
zählen, was natürlich verbunden ist mit der Drohung Winnfield zu erschießen [JULES zu PUMPKIN: „*Auch wenn es*
dein Ego erschüttert, aber das ist nicht das erste Mal, dass
ich `ne Kanone an der Nase habe"].

102

Schließlich legt Winnfield den Koffer auf den Tisch und öffnet ihn, sodass Pumpkin hineinblicken kann – er ist von dem Inhalt, was immer dieser eben sein mag, äußerst angetan [QT-Skript: „*Jules flips the locks and opens the case, revealing it to Pumpkin but not us. The same light*[*Anm.*: wie schon einmal zuvor in dem Apartment, als Travolta den Koffer kurz geöffnet hat] *shines from the case. Pumpkin's expression goes to amazement. Honey Bunny, across the room, can't see shit.* [...] PUMPKIN: „*It's beautiful*"].

Dann packt Jules Pumpkin am Arm und hält ihm seine Pistole an den Kopf [dazugehörige Skript-Anweisungen: „*Like a rattlesnake, Jules' free hand grabs the wrist of Pumpkin's gun hand, slamming it on the table. His other hand comes from under the table and sticks the barrel of his .45 hard under Pumpkin's chin*"], was Honey Bunny zum Ausrasten bringt [HONEY BUNNY – gemäß Skript: „*Let him go! Let him go!* [...] *I'll kill ya!*"]. Nachdem Pumpkin, da ihn Winnfield dazu aufgefordert hat [JULES: „*Sag `Halt's Maul, Nutte!*`"/Originalfassung: „*Say, bitch be cool!*"], Honey Bunny zumindest ein wenig beruhigen konnte, erklärt Jules dem Kleinganoven, was nun Sache ist, und erzählt ihm von seiner „Entwicklung" [JULES: „*Nor-*

malerweise wärt ihr beide jetzt so tot wie frittierte Hühner-
ärsche. Aber ihr zieht diesen Mist durch, während ich eine
Entwicklung durchmache. Ich will euch nicht töten, ich will
euch helfen"]. Gleichzeitig betont Winnfield nochmals,
dass der Koffer in seinem Besitz bleibt [JULES: „Aber ich
kann euch diesen Koffer nicht geben, weil er mir nicht gehört"].

Plötzlich taucht auch Vega wieder auf und bringt die
Situation beinahe wieder zum Eskalieren [QT-Skript:
„Vincent, by the bathroom, has his gun out, dead-aimed at
Yolanda"; „Yolanda" ist, so wie sich während der Dialoge
herausstellt, der richtige Name von „Honey Bunny"] –
Winnfield beruhigt sowohl Vega als auch Honey Bunny
[HONEY BUNNY: „Ich muss pinkeln. Ich will nach Hause"]
und will anschließend, dass Pumpkin ihm seine Brieftasche
wieder zurückgibt, auf der „BÖSER SCHWARZER MANN"
[im Original allerdings: „BAD MOTHERFUCKER"] steht.
Pumpkin soll den Inhalt, 1500$, an sich nehmen, um sich
damit gleichsam freizukaufen [JULES: „Ich geb`dir das
Geld, damit ich dich nicht töten muss"].

Dann kommt es zum Höhepunkt der Unterhaltung zwischen Winnfield & Pumpkin, denn Jules greift noch einmal
auf seine „Ezekiel 25:17"-Passage zurück und trägt sie
Pumpkin vor, um sie anschließend, in Anbetracht seiner

„gegenwärtigen Entwicklung", neu zu *interpretieren* [JULES: „[…] *Die Wahrheit ist: Du bist schwach…und ich bin die Tyrannei böser Männer. Aber ich bemühe mich, Ringo, ich verspreche, ich gebe das Beste, was ich kann, um der Hirte zu sein*"/Originalfassung gemäß Skript: „*The truth is you're weak. And I'm the tyranny of evil men. But I'm tryin'. I'm tryin' real hard to be a sheperd*"].

Winnfield schickt Pumpkin & Honey Bunny anschließend mit ihrer erbeuteten „*trash bag full of wallets*" [Skript] nach Hause. Vega bewegt sich zu dem Tisch, an dem Jules sitzt, und merkt an, dass es Zeit wäre zu gehen [Originalfassung: VINCENT: „*I think we oughta leave now*" / JULES: „*That's probably a good idea*"] – dann verlassen sie, unter den neugierig-ängstlichen Blicken der Gäste und Angestellten, das *Hawthorne Grill*-Restaurant [*Schluss-passage* des QT-Skripts: „*Then, to the amazement of the Patrons, the Waitresses, the Cooks, the Busboys*[Hilfskell-ner]*, and the Manager, the two bad-ass dudes – wearing UC Santa Cruz and `I'm with Stupid` T-Shirts, swim trunks, thongs*[Sandalen mit Riemen] *and packing .45 Automatics – walk out of the coffee shop together without saying a word*"].

„Skandal! – Skandal! – Verdammte Scheiße!"

(*Zwischenrufe* einer Frau bei der Verleihung der *Goldenen Palme* in Cannes 1994, nachdem der damalige Jury-Präsident *Clint Eastwood* den Gewinner der „*Palme d'Or*" bekannt gegeben hatte, nämlich Quentin Tarantino's *Pulp Fiction* – Tarantino, auf der Bühne flankiert von Produzent *Lawrence Bender* sowie von *Bruce Willis, John Travolta, Samuel L. Jackson & Maria de Medeiros*, zeigt der Frau daraufhin *kurz* den Mittelfinger)

„Gar nichts. Sie sind einfach das, was ich für cool halte"

(Quentin Tarantino auf die Frage hin, was denn das *Bahnbrechende* an seinen Filmen sei; zitiert nach der *Kultur-Spiegel*-„*Große Kinomomente*"-DVD-Edition von *Reservoir Dogs – Wilde Hunde*)

„To me, violence is a totally aesthetic subject. Saying you don't like violence in movies is like saying you don't like dance sequences in movies"
&
„Als sei die Vorliebe für Gewalt im Film das Gleiche wie Gewalt im wahren Leben. Ist sie eben nicht"

(*Zitat 1*: QT über Gewalt als ästhetisches Mittel in Filmen - aus dem *Projections 3*-Interview mit Graham Fuller von 1993; *Zitat 2*: aus der 2002er-Doku *Pulp Fiction: The Facts*, in der sich QT nun ein wenig darüber beschwert, dass sich die „*critics*" ständig nur auf die Gewaltdarstellung in seinen Werken konzentrieren und ihn selbst gleichzeitig zum „*Brutalo*" oder, wenn man's anders ausdrücken will, zum „*Connaisseur exzessiver Gewalt*" hochstilisieren)

„Ich versuche etwas zu nehmen, das man kennt. Ich mag es, respektiere es und ich liefere es sozusagen dann auch ab. Ich bin also nicht irgendein Pseudokünstler. Ich erfülle die Erwartungen, aber ich versuche gleichzeitig, es neu zu erfinden, etwas zu machen, das man ganz anders macht. So wie man es noch nie gesehen hat"

(Quentin Tarantino 1994 zu Charlie Rose in dessen TV-Show über seinen Umgang mit Genre-Vorgaben der Gattung „*crime film*")

Grundsätzlich muss man sich, was Tarantino's zweiten Film *Pulp Fiction* betrifft, fragen, wieviel „*Pulp*" (dem Film vorangestellte „*Schund*"-Definition – weiße Schrift auf schwarzem Hintergrund: „**PULP** (pulp) n. 1. *A soft, moist, shapeless mass of matter. 2. A magazine or book containing lurid*[blutrünstig, widerlich, grauslich] *subject matter and being characteristically printed on rough, unfinished paper* American Heritage Dictionary: New College Edition") hier überhaupt in der „*Fiction*" ist, denn: Allzu viel „*Schund*" konnte ich darin nie entdecken und *Pulp Fiction* zählt nicht nur zu den *besten*, sondern auch zu den *elegantesten* & *stilvollsten* Filmen aller Zeiten (*Anmerkung*: Einen großen Teil zum hohen Eleganz-Faktor von *Pulp Fiction* trägt im Übrigen die Tatsache bei, dass der Film seinerzeit auf *50 ASA*-Filmmaterial gedreht wurde, das bekannt war für „*nichtkörnige*" & „*glänzende*" Bilder, die dem „*Technicolor*"-Effekt der 50er-Jahre am nächsten kommen).

Und selbst Tarantino hatte, nachdem das Drehbuch fertiggestellt war, irgendwie das Gefühl, dass die *ursprüngliche* Intension, nämlich ein Werk zu schaffen, das *auch* eine Art Verbeugung ist vor den „*pulp magazines*" und *Dashiell Hammett*- & *Raymond Chandler*-artigen „*hard-boiled crime novels*" der 30er-, 40er- und 50er-Jahre, nicht mehr so wirklich spürbar war (QT: „*The idea behind `Pulp Fiction´ was to do a ´Black Mask´ movie – like that old detective story magazine. […] But it's really not like that at all;*

it kind of went somewhere else“; Anm.: „*Black Mask*“ war ein amerikanisches „*pulp magazine*“ oder „*hard-boiled detective magazine*“, das zwischen 1921 und 1951 von dem Journalisten *H. L. Mencken* und dem Theaterkritiker *George Jean Nathan* herausgegeben wurde – man hat es oft als „*the greatest American hard-boiled detective magazine of all time*“ bezeichnet).

Am Skript zu *Pulp Fiction* hat Tarantino rund zehn Monate, von März 1992 bis Jänner 1993, gearbeitet, wobei der Schreibprozess, in dessen Zentrum eben die „*several stories of criminal L.A.*“ oder, wenn man so will, die „THREE STORIES…ABOUT ONE STORY…“ (*Untertitel* der 1999 bei Faber & Faber erschienenen Drehbuch-Ausgabe) standen, nicht in den USA begonnen hatte, sondern tatsächlich in Europa, genauer: in *Amsterdam*, wo sich Tarantino ein paar Monate im „Winston Hotel“ im Amsterdamer Rotlichtviertel einquartiert hatte.

Der Umstand, dass *Pulp Fiction* zum Teil in Amsterdam geschrieben wurde, hat sich bekanntlich auch im fertigen Film niedergeschlagen (QT: „*I finally moved to Amsterdam for a couple of months and started writing `Pulp Fiction` there. […] Even though the movie takes place in Los Angeles, I was taking in all this weird being-in-Europe-for-the-first-time-stuff and that was finding its way* *into the script. So some genre story […] started becoming very personal as I wrote it. That's the only way I know how to make the work any good – make it personal*"; *Anm.*: Der letzte Teil des Zitats ist eine Art *Anlehnung* an das berühmte *Martin Scorsese*-Credo, dass das *Persönliche* immer das *Kreativste* ist), denn einige der populärsten Dialogsequenzen zwischen „Vincent Vega" John Travolta und „Jules Winnfield" Samuel L. Jackson beziehen sich auf Amsterdam oder generell auf Europa (z. B.: VINCENT zu JULES – laut Skript: *„But you know what the funniest thing about Europe is? […] It's the little differences. I mean, they got the same shit over there that we got here, but it's just, just, there it's a little different*" oder *„[…] And, you know what they call a Quarter-Pounder with Cheese in Paris? […] They call it a Royale with Cheese*").

Zu Tarantino nach Amsterdam gesellte sich damals für einige Zeit auch sein Freund *Roger Avary* (drehte 1994 als Regisseur auch den „Tarantino-produced crime film" *Killing Zoe* mit „Lance"-Darsteller Eric Stoltz in der Hauptrolle), der nicht nur maßgeblichen Anteil an der „GOLD WATCH"-Geschichte hat, sondern generell in den „*credits*" als Co-Lieferant der drei *Pulp Fiction*-Stories angeführt wird („Stories by *Quentin Tarantino & Roger Avary*") – Avary's Beitrag zu *Pulp Fiction* ist insgesamt

110

tatsächlich nicht zu unterschätzen, denn Avary war bereits 1990 Teil eines geplanten *Kurzfilmprojektes* gewesen, bei dem Tarantino und er einen „*3-Episoden-Film*" produzieren wollten, dessen „*initial inspiration*" der in Italien entstandene 3-teilige Horror-Anthologie-Film *Die drei Gesichter der Furcht* (1963; I tre volti della paura; US-Verleihtitel: *Black Sabbath*[!]) von Giallo- & Horror-Kult-Regisseur *Mario Bava* war (*Anmerkung*: Auch Bava's *Die drei Gesichter der Furcht* hat, wie eben *Pulp Fiction*, eine Art „*kreisförmige Erzählstruktur*", denn die dritte Horror-Story „*Der Wassertropfen*" beginnt gleich wie die erste Story „*Das Telefon*").

Der Arbeitstitel des Kurzfilmprojekts lautete damals im Übrigen „*Black Mask*" und aus einer der geplanten Episoden wurde -im Grunde- später Tarantino's Debüt *Reservoir Dogs – Wilde Hunde*, während aus Avary's Abschnitt (betitelt mit „*Pandemonium Reigns*") dann mehr oder weniger „THE GOLD WATCH" wurde. Darüber hinaus wurden zwei von Avary ursprünglich für *True Romance* geschriebene Szenen (*Anmerkung*: Das *True Romance*-Drehbuch gilt *dennoch* als alleiniges Drehbuch-Debüt von Tarantino und ist sozusagen „*fully credited to QT*") in *Pulp Fiction* eingebaut, nämlich „*the `miraculous` missed shots* *by the Fourth Man*" sowie *„the rear seat automobile kil-ling"*, die beide in der dritten Episode „THE BONNIE SITU-ATION" vorkommen. Dass am Ende von *Pulp Fiction* schließlich ein „WRITTEN & DIRECTED BY QUENTIN TARANTINO" erscheinen konnte, war letzten Endes Roger Avary zu verdanken, der zustimmte, nur als zweiter „Story-Lieferant" angeführt zu werden und eben nicht als Co-Autor des Drehbuchs.

Nun, 1992 in Amsterdam nahm Tarantino die Ur-Idee von den *3-Geschichten-in-einem-Film* wieder auf und die von ihm (und Avary) erfundenen Charaktere sollten in diesen drei Geschichten gleichsam von einer Story in die andere „springen", einmal dabei sozusagen als Hauptdarsteller auftauchen, dann wieder nur in einer Nebenrolle, was eben die Fortführung von etwas bedeutete, das Tarantino schon in *Reservoir Dogs – Wilde Hunde* erprobt hatte, nämlich die Anwendung von Regeln der Literatur und des Romans auf das Medium Film (QT: *„I got the idea of doing something that novelists get a chance to do but filmmakers don't: telling 3 seperate stories, having characters float in and out with different weights depending on the story"*).

Das, was *Pulp Fiction* dann zusätzlich absolut *einzigartig* macht, ist natürlich die Tatsache, dass der Film auch

„*out of chronological order*" erzählt ist und dabei noch ein „*circular narrative*" ist, soll heißen: eine „*kreisförmige Plot-Struktur*" aufweist, bei der am Ende quasi zum Ausgangspunkt zurückgekehrt wird, also dorthin, wo „Story & Action" begonnen haben (QT 1994 in der *Charlie Rose*-Show: „*Nein, ich bin* [bei *Reservoir Dogs* & *Pulp Fiction*] *nicht etwa gegen die lineare Erzählweise zu Feld gezogen, aber sie ist nicht der einzige Weg zum Ziel*").

Wenn man die Struktur von *Pulp Fiction* noch etwas genauer, als das in der Inhaltsangabe geschehen ist, festmachen will, so kann man insgesamt *sieben Abschnitte* hervorheben: Den *Prolog* im Diner(I), das „*Vorspiel* zu *Vincent Vega and Marsellus Wallace's Wife*"(II), die Haupt-Story 1 „*Vincent Vega and Marsellus Wallace's Wife*"(III), das „*Vorspiel* zu *The Gold Watch*"(IV), die Haupt-Story 2 „*The Gold Watch*"(V), die Haupt-Story 3 „*The Bonnie Situation*"(VI) und schließlich den *Epilog* im Diner(VII).

Würde man die „Events" *chronologisch* ordnen, dann stünde am Anfang das „*The Gold Watch*-Vorspiel" mit dem 5-jährigen Butch und der bizarren Geschichte rund um das Erbstück. Schließlich käme das „*Vorspiel* zur *Haupt-Story 1*", dann die „*Haupt-Story 3*", dann der *Prolog*, dann der *Epilog*, dann die „*Haupt-Story 1*", dann der *zweite Teil* des „*Vorspiels* zu *The Gold Watch*", also jener Part, in dem Butch vor dem Boxkampf in seiner Garderobe erwacht, und am Ende dann „*The Gold Watch*", was gleichzeitig heißt, dass der Film, wäre er eben chronologisch erzählt, damit enden würde, dass Butch & Fabienne auf Zed's Chopper davonrasen (QT: „*Ich glaube nicht, dass `Pulp Fiction`, dem ganzen Hin und Her und Auf und Ab zum Trotz, und trotz des großen Bogens, schwer ist anzusehen. Aber man muss gut hinsehen. Ich erwarte, dass man hinsieht. Man kann nicht dabei Kreuzworträtseln lösen, während man sich den Film ansieht*"; Quelle: *Charlie Rose-Show* 1994).

Was die drei „*main interrelated stories*" betrifft, so ging es Tarantino vor allem darum, Situationen, die man bereits „*a zillion times*" (Copyright: QT) in diversen Filmen gesehen hat, neu aufzubereiten (QT: „*Ich finde, der Trick besteht darin, diese Film- und Genre-Figuren in Genre-Situationen mit den Regeln des wirklichen Lebens zu konfrontieren, um zu sehen, wie sie sich entwickeln*"). Die Basis von „*Vincent Vega and Marsellus Wallace's Wife*" bildete, gibt man Tarantino's Ausführungen in der Dokumentation *Pulp Fiction: The Facts* sinngemäß wieder, gleichsam die alte Geschichte vom Gangsterboss, der einen seiner Gangster dazu abkommandiert, sich um seine Frau zu kümmern, verbunden mit der Auflage, dass er dieser aber natürlich nicht zu nahe kommen darf. Die zweite Story, „*The Gold Watch*", handelt von dem Boxer, der einen bestimmten Kampf verlieren soll, es aber nicht tut. Story Nummer drei, „*The Bonnie Situation*", ist hingegen, laut Tarantino, nicht klassisch, sondern fast ein Klischee: Ein paar Berufskiller tauchen auf, legen jemanden um und verschwinden wieder (QT: „*Jeder zweite Joel Silver-Film fängt damit an* [...]. *Dann schneiden sie zu Arnold Schwarzenegger irgendwo anders hin.* [...] *Wir* [jedoch] *verbringen den ganzen Morgen mit ihnen. Und wir sehen, was ihnen an dem Morgen zustößt*"; *Anm.*: Joel Silver: Produzent von Action-Klassikern wie *Lethal Weapon – Zwei stahlharte Profis, Stirb langsam* oder *Matrix*).

Tarantino's später bekanntlich Oscar-prämiertes Drehbuch, das tatsächlich haufenweise „*profanity*"[„Respektlosigkeiten", Obszönitäten] aufweist und „*packed with hip allusions*[Anspielungen] *to everything and anything in pop culture*" (Copyright: *Time Out*-Magazin) ist, wurde anfangs von *Tri Star*-Pictures, die das fertige Skript aus den Händen des damaligen *A Band Apart*-Kollaborationspartners *Jersey Films* als Erstes erhielten, ganz und gar nicht begeistert aufgenommen. Im Gegenteil: *Tri Star* fand Tarantino's Meisterstück des non-linearen Erzählens *„zu verrückt“* und weigerte sich schon grundsätzlich einen Film zu unterstützen, der einen *„heroin user“* zeigt. Hier eine Auswahl weiterer -wenig schmeichelhafter- Wortspenden aus der *Tri Star*-Ecke bezüglich des *Pulp Fiction*-Skripts: *„[W]orst thing ever written“/„[I]t makes no sense“/„[S]omeone's dead and then they're alive“/ „[T]oo long, violent, and unfilmable“.*

An dieser Stelle kam die Produktionsgesellschaft *Miramax* ins Spiel, die damals bekanntlich von Bob Weinstein sowie von seinem Bruder Harvey Weinstein, dem nunmehr verurteilten Sexualverbrecher und traurigem Beispiel für die Verquickung von Machtmissbrauch und *„sexual abuse“* in Hollywood, angeführt wurde.

Die Verantwortlichen bei *Miramax* jedenfalls mochten das *Pulp Fiction*-Skript und *Pulp Fiction* wurde der erste Film, der dort nach der Übernahme durch den *Disney*-Konzern sozusagen grünes Licht bekam und, darüber hinausgehend, dann auch von *Miramax* vollständig finanziert wurde.

Tarantino und sein Produzent und *A Band Apart*-Kollege Lawrence Bender erhielten letztendlich 8,5 Millionen

US-Dollar an Budget – ein nicht gerade geringer Teil davon, nämlich 150.000$, ging für den Aufbau des „*Jackrabbit Slim's*" in Culver City drauf.

Allerdings war Tarantino niemand, und davon hatte man sich schon bei *Reservoir Dogs – Wilde Hunde* überzeugen können, der sich von geringen Budgets „einschüchtern" oder *ernsthaft* beschränken ließ, denn sein Credo für *Pulp Fiction* lautete: „*I wanted it to look like a $20-25 million movie. I wanted it to look like an epic in everything*".

„*Ich bin ein Riesenfan von ihm. […] Ich habe ihn nur noch nicht in einem Film gesehen, in dem man ihn so eingesetzt hat, wie er es verdient. So wie ich ihn einsetzen würde*"

(QT im Rahmen eines Interviews am Set von *Pulp Fiction* 1993 darüber, warum er *John Travolta* gecastet hat, der damals in Hollywood mehr oder weniger als „abgehalfterter Ex-Superstar" galt)

Eines kann man Tarantino im Zusammenhang mit *Pulp
Fiction* sicherlich *nicht* vorwerfen, nämlich, beim *Casting*
die „falschen Entscheidungen" getroffen zu haben.

Natürlich stand bei vielen Journalisten anfangs die
brennende Frage „*Why Travolta?*" im Raum, denn Travolta
galt spätestens ab dem kommerziellen Flop des albernen
„Aerobic-Märchens" *Perfect* (1985; Regie: James Bridges;
Co-Star: Jamie Lee Curtis) als so etwas wie „zuverlässiges
Kassengift" in Hollywood.

Also: *Warum ausgerechnet Travolta? - John Travolta*
(Jahrgang 1954) zählte damals auf jeden Fall zu Tarantino's Lieblingsschauspielern, denn der Darsteller war
eben nicht nur, als „Tony Manero" & als „Danny Zuko",
ein Teil der gefeierten 70er-Jahre-Smash-Hits *Saturday*

Night Fever und *Grease* gewesen, sondern hatte auch Auftritte in zwei Filmen von Regie-Ikone *Brian De Palma*, der zu Tarantino's großen Idolen gezählt hat und zählt, nämlich in der Stephen King-Verfilmung *Carrie – Des Satans jüngste Tochter* (1976; Carrie; in der Hauptrolle: Sissy Spacek) und eben in dem Thriller *Blow Out – Der Tod löscht alle Spuren* (Travolta's Co-Stars: Nancy Allen & John Lithgow) von 1981 (*Anmerkung*: Einige Bilder in *Pulp Fiction*, als „*Director of Photography*" fungierte ja derselbe Kameramann wie bei *Reservoir Dogs – Wilde Hunde*, nämlich *Andrzej Sekula*, sind auch *eindeutig* an den visuellen Stil des Travolta-Kultklassikers *Urban Cowboy* von 1980 angelehnt, den Tarantino der Öffentlichkeit damals wieder in Erinnerung rief).

Mit einem *Mythos*, und das wurde auch Tarantino in der *Pulp Fiction*-Zeit irgendwie nicht müde in Interviews zu betonen, muss man jedoch aufräumen: Tarantino hat die berühmte „Vincent Vega & Mia Wallace"-Tanzszene im „*Jackrabbit Slim's*"-Diner *nicht* sozusagen exklusiv für Travolta geschrieben!

Der Regisseur musste allerdings eingestehen, dass die Tatsache, dass man in *Pulp Fiction ausgerechnet* den legendären „Tony Manero"- & „Danny Zuko"-Darsteller Travolta wieder *tanzen* sieht, die Tanzszene und den Film im Allgemeinen noch mal in ganz andere „Sphären" katapultiert hat: *„Alle denken immer, dass ich die Szene schrieb, damit Travolta tanzt. Die Szene gab es, bevor John Travolta engagiert wurde. Aber dann war klar: Toll, John wird wieder tanzen"* (Quelle: *Charlie Rose*-Show 1994).

Ursprünglich hatte man die Rolle des Marsellus Wallace-Handlangers „Vincent Vega" dem *Reservoir Dogs*-Star *Michael Madsen* angeboten, der es aber damals vorzog, an der Seite von Kevin Costner in Lawrence Kasdan's epischem Western *Wyatt Earp – Das Leben einer Legende* (1994; Wyatt Earp) aufzutreten – ein Schritt, den Madsen danach klarerweise bereute, vor allem, weil auch Tarantino's 2004, also in der Post-*Kill Bill*-Zeit, einmal angedachtes *Pulp Fiction*-Prequel „*The Vega Brothers*", in dem Travolta & Madsen „Vincent & Vic Vega" hätten spielen sollen, dann doch nie realisiert wurde. Als weiterer „Vincent Vega"-Kandidat, den sogar die Verantwortlichen bei *Miramax* im Grunde favorisierten, galt der mittlerweile 3-fache Hauptrollen-Oscar-Preisträger *Daniel Day-Lewis*.

Die Anzahl an Monologen und „*casual conversations*" in *Pulp Fiction* ist einzigartig und es ist wahrlich schwer, Dialogpassagen zu finden, die mittlerweile nicht „*iconic*" sind. Das, was schon an Tarantino's Debüt *Reservoir Dogs – Wilde Hunde* so auffällig war und was sich Tarantino ganz offensichtlich ein wenig von „*Nouvelle Vague*"-Ikone *Jean-Luc Godard* abgeschaut hat, nämlich die ganzen Exkurse und Dialoge „*pseudophilosophierender Berufsverbrecher*" (*Anmerkung*: Deren *schwarze Anzüge* sind auch in *Pulp Fiction*, ähnlich wie übrigens die „Kleidung der Verbrecher" in den Filmen des von QT geschätzten französischen Regisseurs *Jean-Pierre Melville*, wiederum „*symbolic suits of armor*"), gerät in *Pulp Fiction* zur Perfektion und erreicht ein Level, das der Filmemacher -*vielleicht*- selbst nie mehr erreicht hat.

Unübertroffen bleiben auf jeden Fall auch die Dialoge zwischen „Vincent Vega" John Travolta und seinem „*Partner-in-Crime*" „Jules Winnfield" Samuel L. Jackson im *Prologteil* des Films, in denen nicht nur „Amsterdam" und „Europa" erwähnt werden, sondern auch die „*Tony Rocky Horror-Mia Wallace-Fußmassage*"-Geschichte von den beiden abgehandelt wird, also die Gerüchte darüber angesprochen werden, dass Marsellus Wallace den besagten „Tony" vom Balkon hat werfen lassen, weil dieser seiner Frau Mia die Füße massiert hat. Die „John Travolta & Samuel L. Jackson-*foot massage-conversations*" werden im Grunde von folgenden Dialogpassagen eingeleitet, die von Travolta und Jackson „abgearbeitet" werden, als sie durch die „*reception area*" (Copyright: QT-Skript) des Apartment-Komplexes marschieren und dann in einen Lift steigen:

JULES

Erinnerst du dich an Antwan Rockamora? Halb-schwarz, halb-samoanisch. Man nannte ihn `Tony Rocky Horror`.

VINCENT

Ja, glaub schon. Fett, richtig?

JULES

*Ich würd' nicht so weit gehen, den Bruder fett zu nennen. Der Bursche hat nur ein Gewichtsproblem. Was soll der N***** tun, ist halt Samoaner.*

VINCENT

Ja, schon klar, was du meinst. Was is' mit dem?

JULES

Na ja, Marsellus hat ihn ziemlich durch die Mangel gedreht. Was ich gehört habe, ging es um Marsellus Wallace's neue Frau. [...] Er hat ihr die Füße massiert.

(aus: *Pulp Fiction*; Dialog gemäß der deutschen Synchro; Originalfassung laut Tarantino-Skript: JULES: „*You remember*

Antwan Rockamora? Half-black, half-Samoan, usta call him `Tony Rocky Horror`" / VINCENT: *„Yeah, maybe. Fat, right?"* / JULES: *„I wouldn't go so far as to call the brother fat. He's got a weight problem. What's the n***** gonna do, he's Samoan"* / VINCENT: *„I think I know who you mean. What about him?"* / JULES: *„Well, Marsellus fucked his ass up good. And word around the campfire is, it was on account of Marsellus Wallace's wife. […] He gave her a foot massage"*)

John Travolta hat für *Pulp Fiction* auf einen *Großteil* seiner damals üblichen Gage verzichtet und einer *„reduced rate"* von etwa 140.000$ zugestimmt. Der immense *„critical & commercial success"* von *Pulp Fiction* (*Anmerkung*: Travolta erhielt für die „Vincent Vega"-Rolle sogar eine Oscar-Nominierung in der Kategorie „Best Actor", was seine zweite Nominierung in dieser Kategorie nach jener für die „Tony Manero"-Rolle in *Saturday Night Fever* von 1977 war) hat Travolta's Karriere entscheidend „revitalisiert" und durch den Karriere-Boost wurde Travolta in den *Pulp Fiction*-Folgejahren bekanntlich wieder zu einem *„major movie star"* in Hollywood (*Anmerkung*: Wenn man so will, wurde Travolta *auch* zu einer Art *„Hoffnung für alle übergewichtigen Männer, dennoch `cool` aussehen zu* *können*") sowie Mitglied im exklusiven „*20 Millionen Dollar Gage pro Film*"-Club, zu dem damals Filmstars wie *Tom Cruise*, *Mel Gibson* oder *Harrison Ford* gehörten.

Der Schauspieler war bis einschließlich 1999 in einer ganzen Reihe von „*good movies*" (z. B.: 1995: *Schnappt Shorty*; 1996: *Operation: Broken Arrow*; 1998: *Mit aller Macht - Primary Colors*; 1998: *Zivilprozess*; 1999: *Wehrlos – Die Tochter des Generals*) sowie auch „*masterpieces*" (1997: *Face/Off – Im Körper des Feindes* von John Woo; 1998: *Der schmale Grat* von Terrence Malick) zu sehen, bis der Scientologe Travolta seine Karriere gleichsam ein zweites Mal -ein wenig- an die Wand fuhr, nämlich mit der von ihm mitproduzierten und *völlig* misslungenen Verfilmung eines Science Fiction-Romans des Scientology-Gründers L. Ron Hubbard, betitelt mit *Battlefield Earth – Kampf um die Erde* (2000; Battlefield Earth; Regie: Roger Christian; Co-Star: Forest Whitaker).

Als beste Werke mit „Travolta-Beteiligung" in den letzten 15 Jahren müssen die durchaus erfolgreiche „Biker-Komödie mit Slapstick-Einlagen" *Born to be Wild – Saumäßig unterwegs* (2007; Wild Hogs; Regie: Walt Becker; Co-Stars: Tim Allen, Martin Lawrence & William H. Macy) sowie die großartige Staffel 1 (2016) der „true crime anthology television series" *American Crime Story*, betitelt mit *The People v. O. J. Simpson* (als O. J. Simpson: Cuba Gooding, Jr.), gelten. In der 10-teiligen TV-Serie spielt Travolta, der auch Mit-Produzent dieser wirklich mitreißenden Aufarbeitung des Simpsons-Falls war, den US-Staranwalt Robert Shapiro, der zu dem sogenannten „Dream Team" gehörte, das O. J. Simpson's Freispruch erkämpfte.

JULES

[…] *Ezekiel 25:17. ˋThe path of the righteous man is beset on all sides by the inequities of the selfish and the tyranny of evil men. Blessed is he who, in the name of charity and good will, shepherds the weak through the valley of darkness, for he is truly his brother's keeper and the finder of lost children. And I will strike down upon thee with great vengeance and furious anger those who attempt to poison and destroy my brothers. And you will know my name is the Lord when I lay my vengeance upon you*ˋ.

(aus: *Pulp Fiction*: „skriptgetreue" *Originalfassung* des berühmten „*Ezekiel 25:17*"-Zitats von „Jules Winnfield" Samuel L. Jackson; Statement von Winnfield dazu dann in der „*Hawthorne Grill*"-Restaurant-Szene am Ende: „*Also, den Spruch bring ich jetzt schon seit Jahren. Und wer immer ihn gehört hat, wusste, es geht um seinen Arsch. Ich hab nie viel darüber nachgedacht, was er bedeutet. Ich fand einfach, das ist ein ziemlich kaltblütiger Spruch, den ich einem Wichser erzählen konnte, bevor ich ihn umlegte."*)

Ebenfalls eine Filmlegende, wie seine beiden *Pulp Fiction*-Co-Stars John Travolta und Bruce Willis, ist mittlerweile auch *Samuel L. Jackson* (Jahrgang 1948), den man sicherlich als *einen der größten afro-amerikanischen Filmstars aller Zeiten* bezeichnen kann (*Anmerkung*: Sowohl mit Travolta als auch mit Willis hat Jackson in den Post-*Pulp Fiction*-Jahren Filme gedreht, denn 1995 spielte er an der Seite von Willis in dem Action-Hit *Stirb langsam: Jetzt erst recht*, der bis heute mit Abstand besten *Stirb langsam*-Fortsetzung, und 2003 dann an der Seite von Travolta in dem Thriller *Basic – Hinter jeder Lüge steckt eine Wahrheit*, der aber, trotz der ambitionierten „multiperspektivischen & *Rashomon*-artigen Struktur", von Kritik und Publikum eher zurückhaltend aufgenommen wurde).

Tarantino schrieb die Rolle des „Jules Winnfield", der sich, ebenso wie sein Partner „Vincent Vega", im Laufe des Films als ein viel *komplexerer* Charakter entpuppt, als es das „Unterwelt-Image" vermuten ließe, angeblich bereits mit Samuel L. Jackson „*in mind*" - und der Schauspieler gab sich, wie die meisten Schauspieler, die damals das *Pulp Fiction*-Skript in die Hände bekamen, auf Anhieb begeistert von dem „Personal", das sich darin tummelte (Samuel L. Jackson in der Doku *Pulp Fiction: The Facts* über seinen Eindruck nach der Skript-Lektüre: „*Man hörte diesen Typen zu und erkannte, dass diese Kerle über Alltägliches sprachen, aber eine einzigartige Lebenseinstellung hatten. Das war ziemlich heftig*").

Allerdings wurde Jackson, der sich in den Folgejahren zum wahren „Tarantino-Veteranen" entwickelte (Jackson hatte Rollen in *Jackie Brown*, in *Kill Bill Vol. 2*, in *Django Unchained* und in *The Hateful Eight* – in *Inglourious Basterds* ist er nur als *Erzählstimme* zu hören), bei der „*first audition*" für die Winnfield-Rolle, die im Grunde nur aus einer Lesung des Drehbuchs bestand, noch von dem späteren „Paul"-Darsteller *Paul Calderon* übertrumpft. Erst im Rahmen der „*second audition*" konnte Jackson Tarantino mit seiner Performance der finalen „*Hawthorne-Grill*"-Restaurant-Szene überzeugen, in der der Schauspieler dann auch im fertigen Film tatsächlich so ziemlich jedem in *Pulp Fiction*, selbst Travolta, die Schau stiehlt und den Film für einige Minuten *ganz und gar* zu seinem macht.

Übrigens: Ursprünglich war geplant, dass Samuel L. Jackson in *Pulp Fiction* einen *„gigantischen Afro"* tragen sollte, aber da *Miramax* gegen den *„giant afro"* war, willigten Tarantino und Jackson ein, der Winnfield-Figur eine sogenannte *„Jheri-Locken"*-Perücke zu verpassen, die für eine Art *„permanent wave hairstyle"* steht, der unter Afro-Amerikanern in den *„1980s"* populär war und der nach dem US-Hairstylisten *Jheri Redding* benannt wurde. Von einigen Kritikern wurde Jackson's *„Jheri-curled-wig"* sogar als *„leises Comic-Statement über die Ghettoisierung von Schwarzen in Filmen"* interpretiert (bzw. möglicherweise überinterpretiert).

Natürlich trägt auch der „langhaarige" John Travolta eine Perücke in *Pulp Fiction*, nur hat sich sehr viel später herausgestellt, dass Travolta seit einer Ewigkeit generell mit Perücken in der Öffentlichkeit unterwegs ist, was ihn nach dem diesbezüglichen „Outing" dazu bewogen hat, in Filmen wie *From Paris with Love* (2010; Regie: Pierre Morel) oder dem Oliver Stone-Thriller *Savages* (2012) erstmals überhaupt glatzköpfig oder zumindest ohne „künstliches Haarteil" aufzutreten.

„Ich sage immer, dass er wie ein moderner Charles Dickens ist. Dickens schrieb über ganz normale Leute"

(*Bruce Willis* über Quentin Tarantino in der Doku *Pulp Fiction: The Facts*; QT wurde nach *Pulp Fiction* dann beispielsweise auch als *„neuer Shakespeare Hollywoods"* bezeichnet)

MIA

Uuuuhhh...das klingt nicht nach dem üblichen, geistlosen, langweiligen Lernen-wir-uns-kennen-Gesülze. Das hier klingt, als hätten Sie wirklich was zu sagen.

(aus: *Pulp Fiction*; „Mia Wallace" Uma Thurman zu „Vincent Vega" John Travolta im *„Jackrabbit Slim's"* – die Aussage ist eine Reaktion von Mia Wallace auf die Tatsache, dass Vega dazu *ansetzt*, sie zu den kursierenden „Fußmassage"-Gerüchten zu befragen [VINCENT – Aussage *unmittelbar* davor: *„Ich hab irgendwie das Gefühl, sie sind ein netter Kerl, ich möchte Sie nicht beleidigen"*]; in der Originalfassung sagt Uma Thurman: *„Ooooohhh, this doesn't sound like mindless, boring, getting-to-know-you chit-chat. This sounds like you actually have something to say."*)

BUTCH

(aus: *Pulp Fiction*; „Butch Coolidge" Bruce Willis erlaubt
sich, nachdem er sein Apartment wieder verlassen hat, in dem
er die goldene Uhr geholt und „Vincent Vega" John Travolta
erschossen hat, in Fabienne's Honda einen kleinen Moment des
Triumphs; im Original: „*That's how you're gonna beat 'em,
Butch. They keep underestimatin'ya.*")

Rund zehn Jahre nach seiner zweiten Regie-Arbeit,
nämlich 2003 & 2004, hat Quentin Tarantino seiner einstigen „Mia Wallace"-Darstellerin *Uma Thurman* mit den
beiden *Kill Bill*-Filmen bekanntlich ein ebenso beeindru-
ckendes wie „leicht monströses" Denkmal gesetzt, das,
nach *Pulp Fiction*, sicherlich zu den *absoluten* Karriere-
Höhepunkten der „*Tarantino-Muse*" Thurman gehört.

Grundsätzlich war Thurman, die im *Pulp Fiction*-Er-
scheinungsjahr 1994 erst 24 Jahre alt war und höchstens -
und das selbst nach vielbeachteten Film-Auftritten wie in
dem grandiosen Kostümfilm *Gefährliche Liebschaften*
(1988) oder in der Gus Van Sant-Komödie *Even Cowgirls
Get the Blues* (1993)- als „*aspiring*[aufstrebende] *actress*"

galt, für die Produktionsfirma *Miramax* ganz und gar nicht die erste Wahl für die „Mia Wallace"-Rolle gewesen. Zu den „*Miramax Favorites*" zählten nämlich Schauspielerinnen wie *Holly Hunter* (bekannteste Filme: *Das Piano* sowie *Die Firma* mit Tom Cruise von 1993), *Meg Ryan*, *Meg Tilly* (bekannt vor allem aus Milos Forman's *Valmont* von 1989) oder *Alfre Woodard* (bekannt aus der TV-Serie *Desperate Housewives* oder aus dem Drama *12 Years a Slave* von 2013).

Tarantino jedoch wollte Uma Thurman als „koksende Gangsterbraut mit Bob-Haarschnitt" Mia Wallace „*after their first meeting*" und letztendlich wurde dann im Vorfeld der Veröffentlichung von *Pulp Fiction* auch haufenweise *Promo-Material* mit Thurman produziert.

Berühmt ist dabei vor allem jenes Promo-Bild *geblieben*, auf dem „Mia Wallace" Uma Thurman sich in einem durch eine Jalousie abgedunkelten und durch eine Lampe ein wenig erhellten Raum befindet – Thurman, „*mysterious & dangerous*" dreinblickend, liegt -auf ihrem Bauch- in einem Bett und raucht eine Zigarette, vor ihr auf dem Bett befinden sich außerdem eine Pistole, die Zigaretten-Packung sowie ein Heft, auf dem „Pulp Fiction" steht (*Anmerkung*: Das besagte Promo-Bild, das auch zum seinerzeitigen Standard-*Pulp Fiction*-Filmplakat wurde und in der Folge als Cover für diverse VHS- und DVD-Ausgaben herhielt, ziert übrigens auch aktuell, also im Jahr 2020, wieder eine Blu-ray-*Steelbook*-Ausgabe des Films).

Wie bereits angedeutet ist *Pulp Fiction* ein Werk, in dem selbst die -„*Perücken*-basierten"- „Hairstyles" *ikonisch* geworden sind, und Thurman's berühmter *dunkler* „*Bob*"-*Haarschnitt* gehört ohne Zweifel nicht nur in jede „*Bob haircut-Hall of Fame*", sondern zählt definitiv zu den „*Most Iconic Movie Hairstyles*" überhaupt und wird sogar auch heutzutage noch ab und an als „*role model*" für einen gelungenen Hairstyle herangezogen.

Nach dem Erfolg von *Pulp Fiction* bestand Thurman darauf, der „Independent Film"-Szene treu zu bleiben, und drehte drei weitere Jahre lang nur „*Indie-Filme*", wobei dann die erste „Studio-Produktion", in der Thurman mitwirkte, nämlich *Batman & Robin* (1997; Regie: Joel Schumacher), in der George Clooney zum ersten und einzigen Mal als Batman zugegen war, dann zum künstlerischen sowie kommerziellen Desaster geriet.

Mit ihrem *Pulp Fiction*-Co-Star und „Tanzpartner" John Travolta war Thurman dann noch einmal gemeinsam in einem Film zu sehen, nämlich in der etwas bemühten *Schnappt Shorty*-Fortsetzung *Be Cool – Jeder ist auf der Suche nach dem nächsten Hit* (2005; Regie: F. Gary Gray), die wiederum, wie eben „*Get Shorty*" von 1995, nach einer literarischen Vorlage von *Elmore Leonard* entstanden war – Leonard zählt bekanntlich auch zu QT's Lieblingsschriftstellern und lieferte diesem mit dem Roman „*Rum Punch*" die Vorlage zu *Jackie Brown* von 1997.

Auch in „*Be Cool*", so wie eben der Originaltitel lautet, gibt es eine *Tanzszene* zwischen Travolta & Thurman, also zwischen „Chili Palmer" & „Edie Athens", so wie die beiden im Film heißen, nur hat diese Tanzszene nicht *annähernd* den Charme wie jene in *Pulp Fiction*, denn die zwei Schauspieler kommen, und so ähnlich hat das auch die *Chicago Sun-Times* einst ausgedrückt, darin höchstens als „*kompetente*", gleichzeitig aber merkwürdig „*emotionslose*" Tänzer rüber.

Das dritte „Traumpaar" in *Pulp Fiction*, nach „Vincent & Jules" und „Vincent & Mia", sind in gewisser Weise „Butch & Marsellus".

Würde da nicht der Umstand sein, dass *Pulp Fiction* ein Film ist, in dem man John Travolta wieder -*auf angemessene Weise*- tanzen sieht, und würde diese Tatsache, für einen Travolta-Fan, nicht alle anderen Aspekte ein wenig überschatten, dann wären *eigentlich* die Szenen mit „Butch Coolidge" *Bruce Willis* und „Marsellus Wallace" *Ving*

Rhames (*Anmerkung*: Rhames hat, als „Luther Stickell“, seit 1996 eine Art „Dauerstelle“ an der Seite von „Ethan Hunt“ Tom Cruise in der *Mission: Impossible*-Reihe) die Höhepunkte des Films, denn die Sequenzen, in denen die beiden, mit Samurai-Schwert und Pumpgun bewaffnet, mit den *„hillbilly psychopaths“* (Copyright: QT-Skript) und Vergewaltigern „Maynard & Zed“ aufräumen, sind die mitreißendsten in *Pulp Fiction*.

Aber auch jene Sequenzen im „*Sally LeRoy's*“, in denen „*the big boss*“ Marsellus Wallace, bei dem ja irgendwie im Film sämtliche Fäden zusammenlaufen, dem in die Jahre gekommenen „*prizefighter*“ Coolidge, zu den Klängen des wunderbaren *Al Green*-Klassikers „*Let's Stay Together*“ (1972), zuerst eine Art „desillusionierenden Vortrag“ übers Boxerleben hält, um ihm anschließend zu sagen, wie der Kampf gegen Floyd Wilson zu enden hat, sind schon, im wahrsten Sinne des Wortes, „*großes Kino*“ (der Höhepunkt dabei ist Wallace's Statement zum Thema „Stolz“: MARSELLUS zu BUTCH – gemäß Skript: „[…] *the night of the fight, you will feel a slight sting*[leichten Stich]. *That's pride fuckin`wit ya. Fuck pride! Pride only hurts, it never helps. Fight through that shit*“).

Bruce Willis war zum Zeitpunkt der *Pulp Fiction*-Dreharbeiten natürlich der mit Abstand größte und -grundsätzlich- teuerste Star am Set (*Anmerkung*: Willis' übliche Gage betrug damals um die 10 Millionen US-Dollar, für Tarantino und *Pulp Fiction* akzeptierte Willis aber ein Salär von nur rund 800.000$), denn Willis hatte, nach seinem Durchbruch mit der auch heute noch sehenswerten TV-Serie *Moonlighting* (1985-1989; Co-Star: Cybill Shepherd; lief im deutschsprachigen Raum unter dem Titel „*Das Model und der Schnüffler*"), mit den *Stirb langsam*-Filmen (1988; 1990; Regie: John McTiernan bzw. Renny Harlin) und Werken wie *Last Boy Scout* (1991; The Last Boy Scout; Regie: Tony Scott) auch die große Leinwand erobert. Allerdings kam Willis damals ein veritabler Hit wie *Pulp Fiction* gerade recht, denn mit Flops wie der bizarren Action-Komödie *Hudson Hawk – Der Meisterdieb* (1991; Hudson Hawk; Regie: Michael Lehmann) oder dem klischeehaften „Erotik-Psychothriller" *Color of Night* (1994; Regie: Richard Rush), der versuchte in erfolgreichen „*Basic Instinct*-Gewässern" zu fischen, war Willis' Karriere Anfang/Mitte der 90er-Jahre sogar im Begriff gewesen eine leichte Talfahrt hinzulegen.

Für Tarantino war der Boxer „Butch Coolidge" gleichsam „*a bully and a jerk*", also eine Art Mischung aus

„*Rowdy*“ und „*Trottel*“, die allerdings einem „*specific character*“ aus einem klassischen Hollywood-Crime-Film nachempfunden war, nämlich der Figur des von Ralph Meeker gespielten Privatdetektivs „Mike Hammer“ in Robert Aldrich's *Rattennest* (1955; Kiss Me Deadly; literarische Vorlage: „*Rhapsodie in Blei*“ von Mickey Spillane). *Rattennest*, der mittlerweile als Kultklassiker des *Film noir* und als „visuelles Meisterwerk“ (Kamera: *Ernest Laszlo*) gilt, hat Tarantino aber noch zu einem anderen berühmten Aspekt von *Pulp Fiction* inspiriert, nämlich zu dem „leuchtenden Koffer“, dessen Inhalt der Zuseher *nie* zu Gesicht bekommt – in *Rattennest* öffnet „Mike Hammer“ Ralph Meeker nämlich auch so einen Koffer unbekannten Inhalts, wird dabei von einem grellen Licht geblendet und erleidet sogar eine Verbrennung am Handgelenk. Der Koffer ist, sowohl in *Rattennest* als auch in *Pulp Fiction*, nichts weiter als ein „*MacGuffin*“, also ein Objekt, das lediglich dazu dient, die Handlung auszulösen und voranzutreiben, ohne selbst von besonderem Nutzen zu sein.

Quentin Tarantino ist nicht nur gleichsam ein „*auteur*" mit ausgeprägtem Interesse an popkulturellen Artefakten und Ideen, sondern hat definitiv auch etwas von einem „*Kino-Kleptomanen*" (Copyright: Gary Groth in „*A Dream of Perfect Reception: The Movies of Quentin Tarantino*" von 1997) an sich, der sich bei allem Möglichen bedient, ohne dabei jedoch, wie bereits im Kapitel über *Reservoir Dogs – Wilde Hunde* angedeutet, die eigene Handschrift zu verlieren.

In *Pulp Fiction*, einem Film, der mittlerweile selbst übrigens vom AFI (*American Film Institute*) ganz offiziell zu den „*100 Greatest American Movies Of All Time*" gezählt wird (*Pulp Fiction* belegte in dem vom „üblichen Verdächtigen" *Citizen Kane* angeführten Poll „AFI's *100 Years...100 Movies*" von 2007 *Platz 94*, „eingeklemmt" zwischen Scorsese's *Good Fellas* & Peter Bogdanovich's *Die letzte Vorstellung*), befinden sich demnach nicht nur Anspielungen auf Aldrich's *Rattennest*, sondern natürlich auch zahlreiche andere „Hommagen" an Filme oder TV-Serien (z. B. eben auch -in einer Aussage von „Jules" im *Hawthorne Grill*-Restaurant- an die 70er-Jahre-Fernsehserie *Kung Fu* mit David Carradine, dem späteren „Bill"-Darsteller in den beiden *Kill Bill*-Filmen).

Hier eine kleine *Auswahl* an „*homages to other movies*", die sich aber, um das Ganze einzugrenzen, wirklich nur auf *Kinofilme* bezieht, die QT *möglicherweise* -an einigen Stellen- beim Schreiben und beim Filmen im Hinterkopf gehabt haben mag:

Die wichtigste Szene in *Pulp Fiction* bleibt die Tanzszene mit Travolta und Thurman. Mag sich Tarantino auch noch so bemüht haben, zu betonen, die Szene wäre *keine* Hommage an *Saturday Night Fever*, sondern inspiriert von einer entsprechenden „*dance sequence*" in dem Jean-Luc Godard-Film *Die Außenseiterbande*, so hat man bei der Szene dennoch *unweigerlich* das Gefühl, dass hier „Tony Manero" auf Travolta's und somit „Vincent Vega's" Schultern sitzt. „Tony Manero" und *Saturday Night Fever* sind sozusagen fester Teil der „US-Kosmologie & US-Mythologie" und naturgemäß nur wenige Leute in den USA, in Europa oder sonst wo haben einen Godard- und somit „Arthouse"-Film im Kopf, wenn sie die besagte Szene sehen. Was beim Tanzen im „*Jackrabbit Slim's*" passiert, ist daher nichts weniger als Folgendes: Man kommt wieder mit dem *Mythos* eines Hollywood-Stars in Berührung, der lange Zeit „in Ungnade" gefallen war, aber dennoch in der Erinnerung vieler der „*King of Disco*" geblieben ist!

Für die Szene, in der Butch Coolidge mit dem Honda vor dem Zebrastreifen hält und dabei ausgerechnet Marsellus Wallace begegnet, mag eine ähnliche Szene aus Alfred Hitchcock's *Psycho* Pate gestanden haben, denn dort hält die von Janet Leigh gespielte Sekretärin & Diebin „Marion Crane" ebenfalls mit ihrem Wagen bei einem Zebrastreifen an und wird dabei von ihrem Boss „Mr. Lowery" gesehen, der diesen quert und sich verwundert gibt, weil sie sich zuvor bei ihm „krank" gemeldet hat (in Wahrheit hat sie 40.000$ unterschlagen, die einem Kunden ihres Bosses gehören, und will die Stadt verlassen).

Die zwei sadistischen *„hillbillies"* „Maynard & Zed" (*Anmerkung*: „*Zed*" ist übrigens haargenau nach dem „*character*" benannt, den *Sean Connery* in John Boorman's Science Fiction-Film *Zardoz* von 1974 spielt) könnten direkt dem großartigen und mehrfach Oscar-nominierten John Boorman-Film *Beim Sterben ist jeder der Erste* (1972; Deliverance; *Anm.*: Der Film ist quasi derjenige, den Boorman unmittelbar vor *Zardoz* gedreht hat) entstammen, in dem es die „Städter" Jon Voight, Burt Reynolds, Ned Beatty & Ronny Cox, die gemeinsam eine Kanu-Tour in Georgia machen wollen, plötzlich mit zwei sadistischen „Rednecks" („Bill & Herbert"; Redneck: abfällig für „armer weißer Landarbeiter") zu tun bekommen, die „Bobby" Ned

Beatty sogar vergewaltigen. Auch in Boorman's düsterer Parabel über *„städtischen Hochmut in der rauen Natur"* setzen sich die gepeinigten Männer dann mit Waffengewalt zur Wehr. Kritisiert wurde, dass, während die Vergewaltigungsszene in *Beim Sterben ist jeder der Erste* quasi purer *„horror"* ist und in der Folge im Film auch weiteren *„horror"* auslöst, Tarantino der Szene in *Pulp Fiction* gleichsam sofort den *„Schrecken der Gewalt"* wieder wegnimmt, weil er am Ende alles nur darauf reduziert, dass Butch lediglich den *„single weirdest day of* [his] *entire life"* (BUTCH zu FABIENNE - Dialogpassage aus QT-Skript) hatte.

Tarantino hat, vom *Rolling Stone*-Magazin in einem Interview 1994 auf die umstrittene Vergewaltigungsszene in *Pulp Fiction* angesprochen, gemeint, dass sich, im Gegensatz eben zu seinem Film, in einem Werk wie dem Gefängnis-Drama *American Me* (1992; Regie: Edward James Olmos; dt. Verleihtitel: *Das Gesetz der Gewalt*), welches 1992 in Cannes sogar im *Palme d'Or*-Parallelwettbewerb *„Un Certain Regard"* lief, gleich *drei* derartige Szenen befänden: *„There's like three butt-fucking scenes in `American Me`. That's definitely the one to beat in that particular category"*.

Butch's „*Wahl der Waffen*" im Pfandleihshop, bei der natürlich die Tarantino-spezifische Kombination von „*humor*" & „*strong violence*" in *Pulp Fiction* mitunter am deutlichsten zum Ausdruck kommt, hat natürlich auch Anlass zu „Spekulationen" darüber gegeben, welche möglichen Anspielungen auf andere Filme sich dahinter verstecken könnten.

Der *Hammer* wurde als Hommage an den „US slasher film" *The Toolbox Murders* (Regie: Dennis Donnelly) von 1978 interpretiert, in dem der „*serial killer*", unter anderem, auch mit einem Hammer zur Tat schreitet.

Der *Baseballschläger* wurde als Anspielung auf den Brian De Palma-Film *The Untouchables -Die Unbestechlichen* (1987; The Untouchables) mit Kevin Costner und Sean Connery gedeutet, wobei aber auch der Action-Streifen *Der Große aus dem Dunkeln* (Walking Tall; Regie: Phil Karlson) von 1973 als mögliches Vorbild genannt wurde. In dem De Palma-Film benutzt „Al Capone" Robert De Niro einmal einen Baseballschläger als Mordwaffe und in *Der Große aus dem Dunkeln* rächt sich „Sheriff Bufford Pusser" Joe Don Baker an den Mördern seiner Frau mit einem solchen.

Die *Kettensäge* wiederum, die „Butch Coolidge" Bruce Willis als Waffe kurz in Erwägung zieht, könnte eine „Verbeugung" vor Horrorklassikern wie *Blutgericht in Texas* (1974; The Texas Chain Saw Massacre; Regie: Tobe Hooper) oder *Tanz der Teufel 2* (1987; Evil Dead II – Dead by Dawn; Regie: Sam Raimi) sein, denn im 74er-Film rennt bekanntlich der Killer „Leatherface" mit einer Kettensäge durch die Gegend und in Raimi's aberwitziger Fortsetzung seines Kultklassikers *Tanz der Teufel* (1981; The Evil Dead) endet die von Bruce Campbell gespielte Hauptfigur „Ash" mit einer Kettensäge *an* der Hand, soll heißen: mit einer Kettensäge an Stelle jener Hand, die er sich, wegen „akuter Teufelsbesessenheit" dieser Hand, abschneiden musste.

Die Tatsache, dass sich Coolidge dann letztendlich für das *Samurai-Schwert* entscheidet, wurde nicht nur Tarantino's offensichtlicher Begeisterung für Eastern zugeschrieben und den zahlreichen Klassikern, die sich hier als „filmische Vorbilder" anbieten (z. B.: der „Jahrhundertfilm" *Die sieben Samurai* von Akira Kurosawa aus 1954 oder der von QT geschätzte „B-Eastern" *Henker des Shogun* von Kenji Misumi & Robert Houston aus 1980), sondern auch dem Umstand, dass der „*bully & jerk*" Coolidge, der im Grunde ein „unrühmlicher Bastard" par excellence ist, sich an dieser Stelle des Films, mit dem „*Katana*" (japanischer Begriff für das „japanische Langschwert") in seiner Hand, zu so etwas wie einem „*honourable hero*" entwickelt, der sich plötzlich einem „moralischen Code" verpflichtet fühlt und *sogar* seinem nunmehrigen „Erzfeind" Marsellus Wallace zur Hilfe eilt.

Jules Winnfield's „*Ezekiel 25:17*"-Bibel-Zitat entspringt ebenfalls QT's Begeisterung für Eastern und vor allem der Begeisterung für den japanischen Filmstar *Sonny Chiba*, den Tarantino später als „*Schwertschmied-Meister*" „Hattori Hanzo" in *Kill Bill* besetzte, denn in dem Martial Arts-Film *Kiba, der Leibwächter* (1976; Karate Kiba; Regie: Ryuichi Takamori & Simon Nuchtern) kommt ganz zu Beginn ein dem „*Ezekiel*"-Zitat beinahe identisches „Credo & Glaubensbekenntnis" vor, das sowohl als „*scrolling text*" erscheint als auch noch zusätzlich von einer Erzählstimme vorgelesen wird.

Der von Harvey Keitel in dem Abschnitt „THE BONNIE SITUATION" verkörperte „*crimeworld cleaner*" „The Wolf" soll übrigens „*inspired*" von dem Kurzfilm *Curled* (1991; Regie: Reb Braddock) gewesen sein, den Tarantino bei einem Filmfestival gesehen hatte und in dem eine „Tatort-Reinigungskolonne" vorkommt, die von „Gabriela"

Angela Jones angeführt wird. Tarantino war von Braddock's Film dermaßen angetan, dass er für *Pulp Fiction* eben nicht nur den von Keitel gespielten „Wolf" kreierte, sondern auch die „Gabriela"-Darstellerin Angela Jones als neugierige Taxifahrerin „Esmarelda Villalobos" besetzte. 1996 fungierte QT dann bei einer Spielfilmversion des einstigen Kurzfilms, deutscher Verleihtitel: *Curled – Der Wahnsinn*, in welcher wiederum Angela Jones als „Gabriela" zu sehen war, als Produzent.

Zu Beginn der Dokumentation *Pulp Fiction: The Facts* heißt es einmal: „*Modern cinema would never be the same*".

Und *tatsächlich*: Tarantino's im Mai 94 (US-Premiere: 10. September 1994) bei den Filmfestspielen in Cannes mit der *Goldenen Palme* dekoriertes Meisterwerk, das auch, wie bereits erwähnt, ein Oscar-prämiertes „*masterpiece of screenwriting*" ist (*Anmerkung*: QT's Skript war in Großbritannien sogar ein Top Ten-Buchbestseller!), spielte weltweit rund 214 Millionen US-Dollar ein und hatte nicht nur einen „*strong effect*" auf das *Independent*-Kino, sondern gilt als so etwas wie ein „*cultural watershed*", ein

„*kultureller Wendepunkt*", der 90er-Jahre und somit auch als „*defining movie of the decade*".

Der Einfluss von Tarantino's zweiter Regie-Arbeit auf die Filmbranche war in der Tat *enorm* und rief auch eine ganze Reihe von „*QT-Epigonen*" und „*wannabes*" auf den Plan, die versuchten, *Pulp Fiction*-Stilelemente (Humor, „*strong violence*" & „ungezwungene Gespräche") irgendwie nachzuahmen (*Anmerkung*: Einige Werke von „*QT-wannabes*" werde ich im nächsten Kapitel dieses Buches erwähnen, das von „*The Man from Hollywood*" handeln wird, Tarantino's Beitrag zu dem Episodenfilm *Four Rooms*).

Hier einige -deutsche- Pressestimmen von damals - Die *Süddeutsche Zeitung* etwa meinte: „*Tarantino hat die Episoden von ein paar Amateurdieben, Profikillern, Gangsterbossen und einsamen Wölfen zu einem einzigen, riesigen Kalauer verquickt. Scherz, Satire, Ironie, dies alles beherrscht Tarantino aus dem Effeff*". Die Zeitschrift *Tempo* sprach vom „[…] *beste*[n] *Film, den es in diesem Jahr zu sehen gibt*" und die deutsche Wochenzeitung *Die Zeit* meinte nur: „*Pulp Fiction: ein Monster, ein Gewinner!*". Die Programmzeitschrift *TV-Movie* bescheinigte Tarantino ein „[*t*]*odsicheres Gespür für Tempo und Atmosphäre*" zu haben und nannte den Film „*Ein Meisterwerk des Genres*

– *ein Muss!*". Folgende „Lobeshymne" der Filmzeitschrift *Cinema* schien aber damals die Sache irgendwie am treffendsten auf den Punkt zu bringen: „*Tarantino schreibt so gut wie* [David] *Mamet, konstruiert so geschickt wie Altman und erzählt so vital wie Scorsese*" (*Anmerkung*: Der *MASH*- & *Nashville*-Regisseur *Robert Altman* wurde seinerzeit deswegen plötzlich wieder als Beispiel für „*well constructed movies*" herangezogen, weil diesem 1992 & 1993 mit tatsächlich *überragend konstruierten* Filmen wie *The Player* und vor allem *Short Cuts* ein großes Comeback gelungen war).

Auch in den USA wurde *Pulp Fiction*, neben der vielleicht wenig überraschenden Tatsache, dass sich damals gewisse „*konservative Kreise*" und sogar führende „*Republicans*" wegen gewisser „expliziter Inhalte" eine Zeit lang auf das Werk eingeschossen haben, von der Kritik überwiegend als „*body of work that might just completely redefine cinema*" gefeiert - sowie als Film, bei dem, um die Tarantino-Freundin und ehemalige *L. A. Weekly*-Journalistin *Manohla Dargis* indirekt zu zitieren, die schwierige Gratwanderung zwischen „*künstlerischer Verhüllung*" und „*kommerzieller Präsenz*" von seinem Schöpfer auf brillante Weise gemeistert wurde.

146

Während einige Stimmen durchaus den „*extensive use*" des „*N-Wortes*" in *Pulp Fiction* kritisierten, bezeichnete der US-Kritiker *Alan Stone* 1995 den Film sogar als „*politisch korrekt*" und lieferte in der Zeitschrift *Boston Review* auch die Begründung dafür: „*There is no nudity and no violence directed against women* [...]. *[It] celebrates interracial friendship and cultural diversity; there are strong women and strong black men, and the director swims against the current*[Strom] *of class stereotype*".

Grundsätzlich taucht *Pulp Fiction* in den USA mittlerweile regelmäßig in fast sämtlichen von Kritikern erstellten Listen der „*greatest films ever made*" auf und das Werk wurde 2013 sogar in das „United States *National Film Registry*" aufgenommen, was bedeutet, dass der Tarantino-Film mittlerweile als „*culturally, historically, or aesthetically significant*" betrachtet wird.

EPILOG

OK, nicht alles an den USA ist schlecht, denn: Immerhin werden dort Websites produziert, die sich mit folgender Frage auseinandersetzen, die auch ich mir persönlich im

Grunde schon seit Langem stelle: „*Why hasn't QT worked with John Travolta again?*"

Nun: „*Warum hat John Travolta nach `Pulp Fiction` nie mehr in einem Tarantino-Film gespielt?*" Das ist auch deshalb irgendwie verwunderlich, weil Tarantino über die Jahre nun wahrlich so etwas wie eine „Gang" um sich versammelt hat, zu der Schauspieler wie Tim Roth, Samuel L. Jackson, Michael Madsen und mittlerweile auch Kurt Russell gehören. Zudem hat QT auch mit Harvey Keitel, Uma Thurman, Christoph Waltz, Brad Pitt, Leonardo DiCaprio und sogar mit Bruce Willis (in *Pulp Fiction* & „*The Man from Hollywood*") zumindest zweimal zusammengearbeitet.

Meine persönliche Antwort und „*theory*" dazu lautet: *John Travolta passt nicht natürlicherweise in Independent-Filme!*

So wie das „natürliche Terrain" von Freddie Mercury & Co, also von *Queen*, nicht irgendwelche Clubs oder kleine Konzerthallen waren, sondern bekanntlich eher das *Wembley*-Stadium, denn niemand hatte dieses (-man denke an den *Live Aid*-Auftritt vom Juli 85 oder an dessen „Fiktionalisierung" in dem Bio-Pic *Bohemian Rhapsody*-) so unter „Kontrolle" wie Mercury & *Queen*, sind „*Independent films*" & „*Tarantino movies*" ganz und gar nicht das

„*natürliche Terrain*" des Filmstars Travolta, dessen dominante „Movie Star"-Präsenz, die im Übrigen noch viel stärker ist als jene von Willis oder DiCaprio, weit besser in „Studio-Produktionen" und Filme wie *Face/Off - Im Körper des Feindes* oder *Wehrlos – Die Tochter des Generals* (im Übrigen mein John Travolta-*Geheimtipp*!) reinpasst.

Im Grunde ist also nicht die Tanzszene in *Pulp Fiction* so etwas wie „*John Travolta pur*", sondern viel eher der ultimative „*star making moment*" von *Saturday Night Fever*, nämlich jener, in dem sich Travolta, nachdem etwa eine Stunde des Films vergangen ist, *solo* auf der Tanzfläche der Diskothek „2001 Odyssey" die Seele aus dem Leib tanzt!

Ah, ha, ha, ha, stayin' alive, stayin' alive
Ah, ha, ha, ha, stayin' alive

(aus dem Song „*Stayin' Alive*" von den *Bee Gees*; *Saturday Night Fever*-Soundtrack)

The Man from Hollywood (1995)
(Regie: Quentin Tarantino; *Episode* aus dem Film *Four Rooms*)

*„Ich könnte mir vorstellen, du denkst, wir wollen mit dir ir-
gendeine strange Sexkiste abziehen […]. Nichts, nichts würde
uns ferner liegen“*

(aus: *The Man from Hollywood*; „Chester Rush“ Quentin
Tarantino zu „Ted, dem Pagen“ Tim Roth, kurz bevor diesem
dann die bizarre *„Peter Lorre-/Steve McQueen-Gedenk-Wette“*
erklärt wird, die die Beteiligung des Pagen „erfordert“ und die
im Zentrum der Tarantino-Episode steht; im Original: „*I was
thinking you might be thinking that we want you to do some
like weird sex thing* […]. *Nothing, nothing could be further
from the truth.*“)

CHESTER RUSH

*Wenn ich an Pagen denke, denke ich immer an „Hallo,
Page!“ mit Jerry Lewis. Schon mal gesehen, Ted? […] Ist einer von Jerry's besseren Filmen. Er sagt kein Wort…in dem
ganzen Film. Er zieht `ne komplett stumme Nummer ab. Wel-
cher Schauspieler kann das? So einer wird nur in Frankreich*

respektiert. Das sagt alles über Amerika aus. Einfach alles. So-bald Jerry Lewis stirbt, wird jeder schreiben, er war ein Genie.

(aus: *The Man from Hollywood*; der Filmregisseur „Chester Rush“ Quentin Tarantino zu „Ted, dem Pagen“ Tim Roth, kurz nachdem dieser das Penthouse des Hotels, in dem Rush und seine Freunde Silvester feiern, betreten hat; *Anmerkung*: QT bezieht sich auf den Film *The Bellboy*, deutscher Titel eben: *Hallo, Page!*, aus 1960, bei dem Starkomiker & Filmlegende *Jerry Lewis* (1926-2017) auch für Drehbuch und Regie zustän-dig war und der von Lewis als eine Art Verbeugung vor einem anderen Komiker, nämlich *Stan Laurel*, gedacht war)

CHESTER RUSH
Tja, Ted, wie schon mein Großpapa immer zu sagen pflegte: `Je weniger einer meint, sich äußern zu müssen, desto seltener wird er im Nachhinein als Idiot betrachtet`.

(aus: *The Man from Hollywood*; „Chester Rush“ zu „Ted, dem Pagen“, nachdem diesem die Peter Lorre-/Steve McQueen-Wette aus einer 1960 gesendeten Episode der Fern-sehreihe „*Alfred Hitchcock Presents*“ (dt. Titel: „*Alfred Hitch-cock präsentiert*“) von „Leo“ Bruce Willis erklärt wurde und „Ted“ zunächst etwas sprachlos ist - in Anbetracht dessen, was Rush & Co da vorhaben; in der Originalfassung sagt Quentin

Tarantino: „*Now, Ted, like my old granddaddy used to always say: `The less a man makes declarative statements, the less apt he is to look foolish in retrospect`.*“)

Nach *Pulp Fiction* war klar: Seit Orson Welles (mit seinem Regie-Debüt *Citizen Kane* von 1941) hatte es niemand so schnell wie Quentin Tarantino geschafft, aus „relativer Unbekanntheit“ heraus gleichsam „*the art of moviemaking*“ nachhaltig zu verändern.

Pulp Fiction, den der US-Kulturkritiker und Filmhistoriker Peter Biskind, aufgrund des enormen finanziellen Erfolges, einmal „*the Star Wars of independents*“ nannte, denn Tarantino's zweiter Film galt gleichsam auch als Beweis dafür, was ein Independent-Film „*at the box office*“ erreichen konnte, hatte der Filmwelt nicht nur einige der „*Greatest Movie Moments*“ und „*Greatest Movie Speeches*“ überhaupt beschert, so wie etwa den „*adrenalin shot to Mia Wallace's heart*“ oder eben die „*Ezekiel 25:17*“-Passage, sondern auch eine ganze Reihe von „*Tarantino- & Pulp Fiction-Klone*“.

Plötzlich war nämlich so eine Art „*Guys with Guns-Black Comedy-Neo Film Noir*“-Genre entstanden, in dem haufenweise „*violent shoot-outs*“ zu verzeichnen waren und das mit *60er- & 70er-Jahre-Pop-Hits* unterlegt war, denn: Auch der *phantastische* Soundtrack von *Pulp Fiction*, der ja *keinerlei* für den Film eigens komponierte Musik beinhaltete, sondern eben All-Time-Klassiker wie Chuck Berry's „*You Never Can Tell*" (1964), Dusty Springfield's „*Son of a Preacher Man*" (1969) oder Al Green's „*Let's Stay Together*" (1972), fand seine „Nachahmer".

Zu den ersten „*Pulp Fiction imitators*" zählten Mitte der 90er folgende Werke, die an den Kinokassen zum Teil *erstaunlich erfolglos* waren und auch von den Kritikern zumeist wenig wohlwollend aufgenommen wurden: Die Komödie *Destiny – Hoher Einsatz in Las Vegas* (1995; Destiny Turns on the Radio; Regie: Jack Baran; u. a. mit: Dylan McDermott, James Belushi & Quentin Tarantino) sowie die beiden „crime films" *Das Leben nach dem Tod in Denver* (1995; Things to Do in Denver When You're Dead; Regie: Gary Fleder; u. a. mit: Andy Garcia, Steve Buscemi & Christopher Walken) und *2 Tage in L.A.* (1996; 2 Days in the Valley; Regie: John Herzfeld; u. a. mit: Danny Aiello, Teri Hatcher & James Spader).

Sämtlichen dieser Werke, die zum Teil auch ein wenig versuchten -nach dem Vorbild von *Pulp Fiction*- „*disordered cinematic narratives*" zu sein und sich somit im

„non-linearen Erzählen" profilieren wollten, fehlte, neben ein paar anderen essentiellen Dingen, vor allem die *„edgy hipness"* von *Pulp Fiction*, was beim Betrachter umgehend so ein *„Just watch a QT-movie instead!"*-Gefühl erzeugte.

Hervorzuheben ist natürlich der Umstand, dass in *„Destiny Turns on the Radio"* (OT), also dem, wenn man so will, ersten *„Pulp Fiction imitator"*, gleich Quentin Tarantino persönlich mitspielt, denn der verkörperte darin die Figur des „Johnny Destiny", eine Art *„bizarre & supernatural character"*, der der Hauptfigur, dem aus dem Gefängnis geflüchteten und gleichsam in der Wüste nahe Las Vegas gestrandeten Bankräuber „Julian Goddard" (gespielt von Dylan McDermott), das Leben rettet.

Was damals allerdings das Publikum weltweit mehr interessierte als die Werke von „QT-wannabes", war, welchen Film *Tarantino selbst* nach dem *„major cultural event & international phenomenon"* *Pulp Fiction* drehen würde – und die Antwort kam zunächst eben in Form der Episode *„The Man from Hollywood"*, die Teil der von insgesamt vier Regisseuren (neben QT auch: *Allison Anders, Alexandre Rockwell & Robert Rodriguez*) auf die Beine gestellten „Anthologie-Komödie" *Four Rooms* ist und nicht nur eine -im wahrsten Sinne des Wortes- *„interessante Fingerübung"* darstellt, sondern, beabsichtigt oder nicht, auch

154

so etwas wie die „*erste Selbstparodie*" von Quentin Tarantino!

Der Plot von „*The Man from Hollywood*" (Episode 4 von *Four Rooms*):

Nachdem „Ted, der Page" an seinem ersten Arbeitstag in der Silvesternacht bereits in drei verschiedenen Zimmern (der „*Honeymoon Suite*" sowie „*Zimmer 404*" und „*Zimmer 309*") drei verschiedene „schräge Situationen & Abenteuer" erlebt hat [*Anmerkung*: Diese „Abenteuer", inszeniert von *Allison Anders*, *Alexandre Rockwell* & *Robert Rodriguez*, sind völlig unabhängig voneinander und stehen somit auch in keinem direkten „dramaturgischen Zusammenhang"], kommt er schließlich in das Penthouse des [*fiktionalen*] „*Mon Signor*"-Hotels in Los Angeles.

Dort erwarten ihn der erfolgreiche Filmregisseur Chester Rush sowie dessen Kumpels Leo und Norman [gespielt von *Bruce Willis* & *Paul Calderon*] – darüber hinaus trifft er dort auch wieder auf Angela, der er zuvor schon im Zimmer 404 begegnet ist [*Anmerkung*: „Angela" wird von *Jennifer Beals* gespielt, der damaligen Ehefrau von *Alexandre Rockwell*, der die im Zimmer 404 spielende Episode „*The*

Wrong Man" inszeniert hat, was „Angela" auch zur einzigen Figur -neben „*Ted the Bellhop*", der in allen „*rooms*" vorkommt- macht, die Auftritte in *zwei* der „*Four Rooms*" hat; Jennifer Beals wurde 1983 durch ihre Rolle der Schweißerin/Tänzerin „Alexandra *Alex* Owens" in Adrian Lyne's populärem Musik- & Tanzfilm *Flashdance* weltbekannt].

Nachdem ihm der betrunkene Chester Rush einen Vortrag über die Genialität des US-Komikers Jerry Lewis gehalten hat und Ted auch Rush's -ebenfalls stark betrunkenen- Kumpels vorgestellt wurde, sprechen Rush und der Hotelpage auch kurz über Chester's Karriere als Filmemacher [TED: „*Es tut mir leid, dass ich Ihren Film nicht gesehen habe, aber...*" / CHESTER: „*Macht nichts* […]. *Aber weißt du was? Eine Menge Leute haben ihn gesehen. Eine Menge Arschgeigen haben den Film gesehen.* […] `*Ne Menge Arschgeigen haben den `Verrückten Detektiv` gesehen*"; im Original sagt „Chester Rush" Quentin Tarantino „*Whole lot of motherfuckers saw that movie* […]. *Lot of motherfuckers saw `The Wacky Detective`*" und meint später auch zu Ted, dass seinem neuen Film „*The Dogcatcher*"(auch in der dt. Synchro als „*Der Hundefänger*" bezeichnet) prophezeit wird, mehr als 100 Millionen-Dollar an den Kinokassen machen zu können].

156

Danach präsentiert Ted den Penthouse-Bewohnern die Dinge, die er mitgebracht hat und die sie bei ihm zuvor geordert haben - darunter befinden sich auch ein Holzbrett, ein Hackebeil und ein Kübel mit Eis. Schließlich rücken Chester & Co mit ihrem Anliegen heraus und Leo, der zuvor noch einen Streit mit seiner Frau am Telefon beendet, beginnt die bizarre „Peter Lorre-Steve McQueen-Gedenk-Wette" zu erklären, die Chester und Norman am Laufen haben, da sie gerade die Episode „*Der Mann aus Rio*" aus der TV-Serie „*Alfred Hitchcock zeigt*" gesehen haben [LEO: „*Ted, hast du je die Serie `Alfred Hitchcock zeigt` gesehen? Kennst du die Folge „Der Mann aus Rio" mit Peter Lorre und Steve McQueen? […] Peter Lorre, der wettet mit Steve McQueen, dass Steve McQueen es nicht schafft, sein Feuerzeug zehnmal hintereinander anzuzünden. Also: Wenn Steve McQueen es zehnmal hintereinander schafft, gewinnt er Peter Lorre's nagelneues Auto. Aber: Sollte er es nicht schaffen, sein Feuerzeug zehnmal hintereinander anzuzünden, dann darf Peter Lorre Steve McQueen den kleinen Finger abhacken*"]. Der Wetteinsatz bei Chester und Norman (Rollenverteilung: Chester wäre „Peter Lorre" und Norman gleichsam „Steve McQueen") ist Chester's roter „64er Chevy Chevelle", mit dem Chester, so wie Norman [NORMAN, bezüglich der Wette – im

Original: „*I'd do that for the Chevelle*"] dem Pagen verdeutlicht, sogar auf Zeitschriften abgebildet ist, auf denen der Regisseur als „*Hollywood's heißester neuer Star*" bezeichnet wird [*Anmerkung*: Auf der Zeitschrift HOTCAR CLASSICS, die Paul Calderon Tim Roth zeigt, sieht man auf dem Titelbild „Chester Rush"/QT sowie den besagten Wagen – außerdem steht auf dem Titelbild: „*Hollywood's hottest new star next to America's hottest old car*"].

Anschließend macht Chester dem verwirrten Pagen klar, warum Ted's „Partizipation" bei der ganzen Sache unbedingt erforderlich ist [CHESTER - direkt zu TED: „*Die Sache ist die: In der Natur dieses Unterfangens stecken einige Hindernisse, man sieht's nicht auf den ersten Blick. Zum Einen natürlich die Tatsache, dass ich nicht so bin wie Peter Lorre in dieser Fernsehshow: Ich bin nicht irgend so 'n krankes Arschloch, das übers Land zieht und Finger sammelt. Alles klar? Wir sind alle Freunde und keiner will, dass Norman einen Finger verliert*"; die *Originalfassung* der „Chester Rush"-Ausführungen: „*Thing is, there are some inherent obstacles in this undertaking. Beside from the obvious. First of wich is, being the fact I'm not like Peter Lorre on that TV-show. I'm not some sick fuck traveling the countryside collecting fingers. All right, you know, we're all buddies here. No one wants Norman to lose his finger*"], woraufhin Ted die Flucht ergreifen will, da *er* sozusagen derjenige sein soll, der -anstelle von Chester- das Beil schwingt, wenn Norman's Zippo sich nicht zehn- mal hintereinander anzünden lässt [TED: „*Ich werde Nor- man nicht den kleinen Finger abhacken!!!*"] – der Kübel mit dem Eis soll dafür verwendet werden, den Finger, sollte er abgehackt werden, für die Fahrt ins Krankenhaus zu konservieren. Dann bietet Chester dem Pagen 1000$ an, wenn er sich auf das Ganze einlässt – Ted kann sich dem Angebot plötzlich nicht mehr entziehen und stimmt zu.

Alle bringen sich in Position [CHESTER – im Original: „*Perfect. This is one of those moments in time none of us are ever gonna forget*"]: Der Page nimmt das Beil, Norman legt den kleinen Finger seiner linken Hand auf das Holz- brett, in der rechten Hand hält er das Zippo. Bereits der *erste* Versuch, dem Zippo eine Flamme zu entlocken, schlägt fehl und Ted hackt ihm *umgehend* den Finger an – Norman schreit auf [NORMAN – im Original: „*My finger! My fucking finger! Chester, my fucking finger, man! He cut off my fucking finger! Oh, it hurts!*"]. Der Page schnappt sich das Geld und „flüchtet" damit aus dem Penthouse, in- dem er dieses mit dem Fahrstuhl wieder verlässt.

Während der Abspann beginnt und die Kamera nur den Gang hin zu dem besagten Fahrstuhl zeigt, wird man noch

Zeuge der chaotischen Zustände [CHESTER – in der Origi-nalfassung: „*I forgot the finger! I gotta get the…It's the fin-ger! I got the finger! I got it! I got it!*"], die den Versuch von Chester & Co begleiten, sich mit Norman's Finger auf den Weg ins Krankenhaus [ins berühmte „*Cedars*", wie es im Film am Ende heißt, also dem *Cedars-Sinai Medical Center* in L.A.] zu machen.

„[`*The Man from Hollywood*`] *hat ein paar besoffene Idio-ten zum Inhalt, die gerade die Hitchcock-Show gesehen haben und in ihrem Stumpfsinn versuchen, ihre eigene Show auf die Beine zu stellen*"

(QT über seinen Beitrag zu dem 4-Episoden-Film *Four Rooms*; zitiert nach der DVD-Edition *Arthaus Close-Up: Quen-tin Tarantino*)

„*Four friends, telling four stories, making one film*" (gleichsam das *Motto* der „Gemeinschaftsproduktion" *Four Rooms*, das damals sogar auf dem „*original screen-*

play" abgedruckt war) – Allison Anders, Alexandre Rockwell, Robert Rodriguez & Quentin Tarantino trafen sich erstmals 1992 auf internationalen Filmfestivals. Beim Sundance-Festival liefen in dem besagten Jahr sowohl Tarantino's Debüt *Reservoir Dogs – Wilde Hunde* als auch Anders' sehenswertes „melodramatic coming-of-age-tale" *Gas Food Lodging – Verlorene Herzen* (Gas Food Lodging; mit: Brooke Adams, Ione Skye & Fairuza Balk) sowie Rockwell's formidable Komödie *In the Soup – Alles Kino* (In the Soup) mit Steve Buscemi und Jennifer Beals, in der Buscemi den Drehbuchautor „Aldolpho Rollo" spielt, der ein als „unverfilmbar" geltendes 500-seitiges Drehbuch geschrieben hat, für das er einen Produzenten sucht.

Später im Jahr, genauer: im September 92, trafen alle drei (Anders, Rockwell & Tarantino) dann noch Robert Rodriguez beim Toronto-Filmfestival, da dieser dort sein gefeiertes Low-Budget-Debüt *El Mariachi* (Produktionskosten: nur rund 7000$; in der Titelrolle: Carlos Gallardo; *Anm.*: Im Sequel *Desperado* von 1995 spielt dann Antonio Banderas „El Mariachi") vorstellte, einen Film, der auch als *„lowest-budgeted film ever to gross 1 million dollar at the box office"* gilt (QT über den „Kennenlernprozess" durch Filmfestivals: *„Wenn du einen Festivalfilm hast,* *dann siehst du fast immer die gleichen Regisseure, wo immer du in den nächsten eineinhalb Jahren hinfährst. Du triffst auf die gleichen Leute in Sundance, Cannes, San Sebastian, Toronto, Telluride, und du findest schnell heraus, wer zurzeit noch Filme dreht. Nachdem alle Festivals zu Ende waren, blieben Robert, Allison, Alex und ich in Kontakt, und jetzt sind wir alle vier gute Freunde geworden"*).

Die Ur-Idee zu *Four Rooms*, nämlich, dass verschiedene Regisseure die Vorkommnisse in verschiedenen Hotelzimmern im Laufe einer Silvesternacht inszenieren sollten, hatte nicht Tarantino, sondern eigentlich Alexandre Rockwell, welchem eben *grundsätzlich* vorschwebte, dass einige Regisseure der „Indie-Szene" (deren „*independent films*" zu jenem Zeitpunkt im Zuge des allumfassenden „*Tarantino- & Pulp Fiction-Hypes*" ebenfalls die *größtmögliche* Aufmerksamkeit erhielten) sich zu einem „*Gemeinschaftsprojekt*" zusammenfinden.

Neben Tarantino (dessen Produktionsfirma *A Band Apart* das Projekt mitbetreute – als „primärer Geldgeber" fungierte *Miramax*) sagten auch Allison Anders und Robert Rodriguez zu, der, wie schon im Kapitel über *Reservoir Dogs – Wilde Hunde* erwähnt, ein Jahr später, 1996, dann bekanntlich auch den „Tarantino-written" „Gangster-

& Horror- & Splatter-Film" *From Dusk Till Dawn* inszenierte – *Richard Linklater* (bekannt vor allem durch *Before Sunrise & Before Sunset* aus 1995 & 2004) jedoch, den QT & Co ebenfalls als Regisseur von „*Five Rooms*", denn so lautete der *ursprünglich* angedachte Titel, in Betracht gezogen hatten, sagte seine Teilnahme im letzten Moment ab.

Die vier Filmemacher einigten sich schließlich darauf, gleichsam *eine Geschichte ins Leere* zu schreiben, ohne das Wissen um die Geschichten der anderen und nur mit der Vorgabe, dass diese Geschichten sich um die erste Nacht eines Hotelpagen in seinem neuen Job drehen sollten. Als einziger „roter Faden" fungierte demnach lediglich der von *Tim Roth* gespielte „*Ted the Bellhop*", eine Figur, die, wie Tarantino ja in seiner Episode zu verstehen gibt, als eine Art Hommage an Jerry Lewis' bemerkenswerten Auftritt in *The Bellboy* („*Hallo, Page!*") von 1960 gedacht war (*Anmerkungen*: Dem in den USA seinerzeit tatsächlich irgendwie „vergessenen & unterbewerteten" Starkomiker *Jerry Lewis* wird im Abspann gedankt; ein anderer „Ted, der Page"-Kandidat, nämlich *Steve Buscemi*, wollte diesen übrigens aus „*Imagegründen*" nicht spielen).

Nachdem die vier Drehbücher (Anders' „*The Missing Ingredient*", Rockwell's „*The Wrong Man*"[*Anm.*: Der Titel ist eine Hommage an den gleichnamigen Hitchcock-

Film mit Henry Fonda & Vera Miles von 1956], Rodriguez' *„The Misbehavers"* & Tarantino's *„The Man from Hollywood"* – „zugeordnete Hotelzimmer" & dt. Titel: *„Honeymoon Suite – Die fehlende Zutat"* / *„Zimmer 404 – Der falsche Mann"* / *„Zimmer 309 – Die Ungezogenen"* / *„Penthouse – Der Mann aus Hollywood"*) fertig waren, stellten die vier Regisseure fest, dass die unabhängig voneinander entstandenen Stories allesamt tatsächlich denselben „Ton" hatten (Allison Anders: *„`Four Rooms` ist ein Beweis dafür, dass wir alle denselben schrägen Geschmack haben"*) und somit auch nichts mehr gegen die Realisierung ihres geplanten Filmprojekts (finales Budget: 4 Millionen US-Dollar) sprach. Allerdings mussten Anders, Rockwell, Rodriguez & Tarantino dafür allesamt aus der *DGA* austreten, da die Regeln der *„Directors Guild of America"* festhielten, dass ein Film sozusagen von nicht mehr als *einem* Regisseur inszeniert werden durfte.

Als *literarische Vorlage* für die Hitchcock-Episode (in *The Man from Hollywood* als *„The Man from Rio"* bezeichnet), aus der QT sich die makabre Finger-Wette für sein *Four Rooms*-Segment „geborgt" hat, gilt Roald Dahl's „adult short fiction writing" *The Smoker* von 1948, auch bekannt als *Man from the South*.

Die in *The Man from Hollywood* angesprochene Folge aus „*Alfred Hitchcock Presents*" (*Anmerkung*: Die legendäre TV-Anthologie-Serie wurde von Hitchcock produziert und „ge-*hosted*" und lief von 1955 bis 1965 - „Leo" Bruce Willis erwähnt -in der Originalfassung- nicht diesen Titel, sondern fragt „Ted" Tim Roth nur: „*Ted, you ever seen any of them old Alfred Hitchcock episodes?*") war eigentlich mit „*Man from the South*" (Regie: Norman Lloyd) betitelt und wurde als 15. Episode der „Season 5" der Serie am 3. Jänner 1960 gesendet.

In „*Man from the South*" stehen sich, wie „Leo" Bruce Willis „Ted, dem Pagen" so eindringlich erklärt (siehe die Zusammenfassung des Inhalts), zwei wahre Filmlegenden gegenüber, nämlich die Film Noir-Ikone *Peter Lorre* (bekannteste Filme: Fritz Lang's *M – Eine Stadt sucht einen Mörder* von 1931 & John Huston's *Der Malteser Falke* von 1941) und eben *Steve McQueen*, der noch im selben Jahr, 1960, mit dem Edel-Western *Die glorreichen Sieben* (The Magnificent Seven; Regie: John Sturges) weltberühmt wurde. Die Hitchcock-Episode spielt in Nevada und während Lorre's „*character*", gemäß Dahl's Vorlage, „Carlos" heißt und Südamerikaner ist (in Roald Dahl's Story hat dieser „Carlos" „*47 Finger*" gesammelt und „*11*

Autos" verloren!), gilt McQueen darin nur als „*The Gamb-ler*", der am Ende von seiner Frau (Neile Adams – damals McQueen's „*real life wife*") davor bewahrt wird, *tatsäch-lich* einen Finger zu verlieren, denn sie unterbricht durch ihr Auftauchen die Wette, wobei im Nachhinein klar wird, dass er diese verloren hätte, denn als „The Gambler" dann am Ende seiner Frau, gleichsam „*after the stress*", eine Zigarette anzünden will, funktioniert sein Feuerzeug *wirklich* nicht.

Bruce Willis hatte durch seine vergleichsweise „preis-günstige" Teilnahme an *Pulp Fiction* die Art, wie große Filmstars „*Indie-Filme*" sahen und bewerteten, verändert - und auch das mit *Pulp Fiction* einhergehende spektakuläre Travolta-Comeback tat das Übrige dazu, dass Hollywood-Stars sich plötzlich für die „*unabhängige Filmindustrie*" zu interessieren begannen.

In *Four Rooms* tummeln sich ein Haufen „Stars" ver-schiedenster Art, nämlich damalige Stars der Independent-Szene wie *Lili Taylor* (bekannt aus Robert Altman's *Short Cuts* oder Emir Kusturica's *Arizona Dream* von 1993), die in der Allison Anders-Episode mitspielt, Musikstars wie *Madonna* (spielt ebenfalls in „*Die fehlende Zutat*" mit und

wurde dafür prompt für den Negativpreis „*Goldene Him-
beere*“ nominiert), seinerzeitige „*upcoming filmstars*“ wie
Antonio Banderas & Salma Hayek (sind beide in der Ro-
driguez-Episode „*Die Ungezogenen*“ zu sehen) und eben
wiederum der „*major movie star*“ Bruce Willis.

Willis hatte durch den Umstand, dass er, quasi als *Gefallen* für seinen Freund Quentin Tarantino, auf *jegliche*
Gage verzichtete, gegen die Regeln der Schauspielerge-
werkschaft *SAG* („*Screen Actors Guild*“) verstoßen, was zu
der „Konsequenz“ führte, dass Willis‘ Name im Abspann
nicht angeführt wurde, dafür aber derjenige seiner
„Hairstylistin“ („*Hairstylist for Bruce Willis* PAMELA
PRIEST“).

Die US-Premiere von *Four Rooms* fand am 25. Dezem-
ber 1995 statt. Der Film spielte nur wenig mehr ein als sein
Produktionsbudget betrug, nämlich um die 4,2 Millionen
US-Dollar.

Aber nicht nur das Publikum gab sich *wenig* begeistert
von dem Werk, sondern auch die Filmkritik, denn bald
schon galt die „Gemeinschaftsproduktion“ von vier der an-
gesagtesten „Independent-Film-Regisseuren“ als „*one of*

1995's major disappointments" (Copyright: James Berardinelli auf seiner Website *ReelViews*) sowie als *„uninspired anthology effort"* oder einfach nur als *„goof"*[Schnitzer, Panne]. Die deutsche TV-Zeitschrift *TV-Spielfilm* meinte gar, angesichts der „Silvester-Komponente" des Films: *„Vier Regisseure vergaßen die `Knaller`"*.

Während viele nicht glauben konnten, dass sozusagen ausgerechnet das „*Reservoir Dogs & Pulp Fiction*-Genie" Tarantino lediglich eine „vergleichsweise müde & uninspirierte Form von Selbstparodie" ablieferte und „entsetzt" waren über den „*Pulp Fiction*-Nachfolger" *The Man from Hollywood*, wurde zumindest Robert Rodriguez' Episode tendenziell für das „perfekte Timing" und den „rasenden Schnitt" gelobt.

EPILOG

Nun, das Problem im Zusammenhang mit *The Man from Hollywood*, den ich eingangs als *„interessante Fingerübung"* bezeichnet habe, und auch mit der gesamten „Anthologie-Komödie" *Four Rooms* ist irgendwie -unterm

Strich- Folgendes: *Sosehr man sich bemüht, man mag das „Personal" darin einfach nicht!*

Denn: Man hat wirklich zeitweise das Gefühl, um auf die oben zitierte QT-Aussage Bezug zu nehmen, dass man lediglich „ein paar besoffenen Idioten dabei zusieht, wie diese versuchen, irgendeine *betont* schräge Show abzuziehen".

Auch der *potentiell* „großartige & vielversprechende" Aspekt, dass eine wahrlich denkwürdige Episode aus *„Alfred Hitchcock Presents"* für die dargebrachte Wette Pate steht, geht darin letzten Endes unter und kommt eher als eine Art *„special effect"* rüber als eine gelungene Hommage an das Duell Peter Lorre vs. Steve McQueen. Und auch *„Ted the Bellhop"* ist eine wahre Nervensäge - und mit dem wunderbaren Jerry Lewis in dem virtuosen *„Hallo, Page!"* überhaupt nicht zu vergleichen!

Was *The Man from Hollywood* gleichsam auf der „Haben-Seite" hat, sind fantastische *visuelle Komponenten*, bedingt durch die Kameraarbeit von *Andrzej Sekula* sowie durch die *Ausstattung* des Penthauses, die man als „Irgend-was-zwischen-*David Lynch*-Film & sonst etwas" bezeichnen könnte.

Andererseits sollte man die „Fingerübung" *The Man from Hollywood* nicht *allzu ernst* nehmen, denn für Tarantino muss das eher, nach dem „Monster" *Pulp Fiction*, wie „ein Werk zum Luftholen" gewesen sein, bevor man sozusagen „die nächste Großtat" vollbringt, die dann auch 1997 mit *Jackie Brown* folgen sollte, einem Film, in dem „Ordell Robbie" Samuel L. Jackson ein ganz anderer „Mann aus Hollywood" ist als „Chester Rush" Quentin Tarantino in *The Man from Hollywood* – was auch aus folgender Passage aus *Jackie Brown* hervorgeht, in der der Waffenhändler „Ordell" mit seinem Kumpel „Louis Gara" Robert De Niro an der Bar im „*Cockatoo Inn*" sitzt und darüber spricht, wie er das 19-jährige „*country girl*" Sheronda nach „*Hollywood*" gebracht hat:

ORDELL

[…] vier Blocks weiter wohnt mein Juwel: Das 19-jährige Landei Sheronda. Ich hab sie an ̀ner Bushaltestelle aufgeschnappt irgendwo in Georgia, barfuß und unschuldig wie ein Lämmchen. Hab sie nach Compton verfrachtet und ihr erklärt, das wär Hollywood.

(aus: *Jackie Brown*; Compton: Vorort von Los Angeles, gleichsam Wiege des „Gangsta-Rap" & noch immer eine der gefährlichsten Städte der USA)

Jackie Brown (1997)

(ca. 154 Min.; dt. Verleihtitel: *Jackie Brown*)

„Yeah, it's like a Quentin Tarantino movie. You don't know what the fuck is going on `til you know what the fuck is going on"

(aus dem Interview *„Ein Blick auf Jackie Brown"*; Quentin Tarantino gibt die Worte eines *„young black girl"* wieder, neben dem er 1997 bei einer Vorstellung seines Films in einem *Magic Johnson* [Movie] *Theatre* in L.A. gesessen ist – die Aussage, übersetzt in etwa: *„Ja, es ist wie ein Film von Quentin Tarantino. Man weiß nicht, was vorgeht, bis man weiß, was vorgeht"*, war eine Antwort auf QT's Frage nach der *Verständlichkeit* der *„Geldübergabe-Szene"* in der *„Del Amo* [Shopping]*Mall"*, die in *Jackie Brown* ja schließlich aus *drei* verschiedenen Perspektiven präsentiert wird; *Anm.*: Das *„young black girl"* wusste, dass der Fragesteller Tarantino höchstpersönlich ist)

ORDELL

AK-47, das Beste, was zu kriegen ist. […] Wenn du 100pro sicher sein willst, dass du jedes Arschloch, das dir auf die Nerven geht, umlegst, dann gibt's keine Alternative.

(aus: *Jackie Brown*; „Ordell Robbie" Samuel L. Jackson spricht über die „Vorzüge" der *AK-47*, die in dem betont trashigen *Waffen-Werbevideo* „CHICKS WHO LOVE GUNS", das er sich gerade mit „Louis Gara" Robert De Niro in *„Melanie's Beach Apartment"* ansieht, von „Gloria" vorgestellt wird, einer der Bikini tragenden Hauptdarstellerinnen des Videos – Beschreibung von Gloria's Auftritt im Skript: *„GLORIA, a tall, Amazonian, bikini-clad black woman, faces camera and describes the AK-47."*; Originalfassung laut QT-Skript: *„AK-47, the very best there is. […] When you absolutely, positively, gotta kill every motherfucker in the room, accept no substitute."*; AK-47: Sturmgewehr & gleichsam „Ursprungswaffe" der „Kalaschnikow-Gewehrfamilie")

MAX

Ich wette, Sie können mit 29 nicht hübscher gewesen sein, als Sie's heute sind.

(aus: *Jackie Brown*; „Max Cherry“ Robert Forster zu „Jackie Brown“ Pam Grier in „*Jackie's Apartment*“; Originalfassung des Kompliments – gemäß QT-Skript: „*In fact. I'd make
a bet that except possibly for an Afro–you look exactly the
same as you did at twenty-nine.*“)

Ooo-ooo-oo...
Ooo-ooo-oo...
I was the third brother of five
Doing whatever I had to do to survive
I'm not saying what I did was alright
Trying to break out of the ghetto was a day to day fight
[…]
Across 110th Street
Pimps trying to catch a woman that's weak
Across 110th Street
Pushers won't let the junkie go free
[…]

(aus dem 1972 erschienenen Song „*Across 110th Street*“
von *Bobby Womack*, der gleichsam die *Eröffnungsszene* samt
„*credits*“ sowie die *Schlussszene* & die „*end credits*“ von *Jackie Brown* untermalt; *pimp*: Zuhälter; *pusher*: Drogendealer)

„We hear the rhythm of funky seventies SOUL MUSIC. Then SHE steps into FRAME. She is JACKIE BROWN, a stewardess dressed in her CABO AIR uniform" (Copyright: QT-Skript – Beschreibung des *ersten Auftritts* von „Jackie Brown" Pam Grier, der am *„Los Angeles International Airport"* gleich ganz zu Beginn des Films stattfindet) – Quentin Tarantino hat in Interviews (so z. B. in dem längeren Interview *„Ein Blick auf Jackie Brown"* – enthalten in den Extras der Blu-ray-Ausgabe) des Öfteren betont, dass er mit *Jackie Brown* nie die Absicht hatte, *Pulp Fiction* irgendwie zu toppen, sondern lediglich die Absicht, *Pulp Fiction* gleichsam zu *untermauern*.

Was mich selbst anbelangt: „*I adore `Jackie Brown`!"* und liebe auch die -leicht- melancholische Stimmung darin – käme aber gleichzeitig nie auf die Idee, mich dem „revisionistischen Trend" anzuschließen, *Jackie Brown* im Nachhinein zum „ultimativen Tarantino-Werk" zu erklären.

Tatsache ist: *Jackie Brown*, der ja wiederum *ein Film der großen Comebacks* (Pam Grier & Robert Forster) geworden ist, ist sicherlich der „*seriöseste & erwachsenste"* Film, den QT bis zum heutigen Tag gedreht hat, und die *Eingangssequenz* sowie die *Schlusssequenz*, in der Tarantino die Blaxploitation-Ikone *Pam Grier* (Beschreibung von „Jackie Brown" im Skript: „*Jackie Brown is a very attractive black woman in her mid-forties, though she looks like she's in her mid-thirties*") sozusagen zu den Klängen des mitreißenden Bobby Womack-Klassikers „*Across 110th Street*" inszeniert hat, gehören zu den *allerschönsten* und auch *stilvollsten* Momenten in QT's gesamtem Werk!

Der Plot von *Jackie Brown*:

Der Film beginnt damit, dass man Zeuge davon wird, wie die Stewardess Jacqueline „Jackie" Brown (diese arbeitet für die kleine Airline „Cabo Air", welche von L.A. nach Cabo San Lucas in Mexiko fliegt) am Los Angeles Airport auf dem Weg zu „*boarding Gate 12*" [QT-Skript] ist, um dort die Cabo Air-Passagiere zu begrüßen, bevor diese an Bord kommen [Anweisungen im QT-Skript: „*She breezes through Customs*[Zoll] *and we follow her with a STEDICAM as she strides through the airport...She gets to her gate*"; Steadycam: „Schwebestativ" – komplexes Filmkamera-Halterungssystem, das ein freies Bewegen des Kameramanns sowie „verwacklungsarme" Bilder ermöglicht].

Ortswechsel - in „*Melanie's Beach Apartment*" [QT-Skript] hängen drei Personen ab, nämlich Ordell Robbie,

Louis Gara und Melanie Ralston [Ausschnitte aus den *Beschreibungen* im Skript: „*Ordell wears clothes nice and likes wearing nice clothes.* […] *At this moment, Ordell's wearing an open silk shirt*[Seiden-Shirt]" / „*Louis, white, also in his mid-forties, has lived over half of his life in penal institutions*[Strafanstalten]. *The experience has affected both his body language and his thought process*" / „*Melanie, thirty-three, is a tanned*[gebräuntes], *blonde, California beach bunny.* […] *So far Melanie has been able to make a living out of lying in the sun, always finding a generous, wealthy man more than willing to pay her rent* […]"]. Der farbige Waffenhändler Ordell sieht sich zusammen mit Louis gerade das Video „CHICKS WHO LOVE GUNS" an, in dem „*beautiful bikini-clad women*" [QT-Skript] namens „Sydney", „Cindy" & „Gloria" diverse automatische Waffen [TEC-9/*Styer Aug*/AK-47] anpreisen, und gibt zu einzelnen Waffen seine Kommentare ab [OR-DELL, der Bezug nimmt auf die vorgestellte Waffe des „*bodybuilder chick*" (Skript) „Cindy": „*Jetzt sieh dir das Teil an! Also das da ist eine `Styer Aug`. Die `Styer Aug` ist ein Monster.* […] *Die ist aber auch Arsch-teuer, Mann. Kommt aus Österreich. Meine Kunden kennen sich nicht damit aus. Deswegen werden die nicht so oft gefragt*"; Originalfassung – gemäß Drehbuch: „*Now see what she got. That's a*

*Styer Aug. Styer Aug's a bad motherfucker. […] Shit's ex-
pensive, man. Comes from Austria. My customers don't
know shit about it, so there ain't no demand*"].

Das Telefon läutet und nachdem sich Ordell einen kleinen „Machtkampf" mit Melanie darüber geliefert hat, wer
ran geht, denn Ordell will schon rein aus Prinzip, dass Melanie rangeht [QT-Skript: „*They have a bit of a staring con-
test before she gets up to get the phone*"], erfährt er am Telefon davon, dass sein „Mitarbeiter" Beaumont Livingston
offenbar im Gefängnis gelandet ist [ORDELL – ins Telefon:
„*What the fuck you doin' in jail? […] Ain't you got better
sense than to be drivin' drunk carrying a goddamn pistol?*"; Quelle: Skript].

Ordell betritt am nächsten Tag das Büro des Kautions-
vermittlers Max Cherry [Beschreibung von Cherry, dem
Inhaber von „*Cherry Bail Bonds*", im QT-Skript: „*Max, a
regular-Joe-type white guy in his fifties*"] und übergibt diesem 10.000$ an Kaution, die eben mit dem Auftrag ver-
bunden sind, „Beaumont" aus dem Gefängnis zu holen,
wobei Robbie so tut, als ob er nicht genau wissen würde,
wie dieser „Beaumont" wirklich heißt [CHERRY zu OR-
DELL: „*Würden Sie sagen, Beaumont ist sein Vor- oder
sein Nachname?*"].

Ein Telefonat von Cherry bringt ans Tageslicht, dass Beaumont Livingston [gespielt von dem Schauspieler & Comedian *Chris Tucker*, der dann ein Jahr später, 1998, an der Seite von Jackie Chan mit der Actionkomödie *Rush Hour* seinen ersten großen Hit landete] durch den unerlaubten Waffenbesitz auch gegen seine Bewährungsauflagen verstoßen hat, denn Livingston gilt als verurteilt für „[*p*]*ossession of unregistered machine guns*" [QT-Skript] – die Konsequenz: ihn würden nun gut zehn Jahre Knast erwarten.

In der Nacht besucht Ordell dann den mittlerweile freigelassenen Beaumont in dessen „*Hollywood apartment*" [Skript] und fordert von diesem eine Art Gefallen als Gegenleistung für die Kaution ein – Livingston soll ihm bei einem (von Ordell in Wirklichkeit nur *frei erfundenen*) Waffendeal mit „*Koreans in Koreatown*" [ORDELL – gemäß Skript] sozusagen den Rücken freihalten [ORDELL: „*Ich hab `n kleines Problem, OK. Ich brauche Hilfe und du kannst mir helfen. Na komm, knall dir noch `nen bisschen Shit in die Birne, na komm schon, und dann kommst du noch auf `nen Sprung mit, Mann*"].

Wenig später stehen Robbie und Livingston beim Kofferraum von Robbie's schwarzem Mercedes [„*The trunk of a car is opened*" – Skript-Passage; *Anmerkung*: Wie schon in *Reservoir Dogs – Wilde Hunde* & *Pulp Fiction* zuvor präsentiert Tarantino auch in *Jackie Brown* einen sogenannten „*Trunk Shot*“, bei dem die Kamera eben im Kofferraum eines Autos platziert ist und somit das Geschehen aus dieser Perspektive filmt – der „Trunk Shot“ im Prolog-Teil von *Pulp Fiction*, bei dem John Travolta & Samuel L. Jackson ihre Waffen aus dem Kofferraum holen, bevor sie den Apartment-Komplex betreten, ist mittlerweile wohl *der berühmteste „Trunk Shot“ der Filmgeschichte*!] und Ordell versucht Beaumont zu überreden, in den Kofferraum zu steigen [BEAUMONT – laut Skript: „*I ain't gittin' in that trunk*“], da er dort gleichsam am besten als eine Art „Backup“ für Ordell bei dem Waffendeal fungieren kann.

Als er Beaumont endlich in das Ganze „reingequatscht“ hat, diesem eine Pumpgun in die Hand gedrückt hat und ihn damit im Kofferraum untergebracht hat, steigt Ordell in seinen Wagen, zieht sich ein paar Handschuhe an, holt eine „*five shot .38 snubby*“ [QT-Skript; „snubby“: Revolver mit kurzem Lauf] aus dem Handschuhfach und fährt dann, zu den Klängen von „*[c]ool, old-school R&B*“ [Skript; QT verwendete letztendlich den Song „*Strawberry Letter 23*“ von *The Brothers Johnson* aus dem Jahr 1977], der von einer Kassette aus dem Autoradio tönt, los. Robbie steuert den Wagen de facto nur um die Ecke, hält ihn auf einem verlassen wirkenden sowie umzäunten Gelände wieder an, öffnet den Kofferraum und erschießt Beaumont umgehend [*Anmerkung*: Unmittelbar nachdem „Ordell" Samuel L. Jackson den Kofferraum öffnet, sagt „Beaumont" Chris Tucker noch den Satz „*Tu `nem N***** einen Gefallen und du...*"/im Original: „*Do a n***** a favor...*" – der Satz stand *nicht* im Skript und war, laut QT, eine von Chris Tucker's berühmten „Impros", denn Tucker war und ist dafür bekannt, auch bei Filmprojekten einen Großteil des Dialogs zu improvisieren].

Ordell fährt anschließend zu Louis Gara, der sich gerade in „*The City of Compton*" [dies wird auch im Film *eingeblendet*] bei Simone befindet, einer älteren Farbigen, die gerade vor Louis tanzt und begeistert den Song „*Baby Love*" von *Diana Ross & The Supremes* mitsingt – Simone [gespielt von *Hattie Winston*] ist eine der Frauen, die Ordell quasi „finanziert" und für sich arbeiten lässt. Nachdem er Louis, mit dem er ein kurzes Telefongespräch führt, klargemacht hat, dass er eigentlich direkt vor dem Haus steht, tritt Gara vors Haus und bekommt von Ordell die Leiche von Beaumont im Kofferraum präsentiert [Ausschnitt aus dem Gespräch Jackson & De Niro, das auch auf dem *Jackie Brown*-Soundtrack eingefügt wurde – Fassung laut Skript: LOUIS: „*Who was that?*" / ORDELL: „*That was*

Beaumont" / LOUIS: „*Who's Beaumont?*" / ORDELL: „*An employee*[Mitarbeiter] *I had to let go*" / LOUIS: „*What did he do?*" / ORDELL: „*He put himself in a situation where he was gonna have to do ten years in penitentiary*[Zuchthaus, Strafanstalt], *that's what he did*"]. Robbie verdeutlicht Gara mit der ganzen Aktion, dass er *jeden* aus dem Weg räumen wird, der ihn davon abhält, seine lukrativen Ge-schäfte [ORDELL – laut Skript: „*I got me so far over a half-a-million dollars sittin'* [...] *in a bank in Cabo San Lucas*"] weiterzuführen. Gara gibt ihm daraufhin, wortkarg wie im-mer, zu verstehen, dass er absolut loyal ihm gegenüber ist – dann besiegeln Ordell & Louis ihre Zusammenarbeit mit einer Art „Ghetto-Faust" [QT-Skript: „*They both bump fists*"].

In einer Parkgarage des Los Angeles International Air-port kehrt der Film zu der Stewardess Jackie Brown zurück [Skript: „*Jackie Brown, the Cabo Air stewardess from the opening credits, walks into frame*"] – als sie an einer Reihe von geparkten Autos vorbeigeht, wird sie von den beiden L.A.P.D.-Detectives Mark Dargus & Ray Nicolet [verkör-pert von *Michael Bowen* & *Michael Keaton*; Bowen ist ein weiterer „Tarantino-Veteran", denn er spielt nicht nur in

Jackie Brown mit, sondern auch in den beiden *Kill Bill*-Fil-
men und in *Django Unchained*] aufgehalten. Aufgrund eines „Verdachts" [JACKIE – im Original: „*Suspicion of
what?*"] untersuchen die Detectives Jackie's „*flight bag*"
[Skript] und finden einen Umschlag [QT-Skript: „*a fat
one*"], der gefüllt ist mit Geld [NICOLET – gemäß Skript:
„*That looks like fifty-thousand dollars from here*"]. Mit
dem Hinweis, dass man jeden Geldbetrag über 10.000$
beim Zoll deklarieren muss, wird Brown, die es vorzieht
nichts zu sagen außer „*I'm not saying another word*" [QT-
Skript], festgenommen.

In Dargus' Büro konfrontieren Nicolet & Dargus die
Stewardess mit ihrer kriminellen Vergangenheit – die
„Akte Jackie Brown": Brown ist 1985 bei der TWA
[„*Trans World Airlines*" – eine von dem Luftfahrtpionier
& Filmproduzenten Howard Hughes gegründete Airline,
die 2001 dann von *American Airlines* aufgekauft wurde;
die TWA existierte also wirklich, ganz im Gegensatz zu der
in dem Film präsentierten „fiktionalen Company" *Cabo
Air*] rausgeflogen, weil sie für einen Piloten, der damals ihr
Ehemann war, Drogen geschmuggelt hat, was dann -auf-
grund eines Deals, den Jackie gemacht hat- dem Piloten
Knast und ihr lediglich Bewährung eingebracht hat. Dargus
stellt auch klar, dass Jackie durch ihre Vergangenheit nicht

unbedingt zu den „Gewinnern" zählt und den „amerikanischen Traum" lebt [DARGUS: „[…] *Dank Ihrer kriminellen Aktivitäten kamen Sie nicht mehr an die ganz großen Fluglinien. 13 Jahre später, Sie sind inzwischen 44, fliegen Sie für die beschissenste, kleinste, mexikanische Drecksairline, die es gibt, für sagen wir… 13.000$ im Jahr?"*; die *Originalfassung* der „Cabo Air"-Beschreibung ist ein wahres QT-Meisterstück: „[…] *you're flying for the shittiest little shuttle fucking piece of shit Mexican airline that there is"*].

Nicolet stellt ihr dann schließlich die Frage, ob sie jemanden namens Beaumont Livingston kennt – Jackie verneint, doch Nicolet teilt ihr mit, dass Livingston wohl *sie* kannte und ihren Namen in einer Verhörsituation erwähnt hat [NICOLET – laut Skript: „*And in discussing with him the gravity of his situation, your name came up"*] – Beaumont's Leiche wurde allerdings mittlerweile „*in the trunk of a car"* [NICOLET - Originalfassung] gefunden. In der Folge bringt Dargus das Ganze auf den Punkt und deutet Entgegenkommen an, wenn Jackie kooperiert [DARGUS – laut Skript: „*Miss Brown, we don't give a fuck about you. You know who we want […]. Who in Mexico gave you this money, and who in America were you giving it to?"*]. Nachdem Brown aber zu verstehen gibt, dass sie jegliche Kooperation ablehnt, wollen die beiden Detectives noch mal ihre Tasche durchsuchen und Nicolet findet -versteckt in einem Kuvert- ein Plastik-Säckchen mit einer weißen Substanz darin [QT-Skript: „*Nicolet pulls out a clear cellophane sandwich bag with a half-inch or so of white powder inside*"]. Jackie, so geht aus ihrer überraschten Reaktion hervor, wusste offenbar nichts von dem „Mitbringsel" [JACKIE: „*Was soll die Scheiße?*"; *Anm.*: Wie sich später herausstellt, gehört das Kokain *Melanie Ralston*, die die Substanz quasi als „*present*" von Ordell's Geschäftspartner in Mexiko, nämlich „*Mr. Walker*", erhalten hat, der im Film *nie* zu sehen ist].

Jackie landet daraufhin im Knast und wird, in Sträflingsklamotten [Skript: „*Jackie, now wearing County Jail blues* […]"], dem Richter in einem Gericht in Torrance [Stadt im L.A. County] vorgeführt [*Anmerkung*: Pam Grier trifft in der „*Torrance Courthouse*"-Szene auf einen alten *Weggefährten* von ihr, denn der „Judge" wird von *Sid Haig* gespielt, der, nach kleineren Rollen wie in dem James Bond-Film *Diamantenfieber* von 1971, in den 70ern dann in mehreren Blaxploitation-Filmen an der Seite von Pam Grier zu sehen war, nämlich in *Black Mama, White Mama* von Eddie Romero und in *Coffy - Die Raubkatze* & in *Foxy Brown* von Jack Hill; QT, der Haig (1939-2019) übrigens für so eine Art „Samuel L. Jackson der 70er-Jahre" hält, über die Besetzung von Sid Haig: *„Sid Haig musste im Film sein. Ich musste Sid Haig einsetzen"* – Tarantino hatte dem Schauspieler mit armenischen Wurzeln ein paar Jahre zuvor bereits die Rolle des „Marsellus Wallace" in *Pulp Fiction* angeboten und Haig hatte abgelehnt, dies aber später bereut; neben *Jackie Brown* ist Haig auch in einem weiteren Tarantino-Film zu sehen: in *Kill Bill Vol. 2*] – der Richter setzt, in Anwesenheit von Dargus, Nicolet und sogar Ordell Robbie, der etwas versteckt in den hinteren Reihen des stark gefüllten Gerichtssaals sitzt, die Kaution für Jackie Brown auf 10.000$ fest.

Ordell taucht daraufhin wieder in Max Cherry's Kautionsbüro auf und beauftragt diesen nun damit, Jackie Brown aus dem Knast zu holen [ORDELL zu MAX – über Jackie's Situation: *„Die wollen die fertigmachen. Die nennen diesen Scheiß `Besitz von Drogen` und `Drogenhandel`. Eine 44-jährige Schwarze, die mit weniger als 50g erwischt wurde…und die nennen das `Drogenhandel`. Bei irgendeinem verkoksten Filmstar ist es nur `Drogenbesitz`"*].

Cherry holt in der Folge Jackie Brown im L.A. County Jail ab und verliebt sich ganz offensichtlich in sie, als Jackie in der Nacht durch die „*Admitting Area*" [QT-Skript; admitting area: Aufnahmebereich] des Gefängnisses marschiert und gleichsam langsam auf ihn zusteuert [*Anmerkung*: Die „*Falling in Love*"-Szene ist Tarantino's *Lieblingsszene* in *Jackie Brown* und er vergleicht die Szene, in der Grier auf „Max Cherry" Robert Forster zusteuert, was den *rein visuellen Aspekt*[nicht den emotionalen] anbelangt, sogar mit der legendären Szene in David Lean's *Lawrence von Arabien* (1963), in der „T. E. Lawrence" Peter O'Toole „Sherif Ali Ibn El Kharisch" Omar Sharif auf einem Kamel in der Wüste auf sich zukommen sieht; als „Soundtrack" für die Szene wählte QT den R&B-Song „*Natural High*" von *Bloodstone*, erschienen 1973, den er für einen der schönsten Love-Songs der 70er hält; die dazugehörige Skript-Passage: „*Jackie being led into the Admitting Area* […]. *She's wearing her stewardess uniform and carrying a small envelope with her belongings in it and her shoes. When Max was imagining a woman in her forties, he had someone with a bit of wear and tear*[wear and tear: im Sinne von: Abnutzung, Verschleiß] *on them in mind. But this Jackie Brown's a knockout*"].

Bei der anschließenden Autofahrt zurück nach Hawthorne [Stadt im L.A. County], wo Brown wohnt, ergibt es sich, dass Max und Jackie noch einen Drink in der Nähe ihres Apartments nehmen, nämlich im „*Cockatoo Inn*" [diesbezügliche Ausführungen im Skript: „*The*

Cockatoo Inn is just what Jackie was looking for. A dark and red cocktail lounge […]. The clientele of the Cockatoo is an older black crowd and an even older white crowd who'd been coming here years before it became a black bar"]. Dort sprechen sie, außer über ein paar private Dinge wie ihre Rauch-Gewohnheiten, auch über Jackie's Situation [JACKIE: „*Die haben mich abgefangen. Die wussten von dem Geld. Die wussten sogar genau, wie viel es war*"], über Beaumont [MAX – im Original: „*They found him dead on Tuesday*"] und über den „Kautionssteller" Ordell.

Der besagte Ordell Robbie wartet dann bereits vor Jackie's Apartment in seinem Wagen und beobachtet die Straße [Skriptpassage: „CU[Close-up; Nah-, Großaufnahme] ORDELL *sitting in his black Mercedes, parked across the street from Jackie's apartment building in Hawthorne. Johnny Cash is playing inside his car*" – QT verwendete letztendlich den Song „*Tennessee Stud*", der 1994 auf Cash's legendärem Comeback-Album *American Recordings* enthalten war], auf der dann Cherry's Cadillac Seville entlangkommt, um dort Brown abzusetzen. Nachdem Jackie in ihrem Apartment verschwunden ist, bereitet sich Robbie in seinem Wagen gleichsam vor, zieht sich Handschuhe an, nimmt eine Pistole [QT-Skript: „*a little Targa .22 pistol*"] aus dem Handschuhfach und spaziert dann langsam, in der Dunkelheit der Nacht, über die Straße hin zu Jackie's Apartment. Als diese nach dem Klopfen die Tür öffnet, sagt Ordell: „*Wie geht's denn so, Miss Jackie?*"

Nach dem „*How you doing, Ms. Jackie?*" [Originalfassung] tritt Ordell ein und bittet Jackie, die nicht unbedingt verängstigt wirkt, zunächst ihm seinen Lieblingsdrink, einen sogenannten „*Screwdriver*" [screwdriver: Schraubenzieher; Bezeichnung für *Cocktail* bestehend aus Orangensaft & Wodka], zu machen. Dann werden folgende Infos ausgetauscht: Robbie erzählt Brown, dass das Koks eben ein Präsent von „Mr. Walker" für Melanie war, und Brown erzählt Robbie davon, dass Beaumont Livingston derjenige war, der gesungen hat und an ihrer Verhaftung schuld war [JACKIE – laut Skript: „*They were waiting for me. They knew about the money, they knew the exact amount*[Betrag]"]. Schließlich stellt Ordell ihr die entscheidende Frage, ob sie ihn verraten hat [ORDELL – Originalfassung: „*You say anything about me?*"]. Jackie verneint, doch Ordell's Hände wandern an ihren Hals [Beschreibung im Skript: „*Ordell's gloved fingertips move up her collarbone*[Schlüsselbein] *to her throat, gently touching her skin. Jackie locks eyes with him, but still shows no fear*"].

An der Stelle baut Tarantino eine Art „Retro-Moment“ in seinen Film ein, indem er die *Split-Screen*-Technik verwendet, die in den 60ern und 70ern beliebt war [Skript: „*At this moment the film becomes a:* SPLIT SCREEN“] – man sieht Max Cherry in seinem Wagen in der linken Bildhälfte und Ordell & Jackie in der rechten. Cherry, der -nach dem Treffen mit Jackie Brown- immer noch einen „*romantic look*“ [Skript] in seinem Gesicht hat, stellt, bei einem Blick ins Handschuhfach, fest, dass seine Schusswaffe verschwunden ist, während Jackie diese offenbar gerade auf Ordell richtet, der immer noch die Hände an ihrem Hals hat [ORDELL: „*Ist es das, was ich denke?*“ / JACKIE: „*Was denkst du denn, was es ist?*“ / ORDELL: „*Eine Pistole, die auf meinen Schwanz zielt*“].

Nach dem Ende des SPLIT SCREEN drückt Jackie Ordell an die Wand und findet in seinen Taschen die Kaliber 22-Targa-Pistole – Ordell beteuert, dass das Ganze sozusagen nicht so ernst gemeint war [ORDELL – laut Skript: „*Damn, Jackie, I was just playin` with you.* […] *I just came here to talk*“]. Jackie zwingt Ordell, sich auf ihre Couch zu setzen, und erklärt ihm, wie sie die Situation sieht und was ihre Forderungen an ihn sind: Brown spricht zunächst das aus, was ohnehin im Raum steht, nämlich, dass die Polizei ihr einen Deal anbieten wird, wenn sie Ordell verrät [JA-CKIE - im Original: „*That's why you came here to kill me*"], dann teilt sie ihm ihren Preis für ein Stillschweigen mit [JA-CKIE: „*Ich will 100.000$ auf ein Sparkonto auf meinen Na-men. Wenn die mir aber mehr als ein Jahr draufknallen, dann zahlst du dafür nochmal 100.000$*"]. Bezüglich des damit verbundenen Problems, das sich für Ordell ergibt, nämlich, dass sein ganzes Geld in Mexiko ist, hat Jackie, so wie sie ihm mitteilt, eine *Idee*.

Nach einem Zeitsprung [„TIME CUT" - QT-Skript] ver-abschieden sich Jackie & Ordell bei der Eingangstür zu dem Apartment und Jackie meint, dass sie am folgenden Tag mit den Cops reden wird, um damit zu beginnen, ihre Idee [in die der Zuschauer *nicht* eingeweiht wurde] bezüg-lich „Ordell's Geld" in die Tat umzusetzen.

Nach der Abblende hört man, immer noch über schwar-zen Hintergrund gelegt, ein Klopfen an der Tür – Jackie geht, einen weißen Morgenmantel tragend, daraufhin zu ih-rer Eingangstür und öffnet sie. Sie begrüßt Max Cherry mit den Worten „*Wollen Sie Ihre Kanone?*" und bittet ihn her-ein. Max's -leichte- Empörung [QT beschreibt dessen *Laune* in seinem Drehbuch folgendermaßen: „[…] *a little surprised and a touch pissed at her nonchalantness.* […]

190

he thinks about hauling her ass back to the stockade" –
nonchalant: im Sinne von: locker, zwanglos; hauling: befördern; stockade: im Sinne von: hinter Gittern] über die
Tatsache, dass Jackie seine Waffe gestohlen hat, ändert
sich aber, nachdem sie ihm diese zurückgegeben hat,
schnell in den Zustand „Neugierde & Hilfsbereitschaft"
[MAX: *„Konnten Sie sie gebrauchen? […] Möchten Sie sie
gern für `ne Weile behalten? Ist zwar nicht legal, aber
wenn Sie sich damit wohler fühlen*"]. Jackie teilt ihm mit,
während sie ihm einen Kaffee zubereitet [MAX: *„Ich mag
ihn schwarz*" / JACKIE: *„Beruhigend*"], dass sie jetzt ohnehin eine Waffe besitzt, nämlich die von Ordell.

Bevor Cherry aber sozusagen den Umständen, die zu
dieser Tatsache geführt haben, wirklich auf den Grund gehen kann, lenkt Jackie das Gespräch auf Musik und auf ihre
durchaus beeindruckende Plattensammlung [MAX – im
Original, angesichts des vielen Vinyls: *„You never got into
the whole CD revolution?*"]. Schließlich legt sie eine Platte
der US-Soulband *„The Delfonics*" auf und spielt den Song
„Didn't I (Blow Your Mind This Time)" aus 1969 [MAX:
„Hört sich gut an, wer ist das?" / JACKIE: *„Die `Delfonics`*"
/ MAX: *„Ganz schön*"]. Dann kommen sie wieder zu den
Themen „Ordell" und „Ordell's Geld". Brown betont, dass
Robbie sie immer noch für die Trips nach Cabo San Lucas

braucht und ihr sogar wieder bis zu einem gewissen Grad zu vertrauen scheint, eine Tatsache, die sie sich zunutze machen will, um Robbie ans Messer zu liefern, vorausgesetzt, die Polizei lässt *sie persönlich* dadurch in Ruhe, denn Jackie will von Dingen wie *Gefängnis* und *Bewährung* nichts mehr wissen [JACKIE – laut Skript: „*I ain't goin' to jail, and I ain't doin' that probation thing again*"] und hat auch wenig Interesse daran, in ihrem Alter wieder gleichsam von vorn zu beginnen [JACKIE: „*Ich hab das Gefühl, ich fang immer von vorne an. […] Sollte ich diesen Job auch verlieren, fang ich nochmal von vorn an. Und dafür fühle ich mich einfach zu alt. Ich muss dann mit dem zufrieden sein, was ich noch kriegen kann. Davor hab ich noch mehr Angst als vor Ordell*" / Originalfassung laut Skript: „*I just feel like I'm always starting over. […] If I lose my job I gotta start all over again, but I got nothin' to start over with. I'll be stuck with whatever I can get. And that scares me more than Ordell*"].

Später am selben Tag befindet sich Jackie dann bereits im Büro von Detective Dargus im Los Angeles Police Department – Dargus teilt seinem Partner Nicolet, der beim Büro auftaucht, mit, dass Jackie Brown einen *Deal* machen will. Brown schildert den beiden Detectives, die nun weit freundlicher als beim Verhör agieren, ihre Lage [JACKIE:

„*Ich muss das Land verlassen können, sonst verliere ich meinen Job*"] und zeigt sich bereit, Ordell Robbie [JACKIE über ORDELL: „*Ich spiele den Geldboten für ihn.* […] *Er verkauft Waffen*"] zu verraten, wenn sie im Gegenzug dazu eine *Ausreiseerlaubnis* und *Immunität* erhält – nach kurzem Zögern deuten die beiden Detectives an, dass sie Brown's Forderungen nachkommen können.

In ihrem „Beach Apartment" sieht sich Melanie Ralston, auf der Couch liegend und bekifft, gerade einen italienischen Film mit dem österreichischen Schauspieler Helmut Berger an [Skriptpassage: „ON T.V.: *Helmut Berger slaps a woman in the face with a newspaper, proclaiming he's the `mad dog`. The film is an Italian Policier from the seventies*"; der 1977 unter der Regie von *Sergio Grieco* entstandene Streifen *Der Tollwütige* (OT: La belva col mitra) mit Helmut Berger & Richard Harrison gehört, wie QT in seinem Drehbuch ja erwähnt, zum Genre des „*Poliziottesco*", was nichts weiter ist als ein Sammelbegriff für italienische Filme mit Mafia- oder Polizei-Bezug; Tarantino ist ein deklarierter Fan des Films, hat sich von diesem bei seinem *Natural Born Killers*-Skript inspirieren lassen und dem Hauptdarsteller *Helmut Berger* wird sogar im Abspann von *Jackie Brown* gedankt – in einer kurzen Dialogpassage zwischen Samuel L. Jackson & Bridget Fonda, die *beim Dreh* hinzugefügt wurde, wird sogar auf die eventuelle „Verwechslungsgefahr" zwischen Berger und dem Holländer Rutger Hauer hingewiesen, der in Grieco's Film nicht mitspielt: ORDELL – kurz zum Fernseher blickend: *„Ist das Rutger Hauer?"* / MELANIE: *„Nein, das ist Helmut Berger"*].

Ordell Robbie und Louis Gara treten ein – Gara wurde von Ordell neu eingekleidet und sieht jetzt nicht mehr aus *„like he does his shopping at the Salvation Army"* [QT-Skript; Salvation Army: Heilsarmee], sondern hat einen neuen „Style" [Skript: *„Louis's new `look` is a retro seventies-style bowling shirt and black jeans"*]. Nachdem Gara's Kleidung von allen dreien, von Ordell, von Melanie und von Louis selbst, gleichsam „kommentiert" wurde, weist Ordell Melanie zurecht, weil sie ganz offensichtlich schon wieder *high* ist und eine Wasserpfeife [im Skript als *„big bong"* bezeichnet] vor sich auf dem Tisch stehen hat [folgender Dialog wurde von QT auch auf dem *Jackie Brown*-Soundtrack eingefügt: ORDELL: *„Goddamn, girl. You gittin` high already. It's only two o'clock. […] I'm serious, you smoke too much of that shit. That shit robs you of your ambition"* / MELANIE: *„Not if your ambition is to get high and watch T.V."* / dt. Synchron-Fassung: ORDELL: *„Im Ernst. Du rauchst zu viel von dem Zeug. Dieser Shit raubt*

194

dir den Ehrgeiz" / MELANIE: *„Nicht, wenn ich den Ehrgeiz habe, stoned zu sein und Glotze zu kucken"*].

Robbie erhält dann einen Anruf von Jackie Brown, die ihn um ein Treffen im „Cockatoo Inn" bittet, und verlässt anschließend das Apartment. Schon während Ordell's Telefongespräch bietet Melanie Louis die Wasserpfeife an und dieser beginnt zu rauchen, was allerdings zu einem sofortigen Hustenanfall führt [Skript: *„Melanie holds up the bong, offering him a hit. […] Louis exhales his smoke, does an older man cough*[Husten]"]. Louis bringt Melanie, indem er alte Fotos von ihr betrachtet und ihr dazu Fragen stellt, in der Folge dazu, etwas aus ihrer Vergangenheit zu erzählen – mitten in diesen „Schwelgen in Erinnerungen"-Momenten stellt Melanie Louis *unvermittelt* eine Frage: *„Wanna fuck?"* [dt. Synchro: *„Willst du ficken?"*]. Nach dem *„Sure"* [dt. Synchro: *„Ja"*] von Louis erscheint über schwarzem Hintergrund die Einblendung *„Three minutes later."* und nach der Aufblende sieht man dann die beiden beim Sex [aus den Skript-Anweisungen bezüglich der Sex-Szene, die QT betont „unromantisch" beschreibt: *„They're going at it like a couple of fuck monkeys. Almost on the fade up*[Aufblende]*, Louis cums"*]. Als sie sozusagen damit fertig sind, bringt Melanie noch ihre „Begeisterung" über den

Sex mit Louis zum Ausdruck [MELANIE – laut Skript, mit einer gewissen „Gleichgültigkeit": „*That was fun*"].

Bevor man im „Cockatoo Inn" dann die Unterhaltung zwischen Ordell & Jackie präsentiert bekommt, sieht man noch Max Cherry, wie dieser sich in einem „*Music Store*" [Skript] eine Musik-Kassette von den *Delfonics* kauft, die auch den Song enthält, den er am Morgen in Jackie Brown's Apartment gehört hat [QT-Skript: „*It has the song Jackie played this morning*"].

Im ansonsten leeren „Cockatoo Inn", schließlich ist es immer noch Tag, versucht Ordell ein wenig das Eis zu brechen, indem er Jackie mit Komplimenten überhäuft [ORDELL: „*Quatsch nicht, Jackie! Du bist `ne Höllenbraut. Ich wette, die Kerle stehen bei dir Schlange*"]. Dann erzählt ihm Brown, dass sie der Polizei mitgeteilt hat, dass sie für *ihn* die Geldbotin spielt, worüber Ordell natürlich nicht sehr erfreut ist [Skript: „*Ordell freaks*"], wobei sie betont, dass es der Polizei *nicht* wirklich um die halbe Million Dollar geht, sondern um seine Waffengeschäfte. In der Folge erläutert sie ihm ihren *Plan*, wie er die „*half-a-million dollars*" [Originalfassung] in seine Hände bekommt: Es soll *zwei* „Lieferungen" geben, wobei die erste nur 10.000$ umfassen und das Geld durch eine „Botin", die Ordell aus den Reihen seiner „*Tussis, die für* [ihn] *arbeiten*" [*Ordell*

zu *Louis Gara* in einer *späteren* Szene im „*Cockatoo Inn*"]
rekrutiert, abgeholt werden soll – und zwar in der *Del Amo
Mall* in Torrance, einem riesigen Einkaufszentrum. Die Polizei würde die Übergabe der 10.000$ natürlich beobachten
und glauben, dass bei der „Lieferung" der halben Million
alles gleich abläuft wie beim ersten Mal – in Wahrheit
würde das Geld aber eine *zweite* Frau erhalten, während die
Polizei irrtümlich jene Frau verfolgt, die schon beim ersten
Mal das Geld übernommen hat.

Am Ende ihrer Unterhaltung feilschen Jackie Brown
und Ordell Robbie noch um Jackie's Anteil – Brown sieht
sich als „Managerin" in der ganzen Sache [JACKIE: „*Ich
bin nicht dein Partner, ich bin dein Manager*"] und will
zunächst 15 Prozent von der halben Million. Letztendlich
gesteht ihr Ordell 10 Prozent zu und die beiden besiegeln
ihr Übereinkommen, indem sie mit den Handflächen „ein-
schlagen" [QT-Skript: „*They both slap palms*"].

Melanie & Louis sitzen währenddessen wieder im
Wohnzimmer von Melanie's Apartment und teilen sich die
Wasserpfeife [„*Louis and Melanie* […] *taking bong hits*";
Skript]. Melanie zieht plötzlich über Ordell her [MELANIE:
„*Jetzt führt er sich auf wie der große internationale Waf-
fenhändler. Aber damit das Ganze klar ist: Die Einzigen,
an die er verkauft, sind kleine Fixer*"] und schlägt sogar

vor, dass sie und Louis sich Ordell's Geld schnappen, wenn es in L.A. angekommen ist – Louis reagiert gewohnt zurückhaltend und vermeidet es, auch nur *ein* schlechtes Wort über Robbie zu sagen.

Im „*Cockatoo Inn*" jedoch, es ist mittlerweile Abend, fragt Louis Ordell über dessen Verhältnis zu Melanie aus und stellt ihm die Frage, ob er dieser *vertraut*. Ordell erwähnt kurz *Simone & Sheronda*, die er beide in Compton untergebracht hat, um Louis eine Art „Gesamtüberblick" über seine „weiblichen Angestellten" zu geben. Dann äußert Robbie sich über sein „*fine little surfer gal*" [QT-Skript; gal: „*girl*" gleichsam mit *Akzent* ausgesprochen] und meint, dass ihn ihr Verhalten weder stört noch wirklich überrascht [ORDELL – im Original: „*I don't hafta trust her, I know her. […] You can't trust Melanie. But you can always trust Melanie to be Melanie*"]. Auch dass Melanie mit Louis Sex hatte, nimmt Ordell „wenig persönlich", und er meint dazu nur grinsend: „*Hoffentlich hast du dich hinterher wenigstens ein bisschen schuldig gefühlt*". Louis' Antwort: „*Hinterher schon*".

Die DEL AMO MALL in Torrance, Kalifornien – das größte überdachte Einkaufszentrum der Welt, wie man auch in der dazugehörigen *Einblendung* erfährt [„*largest indoor mall in the world*"], und Ort der geplanten Geld-übergabe. Jackie Brown & Ordell Robbie sitzen „*at a table in the food court*" [Skript] und unterhalten sich über die „Botin", denn Jackie hat nämlich bedenken, dass Ordell jemanden schicken wird, der alles vermasselt [ORDELL – im Original: „*The woman's cool. I promise*"].

Aus einem Kino in der Del Amo Mall [„*Del Amo UA Cinemas*"; Skript] kommt Max Cherry, der anschließend durch das Einkaufszentrum spaziert.

„BACK TO JACKIE AND ORDELL" [QT-Skript] – Brown drückt Robbie noch eine Einkaufstüte, auf der „DEL AMO *fashion center*" steht, in die Hand [JACKIE - Skript: „*Don't forget your bag*"], bevor dieser sich von dem Tisch entfernt und durch die Mall spaziert. Dann sieht Ordell plötzlich Max Cherry dort herumspazieren und „versteckt" sich, etwas verwundert über den erstaunlichen Zufall, vor diesem [Skript: „*Ordell almost steps into a store to get out of view.* [Ordell's Gesichtsausdruck verrät seine Gedanken:] „*What the fuck is Max Cherry doing here?*"].

Jackie „sichtet" Max Cherry, als sich dieser gerade bei den zahlreichen „*international fast-food choices*" [Skript] herumtreibt, die im „*international food court*" [Skript] der Del Amo Mall zu finden sind – dann ruft sie nach ihm und er setzt sich zu ihr. Ordell, der den Vorgang beobachtet hat, weiß nicht, wie er das Ganze einordnen soll [ORDELL – zu sich selbst, gemäß Skript: „*What's up with this shit*"], verlässt die Mall dann aber doch.

Zunächst sprechen Brown und Cherry darüber, ob *Detective Ray Nicolet* prinzipiell jemand ist, der *selbst* auf das Geld scharf ist und mit diesem abhauen würde – Max meint, dass er solche „Typen" wie Nicolet kennt und es diesen im Grunde nur um die Verbrecher & Hintermänner geht [MAX – im Original: „*He's more interested in Ordell than the money*"]. Jackie stellt Max schließlich die Frage, wie *er* sich verhalten würde, wenn er die halbe Million in die Finger bekäme [JACKIE: „*Na ja, Sie wissen ja, wo es herkommt. Das sind nicht die Ersparnisse von irgendwelchen Leuten. Niemand würde es vermissen*"]. Cherry gibt sich bezüglich Brown's „verstecktem Angebot" skeptisch [MAX: „*Eine halbe Million Dollar wird grundsätzlich immer vermisst*"], erzählt ihr aber dann davon, dass er vorhat, seinen Job als Kautionsvermittler an den Nagel zu hängen, denn seit jener Nacht, in der er Jackie aus dem Gefängnis geholt hat und in der er dann sogar noch eine weitere Person zurück ins Gefängnis gebracht hat, hat er so ein „*What am I doing here? Nineteen years of this shit?*" [MAX; QT-Skript]-Gefühl. Jackie ist überrascht, sieht sich aber nur in ihrem „Angebot" an ihn bestätigt [JACKIE: „*Jetzt, wo Sie* *ohne Job dastehen, hätten Sie die Chance, mit `ner halben Million zu verschwinden. Würden Sie das tun?"*] und deutet an, dass sie einen *wohl durchdachten* Plan hat.

Eine „TITLE CARD" [Skript] kündigt einen „Geldübergabe-Testlauf" an [„MONEY EXCHANGE *trial run"*]. Nachdem sich Jackie am Flughafen von L.A. in der Parkgarage mit Dargus & Nicolet getroffen hat und das mitgebrachte Geld (10.000$) von Nicolet für den besagten „[…] *Jackie Brown, Ordell Robbie money exchange trial run"* [NICOLET] abgezählt wurde, begibt sich Brown in die Del Amo Mall.

Max Cherry befindet sich bereits vor Ort und bestellt sich einen Kaffee in einer „*cappuccino bar called* BUSTA CAP" [Skript] und beobachtet Jackie Brown, die allein an einem Tisch sitzt [„*He looks over at the food court and spots Jackie sitting at a table by herself"*; QT-Skript]. Brown bekommt Gesellschaft von einer jungen Schwarzen – es handelt sich um Sheronda [JACKIE: „*Wie heißt du?"* / YOUNG GIRL: „*Sheronda"* / JACKIE: „*Sheronda...ein schöner Name"*; Beschreibung von *Sheronda*, gespielt von *Lisa Gay Hamilton*, im Skript: „*a skinny*[mager, dünn] *YOUNG GIRL, black, quite pretty, no older than twenty"*] und diese hat eine idente „DEL AMO *fashion center"*-Einkaufstüte bei sich. Sheronda stellt die Tasche unter den Tisch neben jene von Jackie und Jackie nimmt Sheronda's Einkaufstüte, steht auf und geht. Max beobachtet Brown beim Weggehen und entdeckt in der Nähe Nicolet & Dargus – diese verfolgen dann Sheronda [Skript: „MAX [w]atches Nicolet and Dargus let the Young Girl get a little ahead, then follow after her. They're gone"; Anm.: Nicolet & Dargus fangen Sheronda bei dem „Testlauf" natürlich nicht ab].

Schließlich wird man Zeuge des entscheidenden „Clous" bei der Übergabe, der allein Ordell's Idee ist und in den Jackie Brown an der Stelle eben nicht eingeweiht ist, da erst für die zweite Übergabe eine „zweite Frau" geplant war: Die „OLDER BLACK WOMAN" [Bezeichnung im Skript], die die ganze Zeit über am Nebentisch von Jackie & Sheronda gesessen ist, war Simone – und diese spaziert jetzt plötzlich auch mit einer „DEL AMO fashion center"-Einkaufstüte davon [dazugehörige Skriptpassage: „She finishes the coffee she was drinking and stands up, carrying - how about that?- a […] shopping bag. The woman heads out of the mall"].

Cherry verfolgt sie bis hinaus auf den Parkplatz. Dann, als Simone mit ihrem Mercury davonfährt, notiert er sich das Nummernschild und sagt zu sich selbst: „Könnte funktionieren. Wenn es ihr gelingt, die Bullen abzuhängen, *könnte es funktionieren*" [*Anmerkung*: Wie sich später herausstellt, haut Simone mit den 10.000$ ab, die sich nun in ihrem Besitz befinden und die sie natürlich hätte Ordell übergeben sollen, was zu dem Umstand führt, dass *Melanie Ralston* bei der „echten" Geldübergabe dann als Botin fungieren muss; ORDELL zu JACKIE - zu einem *späteren* Zeitpunkt via Telefon: „*She's gone and all her shit's gone and so's my ten thousand dollars. […] when you do the switch, instead of Simone, it's gonna be Melanie*"; Text gemäß Skript].

Jackie Brown taucht bei „*Melanie's Apartment Building*" [Skript] auf und klingelt an der Tür [*Anmerkung*: Bemerkenswert ist hier der „*In-Joke*", den uns Tarantino im Film präsentiert, denn auf einer Art „Bewohnerübersicht" im Eingangsbereich des Apartment-Komplexes werden auch die Namen des Schauspielers *Sid Haig* und des Regisseurs *Jack Hill* angeführt, die, wie bereits erwähnt, wichtige Wegbegleiter in Grier's Karriere waren - mit anderen Worten: Dort wohnen ein S HAIG, eine M RALSTON und ein J HILL]. In dem Apartment trifft Brown -das erste Mal- auf Melanie und auch auf Louis, der etwas teilnahmslos vor dem Fernseher sitzt und irgendwie mitgenommen aussieht – Melanie hingegen scheint gerade sauer auf Ordell zu sein und wird von diesem beschimpft, weil sie ihm nicht schnell genug das Apartment verlässt [ORDELL – gemäß Drehbuch: „*...She gonna hafta find her sandals...find her bag...find her sunglasses...take twenty damn minutes get her ass out the door*“]. Nachdem Melanie es „geschafft“ hat, das Apartment zu verlassen, tritt Jackie mit Ordell hinaus auf den Balkon und macht ihrem Ärger über die Geldübergabe und über die zweite „Botin“, von der sie eben nichts gewusst hat, Luft [JACKIE: „*Sheronda hat das Geld jemand anderen übergeben!*“]. Robbie erzählt ihr von Simone, die er hier noch als sowas wie „absolut vertrauenswürdig“ darstellt (weil er noch nichts von ihrer „Flucht mit dem Geld“ weiß), was Jackie Brown dann allmählich von der „[…] *it's my ass on the line* […]. *We do this my way or fuck it*“-Haltung [QT-Skript; *Aussage* von Brown] wieder runterholt.

Im Endeffekt erläutern Jackie & Ordell in Anwesenheit von Louis ihren *Plan* für die „*echte Geldübergabe*“ mit der halben Million Dollar: Nicolet & Dargus werden Jackie bereits am Flughafen erwarten und die Geldscheine markieren [ORDELL: „*Das gefällt mir nicht*“ / JACKIE: „*Ach, das lässt sich doch wieder abwaschen*“]. Die beiden Detectives werden außerdem glauben, dass die Aktion wie beim ersten Mal abläuft und letztendlich *Sheronda* verfolgen. Simone

& Sheronda werden diesmal mit „*Billingsley*"-Tüten aus-
gestattet – Jackie wird sich schließlich mit *Simone* in der
Designer-Abteilung bei Billingsley in einer Umkleidekabine treffen, damit die Polizei sie nicht -unmittelbar- beobachten kann und keinen Verdacht schöpft [JACKIE:
„*Deswegen läuft es nur in einem Umkleideraum mit einer
Frau*"]. Simone wird Jackie in der Umkleide die „Billingsley"-Tüte geben und Jackie diese dann an Sheronda wei-
terreichen. Simone wartet währenddessen und wenn Louis,
der auch vor Ort sein wird, Simone ein Zeichen gibt, dass
sie unbeobachtet ist, wird diese in die Umkleidekabine laufen, die Del Amo Mall mit dem Geld verlassen und in ihr
Auto steigen – „[…] *mission accomplished*" [ORDELL – im
Original]. Ordell wird, während die Geldübergabe läuft, in
einer „*titty bar in downtown L.A.*" [ORDELL; dt. Synchro:
„*in einer Strip-Bar in der Stadt*"] warten, bis er einen Anruf
von Louis erhält.

Nach den ganzen „Vorbesprechungen", Jackie Brown
trifft sich in der Folge *außerdem* noch mit Ray Nicolet in
einem Restaurant und mit Max Cherry in ihrem Apartment,
kündigt eine *Einblendung* schließlich die „MONEY
EXCHANGE *for real this time*" [im Ur-Skript lautete die
„TITLE CARD" noch „MONEY EXCHANGE 550,000$"] an.

Auf ihrem Rückflug aus Cabo San Lucas arrangiert Jackie im „*Airplane Bathroom*" [Skript] das Geld in ihrer „*flight bag*": Die 500.000$ nehmen die Hälfte des Platzes ein, darüber legt sie „*blouses, shoes, and skirts*" [Skript], schließlich platziert sie noch einen „*fat envelope with fifty thousand right on top*" [*Zur Erklärung*: Brown's *finaler* Plan das Geld einzusacken umfasst auch den Umstand, dass sie der Polizei mitgeteilt hat, dass Ordell lediglich 50.000$ aus Mexiko rausholt und nicht das ganze Geld – da Detective Nicolet bei ihrer ersten Festnahme nicht gleich die gesamte Tasche untersucht hat und ihr mittlerweile irgendwie vertraut, verlässt sie sich darauf, dass er sich sozusagen mit dem „Vorhandensein" der 50.000$ in der Tasche zufriedengibt und nicht die ganze durchsucht].

Nachdem Nicolet, der diesmal ohne Dargus aufgetaucht ist, die 50.000$ in Brown's Honda in der Parkgarage des Los Angeles International Airport durchgezählt sowie markiert und ihr zurückgegeben hat [NICOLET – laut Skript: „*Put this in your shopping bag. It's what I expect to find when I look in Sheronda's*"; *Anm.*: Sheronda kommt im Einkaufszentrum dann gar nicht mehr zum Einsatz], begibt sich Jackie schließlich zur Del Amo Mall.

QT zeigt die Geldübergabe gleichsam aus *drei* verschiedenen Perspektiven - aus der von *Jackie Brown*, aus der von *Louis & Melanie* und aus der von *Max Cherry*, die zu folgenden -im Film *eingeblendeten*- Zeitpunkten bei der Del Amo Mall ankommen: „TIME 3:52" (Jackie), „TIME 4:12" (Louis & Melanie), „TIME 4:04" (Max).

Zunächst wird einem aber eine *Montage* präsentiert, die die einzelnen Figuren auf ihrem Weg zum Einkaufszentrum zeigt [Beschreibungen im Skript: „JACKIE *in her Honda, smoking a cigarette, looking cool as usual, driving to the mall. Her car plays seventies soul*" – QT verwendete im Film dann den Song „*Street Life*" von *Randy Crawford* aus 1979; „MAX *in his Cadillac Seville, cruising down Hawthorne Boulevard to the mall. He plays his Delfonics CD*" – im Film hat sich Max Cherry, wie bereits erwähnt, eine *Kassette* der *Delfonics* gekauft; „LOUIS AND MELA-NIE *in Melanie's Toyota drive towards the mall. Melanie drives, singing along with Kate Bush on her car stereo*" – im Film fährt „Louis" Robert De Niro dann einen *VW-Bus* während „Melanie" Bridget Fonda am Beifahrersitz den Song „*Midnight Confessions*" von *The Grass Roots* aus 1968 mitsingt – der Fahrt von Louis & Melanie zum Einkaufszentrum geht ein *Streit* der beiden in Melanie's Apartment voraus, da Melanie dort *viel zu lange* zur „Vorberei-tung, um die Wohnung zu verlassen" braucht, was den gan-zen „Zeitplan" gefährdet und Louis in Wahrheit nicht nur sichtlich *nervös* macht, sondern auch ungemein *provoziert*].

Die Geldübergabe aus der Perspektive von Jackie Brown: Auf dem Parkplatz der Del Amo Mall bereitet Brown die Billingsley-Tüte vor – sie stopft diese zusätzlich mit ein paar Büchern voll, nimmt dann 10.000$ von den 50.000$ weg, steckt die 10.000$ ein und bedeckt die 40.000$ in der Einkaufstüte schließlich noch mit ein paar Strandtüchern. Dann betritt Jackie, samt ihrer *„flight bag full of money"* [QT-Skript] und der Billingsley-Einkaufstüte, die Mall [QT beschreibt in seinem Skript das ganze *Selbstbewusstsein*, das Jackie Brown dabei an den Tag legt: „[…] *and with all the confidence of a world champion prizefighter going into the ring, she strides towards the huge mall"*]. Dann geht sie in die *„designer clothing area"* [Skript] von Billingsley, wo sich auch die Verkäuferin Amy befindet [„Amy, the Billingsley Salesgirl" wird von *Aimee Graham* gespielt – im Skript war Amy von Tarantino noch als *„Asian saleswoman"* konzipiert, letztendlich ging die Rolle aber an die jüngere Schwester von Heather Graham; Aimee Graham hatte 1996 in *From Dusk Till Dawn* die Rolle der „Blonde Hostage"/"blonden Geisel" verkörpert]. Brown erwähnt gegenüber der Verkäuferin einen bestimmten schwarzen Anzug und wenig später sieht man Jackie dann in dem besagten Kleidungsstück [Skript: *„Jackie steps out of the fitting room wearing a real sharp, badass black suit with a white blouse*“; *Anm.*: „Jackie Brown“ Pam Grier trägt hier also die übliche „QT-Uniform/-Rüstung“ für Gangster!].

Sie teilt der Verkäuferin mit, dass sie den Anzug kaufen wird und geht zurück in die Kabine, wo sie sich, inmitten der *„flight bag“* mit den 500.000$ und der Einkaufstüte mit den 40.000$, einen Moment lang im Spiegel der Umkleide betrachtet [Skript: *„A full-length mirror is straight in front of her. She looks at herself*“], bevor Melanie Ralston auftaucht und ihr eine idente Billingsley-Tüte gefüllt mit Strandtüchern in die Kabine schiebt. Jackie nimmt die markierten 10.000$ und legt diese auf ihre eigene Billingsley-Tüte, bevor sie die Tüte dann hinaus zu Melanie schiebt und die für Melanie gedachten 10.000$ darauf als *„a little cherry on top“* [JACKIE; QT-Skript] bezeichnet. Melanie bedankt sich und verschwindet wieder. Jackie nimmt die *„half-a-million dollars“* aus ihrer Tasche und steckt diese in die von Melanie überreichte Billingsley-Tüte, um sie dann mit den Strandtüchern zu bedecken. Nachdem sie ihre Uniform in ihre *„flight bag“* gesteckt hat, spaziert sie aus der Umkleide und lässt die *„bag filled with half-a-million dollars“* [Skript] dort zurück.

Sie bezahlt bei Amy an der Kassa und weist diese darauf hin, dass jemand offenbar eine „*Tüte mit Strandtüchern*" in der Kabine vergessen hat. Anschließend bewegt sich Jackie, die nun „*a touch frantic and anxious*[verzweifelt & ängstlich]" wirkt [Skript; zusätzliche Ausführung von QT in seinem Drehbuch bezüglich Jackie Brown's Zustand: „*The calm, cool stride we're used to with Jackie is completely gone*"; stride: Schritt, Gang], durch die Mall, bis sie schließlich nach Ray Nicolet ruft, der dann auch, in Begleitung von Dargus und zwei anderen Cops, auf sie zugelaufen kommt. Jackie sagt: „*Ray, Melanie ist in die Umkleide gestürzt! Sie ist mit dem ganzen Geld abgehauen!*"

Die Geldübergabe aus der Perspektive von Louis Gara & Melanie Ralston: Die beiden kommen am Parkplatz der Mall an – Louis ist weiterhin extrem genervt von Melanie, die sich umgekehrt weiterhin weigert, Louis' Tempo quasi mitzugehen [LOUIS: „*Wir hätten längst da sein müssen und wären auch da gewesen, wenn du nicht so getrödelt hättest*" / MELANIE: „*Krieg dich wieder ein!*"]. In der Mall platzieren sich Louis & Melanie schließlich in der Nähe der „*Designer Clothes*"-Abteilung, in der gerade Jackie Brown mit der Verkäuferin Amy über den schwarzen Anzug redet, den sie probiert hat und nun auch trägt. Louis wird immer nervöser, was Melanie irgendwie animiert, ihn weiterhin zu ärgern [MELANIE: „*Machst du dir in die Hose? Ist wohl 'ne Nummer zu groß für dich*"]. Melanie führt dann -sozusagen- ihren Auftrag aus und holt, nachdem Jackie zurück in die Umkleide gegangen ist, die Tüte mit dem Geld, während Louis in seiner Nähe eine *unerwartete Entdeckung* macht: *Max Cherry* [Skript: „*Max ist looking at dresses, paying no attention to the fitting room. He*[Louis Gara] *thinks What the fuck is Max Cherry doing here?*"]. Cherry grüßt Louis, die beiden kennen sich vom ersten Besuch Ordells im Kautionsbüro, und tut dann so, als ob er sich weiterhin Kleidungsstücke ansehen würde. Gara läuft in der Folge Melanie hinterher, die die besagte Einkaufstüte hat. Der „Machtkampf" zwischen den beiden geht weiter und Louis, mittlerweile gnadenlos „*pissed*" [QT-Skript] von Melanie, beginnt dieser zu drohen, da sie sich zunächst weigert, ihm die Tüte zu geben [LOUIS – im Original: „*Goddamn you.* [...] *Gimme that bag before I knock you out and take it*"]. Als sie erkennt, dass die Drohungen kein Scherz sind, gibt sie ihm die Tüte, beginnt aber ihn von neuem zu ärgern, indem sie ihn nun damit aufzieht, dass er sich offensichtlich schwertut, den VW-Bus auf dem Parkplatz auf Anhieb zu finden [MELANIE: „*Und ihr habt tatsächlich 'ne Bank ausgeraubt? Hey, als ihr 'ne Bank ausgeraubt habt, habt ihr da auch anschließend euren Wagen gesucht?*"]. Nachdem Louis eine Art „letzte Warnung" an Melanie ausgesprochen hat [LOUIS – laut Skript: *„Don't say anything else, okay? I'm telling you, keep your mouth shut"*], passiert das gleichsam „Unvermeidliche": Gara *erschießt* Melanie auf dem Parkplatz [Skriptpassage: *„Louis whips out the Beretta Ordell gave him, shoots her...BAM...in the belly. […] BAM...Louis shoots her again on the ground"*; der Louis-Darsteller *Robert De Niro* hat Tarantino's Skript-Anweisungen bezüglich des *Zustandes*, in dem sich Louis befindet, kurz *bevor* er Melanie erschießt, im Film wahrlich *kongenial* umgesetzt und durch seine ganze *Schauspielkunst* gleichsam „die Genese des inneren Konflikts, der zu dem Mord an Melanie führt" *spürbar* gemacht – diesbezüglicher Ausschnitt aus dem Drehbuch: *„Louis could kill her right now. Just take his gun out of his pants and shoot her […]. But instead of doing what he wants, he does what he should. He doesn't answer or look back. (If he looked back and saw that Melanie-smirk*[Grinsen]*, he couldn't be responsible for what happens.) He […] hopes for both of their sakes she shuts the fuck up. But our Melanie just keeps on being Melanie"*]. Anschließend findet er den VW-Bus „von selbst" und fährt mit der Billingsley-Einkaufstüte davon, um diese Ordell zu übergeben.

212

Die Geldübergabe aus der Sicht von Max Cherry: Cherry kommt -zu Klängen der *Delfonics*-am Parkplatz der Mall an, zeitlich eben *vor* Melanie & Louis [siehe weiter oben]. Dann postiert er sich bei der „*Designer Clothes section*" [Skript] von Billingsley und beobachtet den Store, den Jackie für die Geldübergabe ausgewählt hat. Nachdem er von einer farbigen Verkäuferin [gespielt von *Tangie Ambrose*] angesprochen wurde und vorgegeben hat, lediglich auf „seine Frau" zu warten [MAX - im Original: „*I'm just killing time waiting for my wife*"], taucht Jackie [„*wearing the cool black suit*"; Beschreibung im QT-Skript] aus der Umkleidekabine auf und redet mit der Verkäuferin Amy. Bevor Brown dann zurück in die Kabine geht, erscheinen Louis & Melanie vor Ort [Skript: „*He*[Max] *sees Louis and Melanie squabbling*"; squabble: Hickhack, Streiterei]. Schließlich begibt sich Melanie, während die Verkäuferin Amy ein Telefonat führt und abgelenkt ist, zu den Umkleidekabinen und Gara entdeckt Cherry [QT-Skript: „*Max* […] *throws a look towards Louis, only to see Louis staring dead at him with an unhappy look on his face*"]. Max grüßt ihn und dreht sich dann weg. Als Melanie & Louis mit Brown's Einkaufstüte aus der Umkleide wieder verschwunden sind, taucht auch [wie bereits aus den zwei vorherigen „Geldübergabe"-Sequenzen aus der

Sicht von Jackie und aus der Sicht von Louis & Melanie bekannt] Jackie wieder auf, bezahlt und weist Amy auf eine vergessene „Tüte mit Strandtüchern" hin. Brown verlässt die „Designer Clothes"-Abteilung (um ihre Show mit der Polizei abzuziehen) und nun hat Cherry seinen Auftritt [„*It's Max's turn*"; Skript] – er geht zu Amy, erwähnt eine von seiner Frau vergessene Tüte mit Strandtüchern [MAX – im Original: „*Excuse me, but my wife thinks she left a bag of beach towels in the fitting room?*"] und holt diese dann mit „Amy's Segen" [AMY – im Original: „*Go get `em. There's nobody in there*"] aus der Umkleide.

Außerhalb der Mall überzeugt er sich nochmal, ob er *tatsächlich* nicht verfolgt wird, was auch der Fall zu sein scheint – dann steigt er in seinen Wagen und fährt, wiederum zu den Klängen seiner *Delfonics*-Kassette, mit der halben Million Dollar davon [QT-Skript: „*Max allows himself a smile, gets into his Cadillac with his half-a-million bucks and drives away*"].

In der Folge kommt es zum *Showdown* zwischen Jackie Brown & Max Cherry und Ordell Robbie.

Louis Gara holt Ordell mit dem VW-Bus bei der „*Topless Dancers*"-Bar „*Sam's Hof Brau*" ab. Ordell fragt natürlich sofort, wo Melanie abgeblieben ist, und Louis beginnt zu „beichten" [LOUIS – im Original: „*She was totally fuckin' with my nerves. […] I shot her. […] In the chest and stomach*"]. Robbie reagiert zunächst „ungläubig" [ORDELL – laut Skript: „*You shot Melanie?*"; weiterer Dialogausschnitt: ORDELL: „*Ist sie tot?*" / LOUIS: „*Sah fast so aus*"], akzeptiert aber dann sozusagen Louis' Rechtfertigung [ORDELL: „*Wenn es sein musste, dann musste es sein*"] und wendet sich sofort der Einkaufstüte und seinem Geld zu – schließlich muss er erkennen [QT-Skript: „*His stomach drops. He just looks inside the bag for the longest time*"], dass sich zwischen den alten Büchern und den Strandtüchern lediglich um die 40.000$ befinden [ORDELL: „*Louis, wo ist der Rest von dem Geld? […] Da fehlen etwa 510.000$!*"]. Ein erzürnter Ordell fragt Louis in der Folge das Naheliegendste, nämlich, ob Melanie & er ihn betrogen haben [ORDELL: „*Louis, bist du wirklich ganz sicher, dass Melanie nicht irgendwo sitzt und mit 'ner halben Million auf dich wartet?*"; Originalfassung: „*You sure she ain't somewhere with a half-a-million dollars I worked my ass off to earn?*"], und lässt sich von Gara dann -zunächst- sogar davon überzeugen, dass dieser „unschuldig" ist [LOUIS: „*Wie kannst du mich das fragen?*"]. Dann nimmt Ordell die Beretta, mit der Gara Melanie erschossen haben will, aus dem Handschuhfach und überprüft diese [Skript: „*He smells the end of the barrel. He releases the magazine*“] – Louis‘ Geschichte scheint wirklich zu stimmen und Ordell beginnt nachzudenken, was passiert sein könnte [*Anmerkung*: In seinem *Ur-Skript* hatte QT an dieser Stelle auch eine Szene geplant, bei der Jackie Brown kurz in einer Großaufnahme erscheint, „*a bunch of money*“ in der Hand hält und mit einem Lächeln sagt: „*Gotcha, n*****“ – im fertigen Film hat Tarantino aber darauf verzichtet]. Schließlich sagt Robbie, der das Magazin wieder zurück in die Beretta steckt: „*Es war Jackie Brown*“ [laut Skript: „*Okay, so it was Jackie Brown*“].

Nachdem die beiden, Ordell & Louis, noch einige „Theorien“ darüber gewälzt haben, wie der ganze Betrug abgelaufen sein könnte, und Ordell im Rahmen dieser „Theorien“ auch zu der Erkenntnis gekommen ist, dass Jackie Brown anscheinend wollte, dass *er* weiß, dass sie ihn „ausgetrickst & abgezockt“ hat [ORDELL – laut Skript: „[…] *Then she throws forty thousand in here, to rub the shit in my face, know what I'm saying? She wants me to know she ripped me off*“], erzählt ihm Louis von *Max Cherry*, den er in der Mall gesehen hat. Diese „interessante Info“ bringt das Fass zum Überlaufen [ORDELL: „*Du siehst diesen Wichser in dem Kaufhaus, wenn wir dabei sind, eine halbe Million Dollar zu übernehmen, und du denkst, das hat nichts damit zu tun!"*] und Ordell schießt auf Louis [Skript: *„We hear a BAM. […] Ordell shot him"*] und macht seinem Ärger noch mal mit Worten Luft [ORDELL: *„Was ist bloß aus dir geworden, Mann? Weißt du nicht, dass ich dir vertraut habe!"*], bevor er Gara noch einen zweiten und tödlichen Schuss verpasst. Danach steigt er mit der Einkaufstüte aus dem VW-Bus und spaziert davon [*„Ordell takes the bag and gets out of the car, leaving Louis's dead body there"*; QT-Skript].

Währenddessen wird Jackie Brown von einem verärgerten Ray Nicolet verhört, der zunächst wissen will, warum sie überhaupt *einkaufen* gegangen ist, was ganz und gar nicht abgemacht war. Brown meint, dass sie zu früh vor Ort gewesen wäre und die Gelegenheit nutzen wollte, den schwarzen Anzug, den sie gerade trägt, zu kaufen. Dann berichtet sie Nicolet von Melanie Ralston: Sheronda wäre überhaupt nicht aufgetaucht und Melanie wäre plötzlich in die Umkleide gestürzt und hätte sich die Tüte geschnappt [JACKIE: *„Dann hat sie jemand deswegen getötet"*] – umgekehrt hätte Melanie natürlich keine Einkaufstüte für sie dabeigehabt. Brown betont, dass Melanie Ralston in dem Plan gar nicht vorgesehen war und Ordell sich das Ganze ausgedacht haben muss. Nicolet scheint hin und her gerissen zu sein zwischen seinem Instinkt [NICOLET: *„Ich kann nur hoffen, dass Sie keinen Unsinn gemacht haben, Jackie"* / […] JACKIE: *„Sie denken, ich habe das Geld"*] und den Beweisen, die Brown's Geschichte *untermauern,* denn schließlich wurden bei der toten Melanie die -markierten- 10.000$ gefunden [NICOLET – im Original: *„I have no evidence of your taking anything"*].

Nicolet's Partner Dargus taucht auf und teilt ihm mit, dass man nun auch Louis Gara tot aufgefunden hätte. Nicolet meint, dass sie sich jetzt Ordell schnappen, da sie ihm mittlerweile *„drei Morde"* [Beaumont, Melanie & Louis] anhängen können, und hält noch einmal fest, dass Jackie sich in *ernsthafter Gefahr* befindet, wenn da „irgendeine Sache" zwischen ihr & Ordell Robbie ist, von der die Cops nichts wissen [NICOLET: „[…] *Beten Sie, dass wir ihn finden, bevor er Sie findet"*].

Ordell telefoniert in einem *„Filthy Apartment"* [Skript], das einem *„black female junkie named* […] *RAYNELLE"* [QT-Skript] gehört [„Raynelle, Ordell's Junkie", die in allen Szenen, in denen sie vorkommt, nur teilnahmslos auf der Couch sitzt, wird von *T'Keyah Crystal Keymah* verkörpert], mit seinem Geschäftspartner in Mexiko „Mr. Walker", beginnt sich mit diesem zu streiten und stellt klar, dass er L.A. nicht *ohne* das Geld verlassen wird. Anschließend kontaktiert er „Cherry Bail Bonds" und erkundigt sich bei Cherry's Angestellten Winston [gespielt von *Tommy „Tiny" Lister, Jr.*] nach Max – dieser ruft ihn dann am Abend zurück und tut so, als ob er annehmen würde, dass Robbie von ihm die 10.000$ Kaution zurückhaben will, die er einst für Beaumont Livingston hinterlegt hat. Ordell teilt Cherry mit, dass er weiß, dass er sozusagen „Jackie Brown's Partner" ist [ORDELL: *„Ich weiß, dass Sie ihr geholfen haben und ich weiß, dass Sie wissen, was ich will. Jackie kann sich in ihrem hübschen, kleinen Köpfchen alle möglichen Geschichten ausdenken, solange das Ende der Geschichte so aussieht, dass ich mein verdammtes Geld wieder sehe"*], und meint, dass Jackie, gleichsam als „Motivation" , an das „Schicksal" von Beaumont denken solle und auch daran, dass er, Ordell, wenn es hart auf hart kommt, alles der Polizei erzählen könnte.

Cherry beauftragt Winston anschließend damit, Ordell's Aufenthaltsort herauszufinden, und Cherry taucht dann später auch mit den 10.000$ an Kautionsgeld bei Raynelle's *„Filthy Apartment"* auf. Max überbringt Robbie, der ihn mit der Beretta bedroht, die Botschaft, dass Jackie Brown ihm sein Geld zurückgeben will, und tischt ihm eine Geschichte auf, warum Brown das Geld vorerst behalten *musste* und davon immer noch die vereinbarten 10 Prozent haben möchte [ORDELL - sarkastisch: „*Oh, das würde mich auch interessieren*"] – Melanie, so Max weiter, wollte Jackie überreden, sich mit ihr die halbe Million zu teilen, was Jackie ablehnte, die in der Folge dann eine Menge riskieren musste, um das Geld zu retten [ORDELL – angesichts der „äußerst unglaubwürdigen Geschichte": „*Ich seh vielleicht ein bisschen dämlich aus, aber ich bin nicht dämlich*"; im Original: „*My ass may be dumb, but I'm not a dumbass*"].

Max behauptet anschließend, dass Jackie & das Geld in seinem Büro wären, Jackie aber nicht die Kombination von dem Safe dort wüsste – es würde auch nichts bringen, ihr diese mitzuteilen, damit sie dann die halbe Million beim „*Filthy Apartment*" abliefert, da sie im Grunde zu *verängstigt* [im Skript: „*spooked*" – erschreckt] dafür sei. Ordell Robbie ruft Brown in der Folge in Max's Büro an und Brown will, dass Robbie zu „Cherry Bail Bonds" kommt [JACKIE: „*Ich bin hier und warte auf dich*"]. Nach dem Telefonat, Brown sitzt hinter dem Bürotisch von Max Cherry, holt Jackie „*Max's .38*" [Skript] aus einer Schublade und macht damit, ohne die Waffe dabei natürlich wirklich abzufeuern, gleichsam ein paar „Testläufe", indem sie damit auf einen „imaginären" Ordell Robbie zielt.

Ordell & Max steigen in Cherry's Cadillac Seville und fahren, wiederum zu *Delfonics*-Klängen [*Anmerkung*: Im Ur-Skript war -sinngemäß- nur von einem „Song, der aus dem Radio tönt und Ordell gefällt" die Rede, aber Tarantino hat wiederum „*Didn't I (Blow Your Mind This Time)*" verwendet, der sich im Laufe der Dreharbeiten wahrlich zu „*a song that drives the plot*" entwickelt hatte], zu Max's Büro. Bevor beide dann in das völlig abgedunkelte Büro gehen, spricht Robbie nochmal gegenüber Max Cherry die Drohung aus, ihn zu erschießen, wenn in dem Büro „Überraschungen" warten oder wenn er dort kein Geld vorfindet. In dem Büro müssen sich die beiden kurz orientieren, bevor sie Jackie im Dunkeln hinter Max's Schreibtisch erkennen [ORDELL: „*Warum ist es so dunkel in der Bude? Hey, Jackie, bist du das?*"].

Ein plötzlich auftauchendes Licht aus dem Badezimmer erhellt Brown und man sieht Detective Ray Nicolet. Jackie Brown ruft „*Ray, er hat `ne Kanone!*" und Nicolet schießt Ordell daraufhin drei Mal in die Brust – Robbie ist tot [diesbezügliche QT-Ausführungen im Skript: „*Ordell drops to the ground like a sack of potatoes, he lands at Max's feet. Max looks down and sees Ordell's head by his shoes, look of panic still on his face, dead as fried chicken*"].

Nachdem sich zu Brown & Nicolet auch noch Detective Dargus und Cherry's Angestellter Winston gesellt haben, beide treten ebenfalls aus dem Badezimmer, fragt Dargus nach den markierten Scheinen und Max klärt die Cops über den „Stand der Dinge" auf [DARGUS: *„Und er hat die markierten Scheine bei sich?"* / MAX: *„Er müsste die 40.000$ haben und die 10.000$, die ich ihm gegeben habe"*].

Der *Epilog*: *„Three days later"* [Einblendung] – Jackie Brown sitzt im Wartebereich von „Cherry Bail Bonds". Max taucht auf, begrüßt sie und sie bedankt sich für das Geld, das sie von ihm erhalten hat [JACKIE: *„Ich habe dein Päckchen bekommen. Kommt gut, 'ne halbe Million im Briefkasten zu haben"* / MAX: *„Minus 10 Prozent"*]. Sie betont, dass ihr diese 10 Prozent *viel zu wenig* vorkommen und dass sie sich besser fühlen würde, wenn er einen höheren Betrag genommen hätte. Man erfährt in der Folge, dass Brown, diese hat mittlerweile übrigens auch den *„black Mercedes"* des toten Ordell zu *ihrem* Wagen gemacht, eine Reise nach Madrid antreten möchte, und sie fragt den zögerlich wirkenden Max, ob er nicht mit ihr mitkommen will, und anschließend, als dieser höflich verneint, ob er *Angst* vor ihr habe [Antwort von MAX: *„Ein bisschen"*]. Jackie Brown tritt schließlich zu ihm hin und sie küssen sich

[„*They give each other a long, tender kiss*"; QT-Skript; *Anm.*: Im Film sind es *zwei* Küsse]. Anschließend sagt Jackie „*Ich schick dir `ne Postkarte. […] Auf jeden Fall, Partner*" - und als Cherry dann einen Anruf bekommt und den Hörer abhebt, verabschiedet sich Brown von ihm ohne weitere Worte und fährt davon. Max versucht so zu tun, als ob ihn das Telefonat, bei dem es wohl um eine Kautionsangelegenheit geht, interessieren würde, er bricht es aber ab und blickt Jackie Brown, dabei sichtlich der „vergebenen Chance" nachtrauernd, hinterher.

Jackie Brown wiederum, am Steuer des schwarzen Mercedes, hört sich den Song „*Across 110th Street*" von Bobby Womack an und bewegt, ebenfalls etwas traurig & melancholisch wirkend, die Lippen dazu.

„Ich machte ihn für schwarze Zuschauer. Alle anderen sind auch eingeladen. Aber ich machte ihn für schwarze Zuschauer. Eine Heavy Metal-Platte macht man nicht für jedermann, man macht sie für Heavy Metal-Fans"

&

„Es war mein persönlicher `Rio Bravo`, also ein Film zum Abhängen. […] Es sind große Abhänge-Momente"

&

„`Jackie Brown` sollte ein Geschenk werden, das immer weiter beschenkt"

(QT über seinen dritten abendfüllenden Spielfilm *Jackie Brown*; Quelle: Interview *„Ein Blick auf Jackie Brown"*)

„Ich bin ein großer Fan von Blaxploitation-Filmen, schwarzem Kino und so"

(QT in der Dokumentation *„Jackie Brown – How It Went Down"* – enthalten in den Extras der aktuellen Blu-ray-Ausgabe von *Jackie Brown*; *Blaxploitation-Filme*: eine Art *Subgenre* des *Exploitation-Films* mit schwarzen Schauspielern oder eben: *aus der Sicht von Afroamerikanern* gedrehte Exploitation-Filme mit den Genre-spezifischen expliziten & reißerischen Inhalten)

„Ich kritisiere nicht, was er tut, oder stelle es in Frage, wie andere das tun. Oder sein Recht, Dinge zu sagen oder zu schreiben, die andere Leute sagen. Vor allem das Wort `N*****`. Ich komme damit klar. Quentin ist, wer er ist. Und er ist sehr literarisch"

(*Samuel L. Jackson* über QT und auch über den *„extensive use"* des *„N-Wortes"* in dessen Filmen; aus der Doku *„Jackie Brown – How It Went Down"*)

In der ersten Hälfte der 90er, genauer: in der Zeit, als Tarantino *Pulp Fiction* drehte, erwarben er und sein Partner Lawrence Bender die Filmrechte an drei Romanen des US-Schriftstellers und *„pulp & crime fiction"*-Virtuosen *Elmore Leonard* (1925-2013), der, wie bereits im Kapitel über *Pulp Fiction* erwähnt, zu Tarantino's *Lieblingsautoren* gehört, was einen nicht weiter verwundern mag, denn Outsider, *„psychopaths"* und Gangster, die *„casual conversations"* führen, sind auch in den Büchern von Leonard gang und gäbe (*Samuel L. Jackson* über sonstige *„similarities"* zwischen QT & Elmore Leonard: *„Er hat die gleiche Art Sensibilität wie Elmore"*; Quelle: Doku *„Jackie Brown – How It Went Down"*).

Bei den drei Romanen handelte es sich um *Freaky Deaky* (1988), um *Killshot* (1989) und um *Rum Punch* (1992). Ursprünglich wollte Tarantino entweder *Freaky Deaky* oder *Killshot* verfilmen und *Rum Punch* einem anderen -ihm bekannten- Regisseur übergeben, aber als er *Rum Punch* dann eines Abends noch einmal gelesen hatte, war seine Begeisterung von neuem entfacht und die Entscheidung getroffen, dass *Rum Punch* die Basis seines nächsten Films werden würde, der bis zum heutigen Tag auch „*the only feature-length film QT has adapted from a previous work*" geblieben ist.

Tarantino hat immer betont, dass seine *Rum Punch*-Verfilmung *Jackie Brown*, die auf gar keinen Fall eine Art „*Pulp Fiction 2*" oder dergleichen werden sollte, eine ausgewogene Mischung aus ihm und Elmore Leonard geworden ist (QT: „*Es sind etwa 50 Prozent Elmore Leonard und 50 Prozent ich. Und das ist richtig*"; *Anm.*: Die „Stimmen" von Leonard & Tarantino vermischen sich in der Tat in dem Film, aber QT hat definitiv seine *Trademark*-Elemente wie „*humor & pacing*", also: Humor & Tempo, behalten und „eingefügt", während er Elemente wie die Beziehungen der Figuren untereinander und deren „Tricksereien & Gaunereien" zu einem Großteil so belassen hat wie in Elmore Leonard's Vorlage).

Grundsätzlich sollte *Jackie Brown*, so Tarantino, *„ein Charakterstück werden und seinen eigenen Rhythmus haben"*, dabei jedoch ausdrücklich *kein* Blaxploitation-Film sein, sondern sich lediglich an dem „*Ton*" der Blaxploitation-Filme speziell der 70er-Jahre orientieren.

Die wichtigsten Änderungen gegenüber der literarischen Vorlage stellten natürlich die Tatsachen dar, dass QT die „*ethnicity*" seiner Heldin und, damit einhergehend, die *Hautfarbe* der Hauptfigur von „*white*" zu „*black*" änderte und darüber hinaus auch deren Name von „*Jackie Burke*" in „*Jackie Brown*" – Letzteres war natürlich als Hommage an den Pam Grier-Film *Foxy Brown* von 1974 gedacht.

Entscheidend für Tarantino war dabei auch, dass die weibliche Hauptfigur, wie eben in Elmore Leonard's Buch, eine Frau „*in her mid-forties*" blieb, denn die übliche Vorgehensweise im Filmgeschäft wäre damals wie heute wohl die gewesen, dass man „Jackie Burke" mindestens um 10 Jahre jünger gemacht hätte (QT: „*Sie hätten es vermutlich für Michelle Pfeiffer geschrieben*"). Außerdem wollte der Regisseur unbedingt gleichsam „*eine Liebesgeschichte zwischen zwei älteren Leuten*" zeigen (QT: „*Als Pam Grier und Robert Forster sich im Film küssen, sind sie zusammen über 100 Jahre alt*"), was -im Grunde- zu keiner Zeit in der „Traumfabrik" sonderlich „in & angesagt" war.

Das umfangreiche Skript zu *Jackie Brown*, das wiederum eine erstaunliche und nahezu „ausufernde“ Menge an Dialogen enthält (*Samuel L. Jackson* über Tarantino's Drehbücher: „*Alle* [seine] *Drehbücher haben `Text`. Es gibt nicht 14 Seiten mit Beschreibungen*“), sollte der *Rum Punch*-Autor Elmore Leonard anfangs gar nicht zu Gesicht bekommen, aus Angst davor, er würde -zu Tarantino & Bender- Dinge sagen wie „*Was habt ihr aus meinem Buch gemacht?*“. Stattdessen meinte Leonard zu Tarantino eher sowas wie „*Mach daraus, was du willst!*“ und als er von diesem dann doch noch das Skript zur Lektüre erhielt, bezeichnete er es nicht nur sozusagen als „*best of the then 26 adaptations of his short stories and novels*“ (weitere Highlights auf der Basis von Leonard's Vorlagen neben *Jackie Brown*: 1989: *Cat Chaser* von Abel Ferrara mit „*RoboCop*“ Peter Weller & „*Top Gun*-Star“ Kelly McGillis; 1995: *Get Shorty* mit John Travolta, Gene Hackman & Rene Russo), sondern sogar als „*possibly the best screenplay he had ever read*“.

Leonard gab sich später aber auch angetan vom fertigen Film und vor allem auch von *Pam Grier*, denn zu deren Leistung meinte der Schriftsteller Folgendes: „*Sie ist echt gut. Sie hat so viel Energie und ist lebendig. Und sie ist knallhart, wenn sie will. Und wie sie sich gegen Samuel L.*

Jackson auflehnt, das macht die Spannung aus. Das ist die Story" (Quelle: Doku *„Jackie Brown – How It Went Down"*; *Anm.*: QT & Elmore Leonard haben offenbar *persönlich* dann nie mehr ernsthaft über die *Rum Punch*-Adaption *Jackie Brown* gesprochen, denn QT hält in *„Ein Blick auf Jackie Brown"* bezüglich Leonard, der sich in Interviews über den Film eben stets positiv geäußert hatte, fest: *„Er war beim Presseempfang, aber ich fragte nicht nach seiner Meinung zu dem Film. Ich nahm an, dass er ihm gefallen hat"*).

Natürlich spielt *Jackie Brown* auf Pam Grier's Karriere *„in many ways"* an (mehr dazu im nächsten Abschnitt) und sogar das Filmplakat von 1997 war eine Art Verbeugung vor Grier-Kultklassikern der 70er-Jahre wie *Coffy – Die Raubkatze* und *Foxy Brown*, ebenso wie übrigens auch die *„opening credits"*, die gleichsam den Weg der Stewardess „Jackie Brown" Pam Grier *„to her gate"* begleiten, denn die bei den *„opening credits"* innerhalb der *„opening sequence"* verwendete *Schriftart* hat sich QT ebenfalls aus den besagten Filmen „geborgt".

Überhaupt ist diese ganze *Eröffnungssequenz*, wie bereits angedeutet, ein wahres *Meisterstück* und in Wahrheit *auch* eine Hommage an einen Filmklassiker, jedoch nicht an einen aus dem „kultig-trashigen“ Blaxploitation-Bereich, sondern an Mike Nichols‘ New Hollywood-Masterpiece *Die Reifeprüfung* (1967; The Graduate; mit Anne Bancroft), in dem sich der damals noch -relativ- junge *Dustin Hoffman* ganz zu Beginn des Films *auch* durch den sogenannten „LAX“, den Los Angeles International Airport, bewegt.

Nur tut „Benjamin Braddock“ Dustin Hoffman, und dies ebenfalls begleitet von den „*opening credits*“ und *natürlich* von *Simon & Garfunkel*‘s legendärem „*The Sound of Silence*“, das auf einem Rollsteig vor einem *weißen Hintergrund*, während „Jackie Brown“ Pam Grier sich auf dem Rollsteig vor einem *blauen Hintergrund* nach links bewegt, also in dieselbe Richtung wie Hoffman im Film von 67, „unterlegt“ mit *Bobby Womack*’s Klassiker „*Across 110th Street*“, der an sich aus dem von Barry Shear inszenierten „*action crime blaxploitation film of the same name*“ aus dem Jahr 1972 (in den Hauptrollen: der spätere *Leben und sterben lassen*-Bond-Bösewicht Yaphet Kotto & Anthony Quinn) stammt.

„Ich wusste nicht, dass ich eine Kultfigur war, er sagte es mir"

&

„Er fand es toll, mit einer seiner Lieblingsschauspielerinnen zu arbeiten"

(*Zitat 1*: Pam Grier in der Dokumentation „*Jackie Brown – How It Went Down*" über ihren *„treuen Fan"* Quentin Tarantino; *Zitat 2*: Tarantino's legendäre Cutterin *Sally Menke* (1953-2010) zu dem Umstand, dass QT bei *Jackie Brown* wiederum mit jemanden arbeiten konnte, den er seit langer Zeit verehrte; *Anm.*: Sally Menke war für den Schnitt sämtlicher Tarantino-Filme von *Reservoir Dogs – Wilde Hunde* bis einschließlich *Inglourious Basterds* verantwortlich und bildete, wenn man so will, mit QT ein ähnliches „Regisseur & Cutterin-Traumpaar" wie etwa Martin Scorsese & Thelma Schoonmaker)

„Der Film war großartig für Robert Forster, weil er ihn dem Publikum in Erinnerung rief. Jetzt arbeitet er wieder. Für ihn läuft es fantastisch"

(QT über das *Comeback* von Robert Forster, welches dieser eben Tarantino & *Jackie Brown* zu verdanken hatte; Quelle:

Interview „*Ein Blick auf Jackie Brown*“; Nachsatz von Tarantino: „*Das Coole daran ist auch, dass Comebacks Spaß machen.*“)

„*Keiner spricht meine Dialoge so wie Sam. Meine Dialoge haben etwas Bestimmtes. Ich mache das nicht absichtlich, es ist nur unbewusst, aber an meinen Dialogen ist etwas. Ich möchte es nicht Poesie nennen, aber es hat etwas damit zu tun. Es ist kein Songwriting, hat aber damit zu tun. Es ist kein Rap, hat aber damit zu tun. Es geht um Rhythmus, aber es ist kein Monolog, es hat Bezug zu Monologen. Es geht um Rhythmus und Tonfall. Und es gibt eine Melodie – nicht in allem, was ich schreibe, aber bei Sam's Sachen definitiv. Und Sam `singt` meine Dialoge. Man kann es nicht anders sagen. Er verwandelt sie in die Poesie, die sie immer sein sollten*“

&

„*Er war ein Einzelkind. Er lebte vor dem Fernseher und im Kino. So wie ich*“

(*Zitat 1*: QT über Samuel L. Jackson in „*Ein Blick auf Jackie Brown*“; *Zitat 2*: Samuel L. Jackson über QT in „*Jackie Brown – How It Went Down*“)

Natürlich haben das spektakuläre Travolta-Comeback im Rahmen von *Pulp Fiction* und die, im Vergleich dazu, natürlich etwas bescheideneren Comebacks von Pam Grier & Robert Forster im Rahmen von *Jackie Brown* Tarantino ein wenig den Ruf eingebracht, *bewusst* einst gefeierte oder zumindest einst bekannte Schauspieler aus der „Versenkung" zu holen. Der Filmemacher selbst jedoch sieht das völlig anders (QT: „*Man fragt mich oft: 'Wen holst du als Nächstes aus der Versenkung? Wen beobachtest du? Wer steht auf der Liste?' So denke ich nicht. Ich versuche einfach nur, die besten und coolsten Schauspieler für die Rollen zu finden*") und weigert sich lediglich, in Besetzungs-Fragen nach bestimmten „Listen" von Studios oder Casting-Leitern vorzugehen, auf denen, so Tarantino, „*immer die gleichen Namen*" stehen.

Bereits in der Casting-Phase von *Pulp Fiction* hatte QT an *Pam Grier* (Jahrgang 1949) gedacht und sie für die Rolle der „Jodi" in Betracht gezogen, also für die Rolle der Ehefrau des von Eric Stoltz gespielten Drogendealers „Lance", bei dem „Vincent Vega" John Travolta vor dem Treffen mit „Mia Wallace" Uma Thurman das Heroin kauft. Allerdings fand es Tarantino schließlich *wenig* glaubwürdig, dass sich sozusagen jemand wie Pam Grier von einem Typen wie „Lance" anschreien lässt, und die

„Jodi"-Rolle ging dann bekanntlich an Rosanna Arquette. Bemerkenswert bei diesem ersten Treffen zwischen Tarantino und Grier war aber der Umstand, dass sich damals in Tarantino's Büro zahlreiche *Filmplakate* von Pam Grier-Filmen befunden haben (QT: *„Ich bin ein großer Fan von `Coffy`. Ich bin ein großer Fan des Regisseurs Jack Hill, der Pam quasi entdeckte"*), die QT sogar vor dem Treffen von der Wand nehmen wollte, um Grier, die ihrerseits wiederum dachte, Tarantino hätte die Plakate *extra* für das Casting dort platziert, nicht zu verunsichern.

Jedenfalls kam es gut drei Jahre danach dann doch noch zu einer Zusammenarbeit zwischen Grier und ihrem Fan QT (*Anmerkung*: Der Grier-Fan Tarantino hat sich in *Jackie Brown* als *Stimme auf Grier's Anrufbeantworter* verewigt, was eben nur in der Originalfassung zur Geltung kommt) - und Grier ist als „Stewardess, die nicht noch einmal von vorne anfangen will" „Jackie Brown" einfach großartig (QT: *„Ich denke, alle mochten Pam in dem Film. Was kann einem nicht gefallen? Sie ist bemerkenswert in dem Film"*), nicht zuletzt auch dadurch, da Tarantino die Schauspielerin, nach all den Jahren in der „relativen Versenkung" (*Anmerkung*: In den 80ern konnte Grier lediglich als N.Y.P.D.-Detective & Ex-Geliebte von „Ricardo Tubbs" Philip Michael Thomas namens „Valerie Gordon" in

3 Episoden der TV-Serie *Miami Vice* ein größeres Publikum erreichen), gleichsam „*glänzen & scheinen*" lässt.

„Jackie Brown" ist die erste *wirklich* große Frauenfigur, die QT seinem Publikum präsentierte, und sie widerspricht so ziemlich allen Stereotypen und Klischees, denen „*actresses*" in den meisten Filmen der großen Studios seinerzeit entsprechen mussten – insofern ist es nicht verwunderlich, dass QT vor allem auch von zahlreichen *Schauspielerinnen* extrem positive Rückmeldungen bezüglich der „Jackie Brown"-Figur erhalten hat, nämlich im Sinne von „*Du präsentierst uns echte Frauen, keine Barbie-Püppchen*" (QT in „*Ein Blick auf Jackie Brown*").

Absolut keine „*Barbie-Püppchen*" hatte Grier bereits in den 70er-Jahren dargestellt, in denen sie, und das nicht nur innerhalb der „*black community*", mit *Jack Hill*-Filmen wie *Coffy – Die Raubkatze* und *Foxy Brown* Kultstatus erreichte und im Grunde zum „*first female action star*" avancierte. In den Werken von Hill, der im Übrigen ein Weißer war und aus der berühmten Roger Corman-B-Film-Schmiede entstammte (wo er im Rahmen eines Filmprojekts, nämlich Corman's *The Terror – Schloss des Schreckens* von 1963, den damals ganz jungen *Jack Nicholson* als „*grauenhaften Schauspieler*" bezeichnete), war Grier oft als „*Racheengel mit Pumpgun & Maschinenpistole*" unterwegs und räumte mit Drogendealern und Zuhältern auf.

Da QT nicht wollte, dass *Jackie Brown* eine Art Blaxploitation-Film oder eine Art „gewalttätig-überdrehte Hommage an das Genre" wird, hat er es, entgegen aller damals kursierenden Erwartungen vor allem eines jüngeren Publikums (QT: „*Sie wollten Pam Grier sehen, wie sie mit einer abgesägten Schrotflinte ballert. Sie wollten sie ausrasten sehen*"), vermieden, Grier, wie er das später so spektakulär bei Uma Thurman in den beiden *Kill Bill*-Filmen gemacht hat, als „*kampferprobte Kriegerin*" zu *stilisieren*, was natürlich auch ganz und gar gegen den Spirit der literarischen Vorlage von Elmore Leonard gewesen wäre.

Tarantino zollt in *Jackie Brown* aber den von ihm besonders verehrten Grier-Filmen der 70er-Jahre *anders* seinen Respekt, indem er etwa Teile des von *Roy Ayers* komponierten Soundtracks von *Coffy – Die Raubkatze* in *Jackie Brown* integriert hat – so hat Tarantino, beispielsweise, bei *Jackie Brown* dieselbe „*background music*" verwendet wie Hill in der allerersten Szene von *Coffy – Die Raubkatze*, in der ein „junger Pusher" sich mit dem „großen Boss" trifft, der wenig später von „Coffy" Pam Grier eine Ladung Schrotkugeln ins Gesicht bekommt.

Wäre es nach QT gegangen, hätte Grier für ihre Perfomance in *Jackie Brown* einen Oscar erhalten sollen (QT: *„Pam sollte die erste schwarze Oscar-gekrönte Schauspielerin werden“*; *Anm.*: Die erste Afroamerikanerin, die einen Hauptrollen-Oscar erhielt, wurde schließlich *Halle Berry* im Jahr 2002 – sie erhielt die Auszeichnung für das Drama *Monster's Ball*), bekam aber für die „Jackie Brown“-Rolle „lediglich“ eine Golden Globe-Nominierung, während Grier's Partner Robert Forster für den „Max Cherry“-Part hingegen mit einer Oscar-Nominierung in der Kategorie *„Best Supporting Actor“* belohnt wurde (*Anmerkung*: Die Trophäe ging damals an Robin Williams für seine Nebenrolle in Gus Van Sant's *Good Will Hunting*).

Robert Forster (1941-2019) kommt aus fast derselben *„rough & tough“*-Exploitation-Film-Ecke wie Grier und auch von ihm war Tarantino ein deklarierter Fan. Forster, der in den 60er- & 70er-Jahren durchaus auch interessante Parts in Werken wie dem *„Summer of 68“*-Film *Medium Cool* (1969; Regie: Haskell Wexler) oder dem Katastrophen-Film *Avalanche* (1978; Regie: Corey Allen; Co-Stars: Rock Hudson & Mia Farrow) hatte, musste in den 80ern und 90ern dann sein Dasein zumeist in billigen „Direct-to-Video“-Produktionen wie *Maniac Cop III* (1993;

Maniac Cop III: Badge of Silence; Regie: William Lustig) fristen (*Anmerkung*: Einen von der Öffentlichkeit stärker wahrgenommenen Auftritt hatte Forster in den 80ern lediglich in dem Chuck Norris-Kult-Film *Delta Force* von 1986, in dem Forster den „*terrorist group leader*" „Abdul Rafai" spielte).

Tarantino hatte in Bezug auf Forster, von dessen Filmauftritten er vor allem jenen in dem „monster horror film" *Alligator* aus 1980 (Regie: Louis Teague; Drehbuch: John Sayles; manchmal im deutschsprachigen Raum auch als „*Der Horror-Alligator*" bezeichnet) mochte, schon seit Beginn seiner Karriere an so eine „*Der Typ wird wieder arbeiten, lassen wir ihn arbeiten!*"-Einstellung (Quelle: „*Jackie Brown – How It Went Down*") und hatte diesen bereits vor Augen, als er die Figur des später dann letztendlich von Christopher Walken verkörperten Mafiosi „Vincenzo Coccotti" für sein *True Romance*-Skript kreierte. QT ließ Forster dann sogar für die Rolle des „Big Boss Joe Cabot" in *Reservoir Dogs – Wilde Hunde* vorsprechen, die aber bekanntlich an Lawrence Tierney ging, da der Regisseur der Meinung war, dass Forster doch nicht so ganz der Richtige war, um in seinem Debüt „*everybody's boss*" zu spielen.

Den Kautionsvermittler „Max Cherry" verkörpert Robert Forster in *Jackie Brown* mit „*dunkler, ruhiger Energie*" (Copyright: Pam Grier) und laut Tarantino ist Forster's Leistung in seinem Film *auch* ein Beweis dafür, „*dass Schauspieler ihr Handwerk nicht verlernen*" (QT in „*Ein Blick auf Jackie Brown*").

Grier & Forster sind als „*interracial lovers*" absolut *glaubwürdig* und die besagte „*Liebesgeschichte zwischen zwei älteren Leuten*" sorgt für einige der „ruhigsten", schönsten und eben „erwachsensten" Momente im filmischen Werk von Tarantino.

Ein Highlight ist auch der folgende Dialog zwischen Jackie Brown & Max Cherry in „*Jackie's Apartment*", von dem die erste (Max Cherry-)Aussage bereits im Eingangs-Abschnitt des *Jackie Brown*-Kapitels zitiert wurde und der stattfindet, nachdem Max bei Jackie aufgetaucht ist, um sie nach dem Verbleib seiner Waffe zu fragen:

MAX
Ich wette, Sie können mit 29 nicht hübscher gewesen sein, als Sie's heute sind.

JACKIE
Ja, mein Hintern ist nicht mehr der gleiche.

MAX

Dicker geworden?

JACKIE

Ja.

MAX

Was kann daran falsch sein?

(aus: *Jackie Brown*; Fassung laut Skript: MAX: „*In fact. I'd make a bet that except possibly for an Afro–you look exactly the same as you did at twenty-nine*" / JACKIE: „*My ass ain't the same*" / MAX: „*Bigger?*" / JACKIE: „*Yeah*" / MAX: „*Nothin' wrong with that*")

„*Sam ist eine Rampensau. Sam ist durch und durch Schauspieler. Er kam fast schon als Schauspieler zur Welt*" – Nun, QT äußert sich, so wie in dem hier zitierten Ausschnitt aus der Interview-Session „*Ein Blick auf Jackie Brown*", stets begeistert über einen seiner bevorzugten Darsteller und Jackson „revanchiert" sich in diversen „Making Ofs" & Interviews auch regelmäßig bei seinem Lieblingsregisseur, indem er die Komplimente quasi zurückgibt.

Eines steht auf jeden Fall fest: Samuel L. Jackson ist in *Jackie Brown*, als Waffenhändler „Ordell Robbie", ein *Ereignis* und fast schon *beängstigend gut*.

„Ordell" ist sicherlich eine realistischere und „menschlichere" Figur als „Jules Winnfield" aus *Pulp Fiction* (QT über die Figur des Ordell Robbie und über die Unterschiede zu Jules Winnfield: *„Er ist weniger cool und stilisiert, aber dafür ein echter Kerl. So `groß´ er auch ist, er hat etwas Echtes"*) und Robbie ist unterhaltsam, freundlich, lustig und furchteinflößend *zugleich* – Jackson hat mit seiner Interpretation zweifellos *einen der allerbesten Charaktere im QT-Universum* geschaffen!

Jackie Brown zeigt im Grunde aber *auch* die Entwicklung Robbies zu einem „*Monster in einem Monsterfilm*" (QT), denn immerhin geht es am Ende um „*sein* Geld" – der „*mad kung fu-priest on the mountain look*" (Copyright: Tarantino), der vor allem durch Ordell's langes und offen getragenes Haar bedingt wird und den er im letzten Abschnitt des Films hat (nachdem er Louis Gara erschossen hat), war Samuel L. Jackson's Idee, genauso wie auch einige der *Outfits*, die der Waffenhändler im Laufe des Films trägt.

Die vielleicht beste Sequenz von *Jackie Brown* ist darüber hinaus jene, in der „Ordell Robbie" Samuel L.

Jackson „Beaumont Livingston" Chris Tucker (QT bezüglich Chris Tucker: *„Er wollte mit Sam arbeiten und er wollte mit mir arbeiten"*) bei dessen Apartment abholt, um ihn in den Kofferraum des schwarzen Mercedes zu „quatschen" und um ihn anschließend zu erschießen. Die gesamte Atmosphäre in der „Beaumont-Sequenz" ist *meisterhaft*, was beispielsweise auch den US-Filmkritiker *Elvis Mitchell* (*L.A. Weekly*/*New York Times*) einmal dazu bewogen hat, zu Tarantino persönlich zu meinen: *„Die beste Sache, die du je gemacht hast, war die Beaumont-Sache in `Jackie Brown`"*.

MELANIE
Scheiße, ihr beiden seid wirklich die größten Wichser, die mir je in meinem Leben untergekommen sind!

(aus: *Jackie Brown*; „Melanie Ralston" Bridget Fonda zu „Louis Gara", kurz bevor Gara sie dann auf dem Parkplatz der Del Amo Mall erschießt; mit *„ihr beiden"* sind natürlich Gara & Robbie gemeint; laut Skript sagt Melanie: *„Jesus, but if you two aren't the biggest fuck-ups I've ever seen in my life."*)

„Er ist seltsam enzyklopädisch, auf gute Weise“

&

„Michael Keaton tat mir einen Gefallen, indem er in `Ja-
ckie Brown` mitspielte“

&

„Ich behandle Schauspieler wie Stars und Stars wie Schau-
spieler“

(*Zitat 1*: Der „Ray Nicolet/Nicolette“-Darsteller Michael Keaton über Quentin Tarantino in *„Jackie Brown – How It Went Down“* - *Anm.*: In dem bei *faber & faber* erstmals 1998 erschienenen QT-Skript von *Jackie Brown* wird „Ray *Nicolette*“ noch als „Ray *Nicolet*“ angeführt; *Zitat 2*: QT über Michael Keaton in *„Ein Blick auf Jackie Brown“*; *Zitat 3*: QT's Kredo bezüglich „Stars & Schauspieler“)

Samuel L. Jackson bezeichnet die Rolle des „Ordell Robbie“, für die er auch im Februar 1998 beim *„Berlin International Film Festival“* den *Silbernen Bären* als „*Bester Darsteller*“ erhalten hat, als *eine seiner Lieblingsrollen*.

Ein besonderes -zusätzliches- Highlight für Jackson war natürlich auch der Umstand, mit Filmlegende & Jahrhundertschauspieler *Robert De Niro* arbeiten zu können, was dazu führte, dass Jackson, laute Eigenaussage (Quelle:

„*Jackie Brown - How It Went Down*") , bei aller schauspielerischer Professionalität, die ein „Abtauchen" in die Rolle von ihm verlangt, bei allen Szenen und vor allem bei jener im „Cockatoo Inn", immer folgenden Gedanken im Hinterkopf hatte: „*Das ist Robert De Niro, ich werde eine Szene mit Robert De Niro drehen!*".

Für die Rolle des „Louis Gara", des Ex-Häftlings (RAY NICOLETTE - zu Jackie Brown bei einem gemeinsamen Essen: „*Der Typ heißt Louis Gara. Hat gerade vier Jahre in Susanville abgesessen.* […] *Banküberfall*") mit dem „*Salvation Army*"- bzw. „Gammler"-Look (LOUIS – in Richtung Ordell & Melanie, nachdem er von Ordell neu eingekleidet wurde und der angebliche „Gammler-Look" der Vergangenheit angehört: „*I didn't look like a bum*"), war kurze Zeit auch Action-Ikone *Sylvester Stallone* im Gespräch gewesen, der sich seinerzeit ebenfalls ein „Travolta-artiges" Comeback herbeisehnte (*Anmerkung*: Stallone hatte, gleichsam im Rahmen eines „Comeback-Versuchs in einem Independent-Film", 1997 ebenfalls mit De Niro vor der Kamera gestanden, nämlich in James Mangold's sehenswertem Polizei-Thriller *Cop Land*).

Tarantino und der *Jackie Brown*-Produzent Lawrence Bender waren sich anfangs nicht sicher, ob Robert De Niro (Filmographie-Highlight in jüngerer Vergangenheit: *Joker* von Todd Phillips mit Joaquin Phoenix aus 2019) die Rolle überhaupt annehmen würde, aber im Nachhinein muss man sagen: De Niro's Leistung in *Jackie Brown* ist eine seiner besten in den gesamten 90er-Jahren (der „Louis Gara"-Erfinder *Elmore Leonard* über De Niro: *„Ich fand es toll, wie De Niro die Rolle spielte"*).

De Niro verkörpert Gara *„sehr subtil und sehr lustig"* (QT) und vom ersten Augenblick an weiß man sozusagen, *wer* dieser ständig „halb zuhörende, halb schlafende" und nach seinem Gefängnisaufenthalt quasi „die Welt neu entdeckende" Partner-in-Crime von Ordell ist.

De Niro's Performance ist auch deswegen so gelungen und besonders bemerkenswert, weil „Louis", der ja, genau genommen, in *Jackie Brown* erst in der Del Amo Mall und bei der Geldübergabe eine richtige „Plot-Funktion" erhält, an sich ein *„inwendiger Charakter"* (Copyright: Tarantino) ist, welcher zwar einige *„funny lines"* im Film hat, aber grundsätzlich durch *Körpersprache* charakterisiert werden muss.

Insofern muss man die Art, wie De Niro die eingeschränkte *„body language"*, den verlangsamten *„thought process"* und das zerstörte *„timing"* von Gara *greifbar* macht, wirklich, auch wenn das in Bezug auf De Niro fast wie eine „Plattitüde" klingt und ich das Wort bereits im

Rahmen der Zusammenfassung des *Jackie Brown*-Plots bemüht habe, als *kongenial* bezeichnen.

Aus einer wahrlich „*legendary & famous*" Filmschau-spieler-Familie stammt *Bridget Fonda* (Vater: *Peter Fonda* – Tante: *Jane Fonda* – Großvater: *Henry Fonda*), die in *Jackie Brown* das Drogen-geneigte und schließlich von Louis Gara (in einer -für Tarantino's Verhältnisse- auffäl-lig „*unexplizit*" geratenen Szene) erschossene „*blonde, California beach bunny*" Melanie Ralston spielt - eine Figur, die im Grunde diejenige in Tarantino's Film ist, die am meisten „der Hauch der Tragik" umweht, denn: Ralston hat einen ganz bestimmten Background, den QT auf den ersten Seiten seines Skripts relativ umfangreich beschreibt (aus den QT-Ausführungen bezüglich „Melanie", die offenbar eine Art „Globetrotterin" war und sich dabei sozusagen stets von Männern hat „aushalten" lassen: „*In her prime (twenty-two) it was Japanese industrialists, film production guys, and Middle Eastern businessmen who kept Melanie. And it was places like the Bahamas, Acapulco, and the Virgin Islands where they kept her. But now, at thirty-three, she lives in an apartment in Hermosa Beach, California, that Ordell pays for and drops in and out of*").

Fonda (Jahrgang 1964), die einst ihren Durchbruch aus Schauspielerin 1992 in dem Psychothriller *Weiblich, ledig, jung sucht...* (Single White Female; Regie: Barbet Schroeder; Co-Star: Jennifer Jason Leigh) feierte und sich 2003, nach ihrer Eheschließung mit dem Filmkomponisten Danny Elfman (z. B.: 1989: *Batman*; 1999: *Sleepy Hollow*; Titelmelodie der TV-Serie *Die Simpsons*), weitgehend von der Schauspielerei zurückgezogen hat, ist eng mit Tarantino befreundet - und dieser riet ihr im Vorfeld von *Jackie Brown*, um gleichsam in die *„pulp fiction of Elmore Leonard"* einzutauchen, dessen Roman *The Switch* von 1978 zu lesen, da dies das *erste* Buch ist, in dem die *„small time crooks*[Gauner, Ganoven]" Ordell Robbie & Louis Gara sowie das *„globetrotting surfer girl"* Melanie Ralston vorkommen (*Anmerkung*: In *Rum Punch* von 1992 kam es dann also zu einer Art „Reunion" des Trios).

Wichtig war QT, laut Eigenaussage (Quelle: *„Jackie Brown – How It Went Down"*), vor allem auch der *Surfer Girl-Look* der sich gleichsam in einem Netz von diversen Abhängigkeiten befindenden „Melanie" (QT-Skript: *„She's dressed in her Melanie-uniform of stringy Levi's cutoffs and a stringy bra top"*; stringy: hier im Sinne von „knapp" verwendet).

Das erste Mal so richtig „augenscheinlich" wird in *Jackie Brown* aber auch Tarantino's mittlerweile berüchtigter *Fußfetischismus*, denn er lässt seinen aus Mexiko stammenden Kameramann *Guillermo Navarro* (Highlights.: *Desperado* & *From Dusk Till Dawn* von Robert Rodriguez; *Pans Labyrinth* von Guillermo del Toro aus 2006) immer wieder auch Bridget Fonda's nackte Füße in einer Großaufnahme zeigen - und tut damit also etwas, was er dann 10 Jahre später in der B- & Exploitation-Film-Hommage *Death Proof – Todsicher* mit dem dortigen Schauspielerinnen-Ensemble rund um Rosario Dawson vielleicht ein wenig „überstrapaziert" hat.

Der vielleicht sympathischste *Batman*-Darsteller aller Zeiten, nämlich *Michael Keaton*, der den Comic-Helden im Fledermauskostüm in den beiden Tim Burton-Filmen *Batman* (1989) & *Batman's Rückkehr* (1992; Batman Returns) verkörperte, spielt in *Jackie Brown* den ATF [„Bureau of **A**lcohol, **T**obacco, **F**irearms and Explosives"]-Agenten „Ray Nicolet/Nicolette" (*Lawrence Bender* über „Michael Keaton playing Ray Nicolette": *„Er nahm die kleine Rolle an und machte sie interessant"*; *Elmore Leonard*, zitiert nach QT in *„Ein Blick auf Jackie Brown"*, über das Casting von Keaton: „*Mein Gott, Michael Keaton ist Nicolette? Fantastisches Casting! Das ist toll!*").

Wie „Ordell, Louis & Melanie", die eben in *The Switch* und in *Rum Punch* vorkommen, ist Nicolette ein „*charac-ter*", den Leonard in mehr als nur in einem seiner Bücher hat auftreten lassen, denn er hat einen „*big part*" in *Rum Punch* und einen „*small part*" in *Out of Sight* (1996). Damit Nicolette auch in der Verfilmung von *Out of Sight* (1998; Regie: Steven Soderbergh; mit George Clooney & Jennifer Lopez) präsent sein konnte, wo er dann -im Endeffekt- auch *tatsächlich* als *FBI-Agent* aufgetaucht ist, hätten *Universal Pictures*, die zu einem völlig anderen Firmen-Konglomerat als *Miramax* gehörten, die Rechte an der Nico-lette-Figur *Miramax Films* abkaufen müssen – allerdings war Tarantino dagegen und verlangte ausdrücklich kein Geld für die Verwendung von Nicolette in der *Out of Sight*-Leinwandadaption.

QT's „grünes Licht" in Bezug auf „Ray Nicolette" er-möglichte ein *filmgeschichtliches Novum*, denn noch nie hatte ein & derselbe Schauspieler für zwei verschiedene Studios ein & dieselbe Figur zweimal gespielt, noch dazu in so kurzer Zeit hintereinander (zwischen den US-Premi-eren von *Jackie Brown* & *Out of Sight* lagen nur rund 6 Monate).

Dabei wollte Keaton (dem 2014, im Alter von 63 Jahren, nach einigen eher „zähen" Jahren im Filmgeschäft, mit der 4-fach Oscar-prämierten „black comedy" *Birdman oder (Die unverhoffte Macht der Ahnungslosigkeit)* von Alejandro González Iñárritu eine Art Comeback gelang, für das auch Keaton selbst mit einer Oscar-Nominierung bedacht wurde) die „Ray Nicolette"-Rolle, also die Rolle jenes „*young plainclothes cop*[s]" (QT-Skript; plainclothes: in Zivil), der sich gewissermaßen einbildet, ein „Vertrauensverhältnis" zu der Stewardess & Geldbotin Jackie Brown zu haben, gar nicht spielen, denn laut Tarantino, dessen „Überredungskünste" also bei Keaton gefragt waren, gab der Schauspieler ihm gegenüber zunächst vor, die Figur und ihre Motivation (MAX zu JACKIE bezüglich RAY NICOLETTE – in der Mall: „*Er ist nur einer von den Jungs, die gern Bulle sind. […] Er interessiert sich mehr für Ordell als für das Geld*") nicht wirklich zu *verstehen* (QT: „*Darum versuchte er mich zu überzeugen, er wäre nicht der Richtige dafür*").

Bang bang, he shot me down

Bang bang, I hit the ground

Bang bang, that awful sound

Bang bang, my baby shot me down

(aus dem Song „*Bang Bang (My Baby Shot Me Down)*"
von *Nancy Sinatra* aus 1966, mit dem die Titelsequenz von *Kill
Bill Vol. 1* unterlegt ist)

Nun, wäre Tarantino's *Pulp Fiction*-Nachfolger *Jackie Brown* ein wenig so wie das *actionreiche*, *spektakuläre* und teilweise natürlich weit *plakativere* zweiteilige Revenge-Movie-Epos *Kill Bill* geworden, dann hätte QT's Elmore Leonard-Verfilmung wahrscheinlich das Dreifache von dem eingespielt, was letztendlich am Box Office lukriert wurde, denn Produktionskosten von circa 12 Millionen US-Dollar stehen bei *Jackie Brown* Einnahmen von über 74 Millionen US-Dollar gegenüber.

Ein Großteil des jüngeren Publikums empfand *Jackie Brown*, der seine US-Premiere am 25. Dezember 1997 feierte, als „*too slow*" und Tarantino spricht in der Interview-Session „*Ein Blick auf Jackie Brown*" davon, dass ihm beispielsweise *jüngere Afroamerikaner* oftmals mitgeteilt hätten, dass ihre *Eltern* den Film gut fänden, sie selbst jedoch vor allem auch mit der Liebesgeschichte zwischen Pam Grier & Robert Forster, die nun mal einer der zentralen Punkte in *Jackie Brown* ist, nicht allzu viel hätten anfangen können.

Gelobt von der *internationalen Kritik* wurde tendenziell die „*akribische Charakterzeichnung*" des Werks, wobei jedoch oftmals betont wurde, dass Tarantino dabei ein wenig „*die Entwicklung der Handlung*" vernachlässigt hätte.

Auf der *500 Greatest Movies of All Time*-Liste des *Empire*-Magazines von 2008 belegte *Jackie Brown* Rang 215 (*Reservoir Dogs* & *Pulp Fiction* landeten in den Top 100 und auf den Rängen 97 bzw. 9).

Kontroversiell wurde abermals die oftmalige Verwendung des „*N-Wortes*" in *Jackie Brown* diskutiert, denn dieses kommt „*throughout the film*" ganze 38 Mal vor, was im Werk von Tarantino bisher nur von den beiden Western *Django Unchained* und *The Hateful Eight* übertroffen wurde, wobei *Django Unchained* mit 110 Verwendungen der problematischen „*racial slur*", der rassistischen Beleidigung, vorerst „uneinholbar" scheint.

Besonders hervorgetan in der „*n-word-controversy*" in Bezug auf *Jackie Brown* hatte sich seinerzeit vor allem

Star-Regisseur *Spike Lee*, unter dessen Regie auch Samuel L. Jackson in New Black Cinema-Meilensteinen wie *Do the Right Thing* (1989), *Mo' Better Blues* (1990) und *Jungle Fever* (1991) agiert hatte.

Lee kritisierte Tarantino für den „*excessive use*" und gab zu, *damit* und auch mit der damit einhergehenden „Attitüde" von QT, sozusagen „der bessere Schwarze" sein zu wollen, ein Problem zu haben (Spike Lee in Richtung Tarantino: „*What does he want to be made – an honorary black man? […] I want Quentin to know that all African-Americans do not think that word is trendy […]*").

In die Bresche für Tarantino, sowohl damals bei dem „*Jackie Brown-n-word-battle*" (so wurde dieser in den 90ern *tatsächlich* bezeichnet) zwischen Spike Lee und Tarantino als auch später bei ähnlichen Diskussionen im Zusammenhang mit *Django Unchained* & The *Hateful Eight*, sprang wiederum Samuel L. Jackson, der meinte, dass es absurd wäre, QT gar einen „*Rassisten*" oder dergleichen zu nennen, da die „*N-Word*"-Verwendung, sei es in *Jackie Brown* oder in den beiden Western, nun mal einem gewissen „*Realismus*" geschuldet wäre (Samuel L. Jackson: „*I grew up in the South. I heard `N*****`all my life*").

EPILOG

Jackie Brown ist so etwas wie mein persönlicher „*2nd-favorite*" Tarantino-Film und hat auf dem „Podium" Gesellschaft von meinem absoluten persönlichen Favoriten *Pulp Fiction*, aber auch von *Reservoir Dogs – Wilde Hunde*.

Der *Jackie Brown*-Soundtrack hingegen ist mein „*QT-Film-Lieblings-Soundtrack*", denn die darauf versammelten Songs, sei es Bobby Womack's „*Across 110th Street*", Bill Withers' „*Who Is He (And What Is He To You?)*" oder Randy Crawford's „*Street Life*", bilden einen wahrlich eleganten musikalischen Background für einen äußerst *eleganten* Film.

Tarantino hat ja in einem Interview gemeint, er wollte in *Jackie Brown* so etwas wie „*große Abhänge-Momente*" schaffen, und das nach dem diesbezüglichen Vorbild von Howard Hawks' Edel-Western *Rio Bravo* (1959).

Nun, ich weiß nicht, ob „Jackie Brown" Pam Grier, „Ordell Robbie" Samuel L. Jackson, „Max Cherry" Robert Forster, „Louis Gara" Robert De Niro und „Melanie Ralston" Bridget Fonda wirklich irgendwas mit „Sheriff John T. Chance" John Wayne, „Dude" Dean Martin, „Colorado Ryan" Ricky Nelson, „Feathers" Angie Dickinson oder

„Stumpy" Walter Brennan zu tun haben, aber Tarantino schafft es auf jeden Fall, *einen* wirklich perfekten „*Western-Moment*" in *Jackie Brown* zu kreieren, indem er seinem -von Soul-Musik dominierten- Soundtrack einen Song von Country-Musik-Ikone & Musik-Legende *Johnny Cash* hinzugefügt hat, den sich Ordell Robbie im Auto anhört, als er vor Jackie Brown's Apartment wartet, um Brown zu töten.

Had some trouble with my sweetheart's Pa
One of her brothers was a bad outlaw
I wrote a letter to my uncle Spud
And I rode away on the Tennessee stud
The Tennessee stud was long and lean
The color of the sun and his eyes where green
He had the nerve and he had the blood
There never was a horse like Tennessee stud

(aus „*Tennessee Stud*" von *Johnny Cash*)

Kill Bill: Vol. 1 (2003)

(ca. 111 Min.;

dt. Verleihtitel: *Kill Bill – Volume 1*)

„Begeben Sie sich in den Kampf, blonde Kriegerin"

(aus: *Kill Bill – Volume 1*; „Schwertschmied Hattori Hanzo" zu „The Bride" Uma Thurman, nachdem er ihr sein exklusiv für sie geschmiedetes *Katana* übergeben hat; im Film wird der Satz von dem Hattori Hanzo-Darsteller Sonny Chiba auf *Japanisch* gesprochen – Tarantino verwendet bei der englischen Version im Skript die Bezeichnung „*yellow haired warrior*")

Bang bang, I shot you down
Bang bang, you hit the ground
Bang bang, that awful sound
Bang bang, I used to shoot you down

(aus dem *Nancy Sinatra*-Song „*Bang Bang (My Baby Shot Me Down)*"; QT schwebte in seinem *Kill Bill*-Skript für die Titelsequenz-Untermalung „*a female-sung ballad of heartbreaking lament*[Klage]" vor)

*„Für die sogenannten Krieger: Sind sie in einen Kampf
verwickelt, geht es den Kriegern allein um den Sieg über den
Feind. [...] Diese Weisheit ruht im Herzen des Kämpfers"*

&

*„Diejenigen, die das Glück haben, noch am Leben zu sein:
Nehmt es mit! Allerdings: Die Gliedmaßen, die ihr verloren
habt, bleiben hier. Die gehören jetzt mir!"*

(aus: *Kill Bill - Volume 1*; *Zitat 1:* Weisheit von Schwert-
meister & Schwertschmied „Hattori Hanzo", die aus dem Off
gesprochen wird, nachdem „The Bride" Uma Thurman mit
„Vernita Green aka *Copperhead*" Vivica A. Fox abgerechnet
hat und zurück zu ihrem Auto geht – englische Fassung der im
Film auf *Japanisch* gesprochenen Passage laut QT-Skript:
*„When engaged in combat, the vanquishing of thine enemy can
be the warrior's only concern...This is the first and cardinal
rule of combat."*; *Zitat 2:* „The Bride" Uma Thurman im Rahmen des *„Showdown at House of Blue Leaves"* zu den zahlreichen verletzten Yakuza, die gerade Bekanntschaft mit ihrem
„Hattori Hanzo-Schwert" gemacht haben – englische QT-
Skript-Fassung der im Film ebenfalls auf *Japanisch* gesprochenen Passage: *„Those of you lucky enough to still have your lives. Take them with you. But leave the limbs you've lost. They
belong to me now."*)

THE BRIDE

Mit 11 bekam sie ihre Rache. Mit 20 gehörte sie zu den weiblichen Top-Killern der Welt. Mit 25 war sie beteiligt an dem Mord an 9 unschuldigen Menschen, einschließlich meiner ungeborenen Tochter, in einer kleinen Hochzeitskapelle in El Paso, Texas. Aber an diesem Tag vor 4 Jahren unterlief ihr ein gewaltiger Fehler: Sie hätte 10 umbringen sollen.

(aus: *Kill Bill – Volume 1*; „The Bride" Uma Thurman erzählt, als Stimme aus dem Off, während der *animierten* „O-Ren Ishii's Story"-*Sequenz* aus dem Leben ihrer nunmehrigen Feindin O-Ren)

1994 gab Quentin Tarantino in der *Charlie Rose*-Show im US-TV eine Art *Theorie* zum Besten, mit der er dem Fernsehjournalisten Rose klarmachen wollte, was aus seiner Sicht der entscheidende Faktor war, durch den sich bei zahlreichen großen Regisseuren im Laufe ihrer Karriere eine Art „Schaffenskrise" abgezeichnet oder eingestellt hatte.

Der *Kern* dieser Theorie war, dass diese großen Regisseure irgendwann einen Film gedreht hätten, der „*sehr persönlich*" und somit gleichsam Ausdruck diverser „*persönlicher Obsessionen*" war, der aber vom Publikum dann nicht in der Weise angenommen wurde wie eigentlich erhofft. Die Reaktion der meisten Regisseure sei daraufhin gewesen, dass sie in der Folge begonnen hätten, *„auf Nummer sicher"* zu gehen oder überhaupt nur mehr *„Star-Vehikel"* zu drehen.

Nun, Tarantino ist in den beiden *Kill Bill*-Filmen, die ja in Wahrheit nur *ein* Film sind (und wahrscheinlich nicht weniger Ausdruck „persönlicher Obsessionen" wie der formidable *Jackie Brown* von 97), sicherlich *weit* von einer „Formkrise" entfernt und das *Kill Bill*-Epos gehört wahrlich zu den „Hauptwerken" von QT, nur wirkt *Kill Bill, „The 4th Film by* QUENTIN TARANTINO" (Skript), dennoch wie eine spektakuläre & brachiale „Antwort" auf die, vor allem im Vergleich zu *Pulp Fiction*, doch eher zurückhaltenden Reaktionen des Publikums bezüglich *Jackie Brown* (genauso wie *Inglourious Basterds* dann wie eine „Antwort" auf den von den Fans weniger enthusiastisch aufgenommenen *Death Proof – Todsicher* aus 2007 wirkt).

QT hat mit *Kill Bill*, dessen „*Volume 1*" ja 2003 und nach ganzen 6 Jahren „Leinwandabstinenz" als Regisseur erschienen ist, also gleichsam die „Erwartungen" an ihn erfüllt und ein Werk abgeliefert, das „*Tarantino-esk*" ist - und ganz sicher nicht von irgendjemanden *ernsthaft* als

„*too slow*" oder als „*Film für die eigenen Eltern*" eingestuft wird.

Der Plot von *Kill Bill – Volume 1*:

Der Film beginnt in Schwarz/Weiß [laut Skript: „*high contrast B/W*"] und mit einer Großaufnahme von „The Bride", die offenbar gerade Opfer brutaler Gewalt geworden ist und auf dem Boden liegt [QT-Skript: „*The woman on the floor has just taken a severe spaghetti-western-style gang beating. Her face is bloody, beaten up, and torn*"; severe: stark; torn: zerrissen].

Mit einem Taschentuch, auf dem der Name „Bill" steht, beginnt der besagte Bill der Frau das Blut aus dem Gesicht zu wischen [„*But what can't be wiped away, is the white hot hate that shines in both eyes at the man who stands over her, the „*BILL*" of the title*"; QT-Skript]. Nachdem „Bill", im Zusammenhang mit der gesamten Situation sowie auch mit dem, was nun offenbar folgen wird, von einem „masochistischen Akt" gesprochen hat [BILL: „*Ich geh davon aus, dass du dir darüber im Klaren bist, na ja, dass mein Handeln nichts Sadistisches hat. […] Nein, in diesem Augenblick bin ich im höchsten Maße masochistisch*"], und „The Bride" ihm mitgeteilt hat, dass sie *schwanger* ist und ein

Kind *von ihm* erwartet [Skript: *„Bill, I'm pregnant. It's your baby"*], schießt er der Frau in den Kopf [*„After saying the „y" in „baby", we hear a* BANG *and The Bride receives a bullet in the side of her head"*; QT-Skript].

Nach der „TITLE SEQUENCE" [Skript] und einer „Kapitel-Überschrift" [*„Chapter one „2""*- gemäß Skript] fährt „The Bride", nun sozusagen Teil eines „Farbfilms", mit ihrem Wagen, einem Pickup-Truck mit der Aufschrift „*Pussy Wagon*", vor ein *„three-bedroom house in the* […] *suburb of Pasadena, California"* [Skript] und klingelt dort anschließend an der Haustür. Ein *„attractive black* HOUSE-WIFE" [QT-Skript] öffnet diese und scheint „The Bride" auf Anhieb zu erkennen.

Ein „FLASHBACK – SPAGHETTI WESTERN STYLE" [Skript] zeigt eine *Erinnerung* der „Bride" [Anmerkung im QT-Skript bezüglich der im Film mehrfach vorkommen-den „Flashbacks": *„(That means our Heroine is remem-bering something, and we see it with an orange filter.)"*], aus der hervorgeht, dass die nunmehrige „Hausfrau" offen-bar an dem Massaker in der Hochzeitskapelle, dem „Die Braut" zum Opfer gefallen ist, beteiligt war [Skript: *„We're back inside the wedding chapel. The bride is taking the beating of her life by four people in black suits. A black* *woman* PUNCHES HER *in the face...*WE *see it's the black housewife, five years earlier*"].

Das „VENGEANCE THEME" [diesbezügliche Skript-Erläuterung: „*(Whenever we hear this theme throughout the picture, we quickly learn what accompanies*[begleiten] *it is The Bride goin Krakatoa all over whoever's ass going to be in front of her at that moment.)*"; „The Bride goin Krakatoa": im Sinne von: „The Bride bricht in ihrem Zorn aus wie der Vulkan *Krakatoa/Krakatau* in Indonesien"] ertönt – und als diese „Musik der Rache & Vergeltung" zu Ende ist, attackiert „The Bride" das „Black Housewife".

Ein intensiver Kampf zwischen den beiden entsteht [Ausschnitte aus den Skript-Beschreibungen: „*These two wildcats go at each other savagely*[brutal, schonungslos] *[…]*" / „*The Housewife* HEADBUTTS *The Bride in the nose*"], der irgendwann darin gipfelt, dass „Housewife & Bride" mit Messern [*Anm.*: Das „Housewife" hat, laut Skript, ein „HUGE MOTHERFUCKIN BUTCHER KNIFE" und „The Bride" ein Messer „*known as a* SOG" – QT-Erklärung im Drehbuch: „*(A* SOG *is a long, double-edged knife that's as sharp as a razor, and is what Navy Seals use to kill humans with.)*"] aufeinander losgehen wollen.

Dann steht plötzlich die 4-jährige Tochter des „Housewife", nämlich Nikki [„Nikkia `Nikki` Bell" wird von *Ambrosia Kelley* gespielt], im Raum [NIKKI – im Original: „*Mommy, I'm home!*"] und die beiden Gegnerinnen machen unverzüglich eine „Pause" [„*The black woman and the white woman hide their edged weapons behind their backs*[…]"; Skript].

Das „Housewife" schiebt die Schuld für das Chaos im Haus auf den Hund „Barney" [NIKKI: „*Barney war das?*"] und stellt „Die Braut" sogar ihrer Tochter vor [THE HOUSE-WIFE: „*Das ist eine alte Freundin von Mummy, die ich lange nicht mehr gesehen habe*"]. „The Bride" stellt sich ihrerseits ebenfalls vor [THE BRIDE: „*Hello sweety, I'm* *(Bleep)*[…]" – zu dem „*(Bleep)*", also dem „Aus-Piepen" des *Namens* der Hauptfigur, schickt QT in seinem Skript eine Erläuterung hinterher: „* *Whenever during the picture somebody says The Bride's real name, it will be* BLEEPED OUT ON THE SOUNDTRACK,… *that is, till I want you to know.* *"] – dann schickt das „Housewife" ihre -misstrauisch bleibende- Tochter auf ihr Zimmer.

Das „Housewife" lädt ihre Gegnerin schließlich auf einen Kaffee [THE HOUSEWIFE – im Original: „*Want some coffee?*"] ein und die Unterhaltung geht in der Küche weiter – wo man durch ein „VOICEOVER ON THE SOUND-TRACK" [Skript] von „The Bride" mehr über den Hintergrund der nunmehrigen „Hausfrau" erfährt [THE BRIDE (V. O.): *„This Pasadena homemaker's name is Jeanne Bell. Her husband is Dr. Lawrence Bell. But back […] five years ago, her name was* VERNITA GREEN. *Her code name, was* „COBRA".….*Mine was* BLACK MAMBA" – gemäß QT-Skript; *Anm.:* Im *Film* lautet Vernita Green's „Code-Name" dann „COPPERHEAD", also „*Kupferkopf*", was die Bezeichnung für eine nordamerikanische *Vipern*-Art ist; die *Dauer des Komas* der BRAUT hat Tarantino im Film auf *vier Jahre* reduziert – im Drehbuch war zunächst ursprünglich eben von „*five years*" die Rede].

Nachdem Vernita Green eine Art „Pseudo-Entschuldigung" angebracht hat [VERNITA: *„Ist wohl ein bisschen spät für 'ne Entschuldigung, was?"*] und „The Bride" ihr auch versichert hat, sie *zumindest* nicht in Gegenwart ihrer Tochter Nikki zu töten, will „The Bride" aber die „angestrengte Konversation" beenden [THE BRIDE – gemäß Skript: „-- *Bitch, you can stop right there*" – anschließende Erläuterung im QT-Skript: „*The B-word stops Vernita short, almost like a cold-handed slap in the face* (*it should affect the audience that way as well*)"].

Green wird klar, dass sie aus der Sache nicht rauskommt [„*Vernita knows no matter what else is said, blood will spill*"; Skript] und tut dann noch so, als würde sie dem Wunsch der „Bride" nach so etwas wie „Genugtuung" entsprechen wollen, indem sie ihr einen Kampf auf einem Baseballfeld vorschlägt, der in der kommenden Nacht stattfinden soll. „The Bride" willigt ein, doch Vernita Green feuert plötzlich mit einer Waffe auf sie, die in einer „*cereal box*" [Skript] versteckt ist, mit der sie gerade in der Küche hantiert. Der Schuss verfehlt sein Ziel, genauso wie auch ein zweiter, den Green dann abfeuert, nachdem sie die Waffe aus der Müslischachtel gezogen hat. Schließlich tötet „The Bride" Vernita Green -durch einen gezielten Wurf- mit ihrem Messer. Dann, als „Die Braut" das Messer aus Green wieder entfernt hat, steht wiederum Nikki, Green's Tochter, im Raum [„*And she sees the blonde lady standing over her mother, bloody knife still in her hand*"; Skript].

„The Bride" gibt Nikki dann eine Art „*apology, statement, and invitation*" [QT-Skript] mit den folgenden Worten: „*War nicht meine Absicht, dass du das sehen solltest. Dafür entschuldige ich mich. Aber ich geb' dir mein Wort drauf, deine Mutter hat es verdient. Wenn du erwachsen bist und du das immer noch nicht verdaut hast, ich warte auf dich"*.

Als „The Bride" wieder zurück in ihrem Wagen ist, streicht sie, bevor sie dann mit diesem davonfährt, in einem Notizbuch auf einer Seite, die die Überschrift „*Death List Five*" trägt, den zweiten Namen & Codenamen (*Vernita Green*/„*Copperhead*"), der dort aufgeschrieben ist, durch – die Nummer 1 auf der Liste, *O-Ren Ishii* aka „*Cotton-mouth*", ist bereits durchgestrichen.

Eine „TITLE CARD" kündigt „*Chapter Two The blood-splattered* BRIDE" an [*Anmerkung*: In seinem „*Kill Bill*"-*Ur-Skript*, das die Grundlage für *sämtliche* von mir in den beiden *Kill Bill*-Kapiteln verwendeten „Zitate aus dem (QT-)Skript" bildet, hatte Tarantino das „Kapitel zwei" noch mit „*The Comatose Bride*" betitelt].

„4 years, 6 months earlier in EL PASO – TEXAS" [*Ein-blendung*]: Der Texas-Ranger Earl McGraw untersucht in Begleitung seines Sohnes Edgar, der ebenfalls Texas Ran-ger ist, das „Wedding Chapel Massacre" [Auswahl diver-ser Aussagen von EARL McGRAW, die dabei fallen: *„Also dann, raus mit den blutrünstigen Einzelheiten, Sohn Nr. 1"* / „*Da hatte jemand was gegen die Verbindung und wollte nicht für immer schweigen*" / „*Das ist das Werk eines Höl-lenhundes*"].

Als er sich über die unbekannte Braut beugt [EDGAR McGRAW: *„Aufgrund ihres Kleides nennen wir sie alle nur `Die Braut`"*], spuckt ihm die eben nur vermeintlich Tote plötzlich, was nichts weiter als ein *Reflex* ist, ins Gesicht [McGRAW – daraufhin, im Original & zu seinem Sohn: *„This tall drink of cocksucker ain't dead"* – quasi abgeleitet von *„tall drink of water"*, einem alten US-*Slang*-Ausdruck für „optisch ansprechende Person"].

Das *El Paso General Hospital*: Dort liegt „The Bride" nach dem Massaker im Koma – es ist Nacht und es regnet stark [*„The rain pisses down in buckets in front of the hospital"*; Skript].

Eine Frau, die einen roten Schirm bei sich trägt, bewegt sich, dabei eine Melodie pfeifend, durch den Gang des Krankenhauses [QT-Skript: *„The figure […] with the red umbrella (who we can guess is female) starts walking towards the hospital"*; *Anmerkung*: Äußerst populär ist die an dieser Stelle verwendete *„gepfiffene Melodie"* geworden, mit der „Elle Driver" Daryl Hannah ihren „Walk" durch den Krankenhaus-Gang begleitet - Tarantino benutzt hier Bernard Herrmann's „Twisted Nerve", eine Art unheimlichen *„whistling tune"*, entnommen aus dem gleichnamigen „*psychological thriller film*" (Regie: Roy Boulting; dt. Verleihtitel: „*Teufelskreis Y*") von 1968 – „*Twisted Nerve*" kehrt dann sogar 2007 als *Klingelton* von „Abernathy Ross" Rosario Dawson in *Death Proof – Todsicher* wieder].

WE GO TO SPLIT SCREEN [Skript] – in der linken Bildhälfte sieht man „The Bride" [„CU[Close-up] *The Bride in her coma*"; Skript], in der rechten Bildhälfte „*the woman in the raincoat*" [Skript], die in der Folge in einem „Ladies Room" verschwindet, wo sie sich als Krankenschwester verkleidet und eine Spritze mit einer roten Flüssigkeit füllt [*Anmerkung*: Eigentlich hatte QT, wie aus seinem Drehbuch hervorgeht, hier ursprünglich auch einen „*written text*" im Bild geplant, der sich auf die *rote Flüssigkeit* bezogen und wie folgt gelautet hätte: „*A lethal cocktail of Bill's own concoction*[Zubereitung]. *He calls it, 'Goodbye forever '*"].

Schließlich macht sich Elle Driver [Beschreibung des Aussehens von „Elle Driver" im QT-Skript, nachdem diese umgezogen aus dem besagten „Ladies Room" kommt: „*The door marked „ladies" is opened, and a beautiful 6-foot blonde in a white nurse's uniform, with a matching white eye patch*[Augenklappe] *over her left eye, steps out*[…]"; *Anm.*: In den beiden Filmen trägt Daryl Hannah dann ihre Augenklappen, nämlich die schwarze „Standard-Augenklappe" & die weiße „Krankenschwester-Augenklappe mit rotem Kreuz drauf", über dem *rechten* Auge] mit der Spritze auf einem Tablett auf den Weg zum Krankenzimmer der „Braut".

„END OF SPLIT SCREEN" [Skript] - Bevor Driver das Zimmer betritt, erfährt man durch eine *Einblendung*, mit wem „Die Braut" es hier zu tun bekommt: „ELLE DRIVER member DEADLY VIPER ASSASSINATION SQUAD codename: CALIFORNIA MOUNTAIN SNAKE" [*Anm.*: In der deutschen Synchro wird die „*Deadly Viper Assassination Squad*" als „*Attentatskommando Tödliche Viper*" bezeichnet].

Driver bekundet dann der „komatösen Braut" so etwas wie ihren „Respekt" [ELLE – im Original: „*I might never of liked you. […] But that doesn't suggest that I don't respect you*"], bevor sie im Endeffekt die Spritze mit dem „*Goodbye forever*" anwenden will [ELLE: „*Schlafend zu sterben ist ein Luxus, der uns nur sehr selten gewährt wird*"]. Plötzlich aber klingelt Driver's Handy und am anderen Ende der Leitung ist: *BILL*.

Bill (sein Gesicht sieht man nicht, sondern mehr oder weniger nur die rechte Hand, mit der er ein *Hattori Hanzo-*

Schwert, das im dazugehörigen Schaft steckt, hält) erkundigt sich nach dem Zustand der „Braut" [BILL: *„Wie ist ihr Zustand?"* / ELLE: *„Komatös"*], bevor er der *-reichlich empörten-* Elle Driver mitteilt, dass sie die „Mission" sofort abbrechen soll [BILL: *„Elle, du wirst die Mission sofort abbrechen, wir schulden ihr mehr als das"* / ELLE: *„Ach, du schuldest ihr einen Scheißdreck!!!"* / […] BILL: *„Wir schleichen uns nicht nachts in ihr Zimmer wie eine miese dreckige Ratte und töten sie im Schlaf. […] Es ist unter unserem Niveau"*]. Eine gewisse „Unterwürfigkeit" gegenüber Bill weicht bei Elle dem „inneren Widerstand gegen die Anordnung" und sie bricht die Mission tatsächlich ab, verabschiedet sich aber von der „komatösen Braut" mit folgenden Worten: *„Ein kleiner Ratschlag, Scheißkuh, wach ja nie wieder auf!"*.

„Four Years Later." [*Einblendung*] – In „*The Comatose Bride's Hospital Room*" [QT-Skript] landet ein Moskito auf der „Braut" und verpasst ihr einen Stich [„[…] *its stinger dug in her flesh, visibly drawing blood from its host*"; Skript]. „The Bride" erwacht in der Folge aus dem Koma und ein „Flashback" bringt sie umgehend zurück in die „Hochzeitskapelle" und sie erinnert sich an den Augenblick, in dem Bill die Waffe auf sie abfeuert – sie schreit

auf [QT-Skript: „*She lets out a* SCREAM OF PAIN *and her hand goes to the side of her head, as if she were just shot*"].

Nachdem sie die Metallplatte, die nach dem Kopfschuss nun mal in ihrem Kopf ist, durch „Klopfen" mit der Hand „hörbar" gemacht hat, kommt der Moment, in dem sie realisiert, dass ihr *Baby* wohl tot ist [THE BRIDE: „*Mein Baby!*" – dazugehörige Anweisungen im Skript: „*Her hand goes down to her belly, unly to find it not swollen but flat*"]. Sie checkt anschließend ihre Lebenslinien auf der Handfläche und merkt, dass anscheinend *vier ganze Jahre* vergangen sind, seitdem sie und die Hochzeitsgesellschaft von Bill & dem „*Attentatskommando Tödliche Viper*" attackiert wurden [Die Reaktion von „The Bride" laut Skript: „*The Bride's two eyes fill with tears as she realizes her baby is long gone*"].

„Die Braut" bekommt schließlich „Besuch": Der Krankenpfleger Buck [gespielt von *Michael Bowen*, dem „Detective Mark Dargus" aus *Jackie Brown*] betritt mit einem Trucker [gespielt von *Jonathan Loughran*; *Anmerkung*: Loughran verkörpert dann 2007 in *Death Proof – Todsicher* die Figur des Mechanikers & Dodge Challenger-Besitzers „Jasper", was einige QT-Fans zu der „Hypothese" bewogen hat, dass es sich bei dem „Trucker" in *Kill Bill - Volume 1* ebenfalls um „Jasper" handelt, was aber dann hieße, da „Jasper" von „Der Braut" getötet wird, dass *Death Proof – Todsicher* zeitlich vor *Kill Bill* angesiedelt sein muss] das Krankenzimmer. Während „The Bride" wieder so tut, als wäre sie noch im Koma, geht aus der Unterhaltung zwischen Buck & dem Trucker hervor, dass Buck die komatöse „Braut" offenbar an diverse Männer „verkauft", die sie dann sexuell missbrauchen dürfen [BUCK zu dem TRUCKER: „*Keine Knutschflecke, keine Bisse. Um es deutlich zu sagen: Keine Spuren irgendwelcher Art*"]. Buck verlässt schließlich den Raum und als der Trucker dann beginnen will, „Die Braut" sexuell zu missbrauchen, beißt sie ihm die *Unterlippe* ab.

Nach einer *Abblende/Aufblende* sieht man den Trucker, blutüberströmt & tot, auf dem Boden des Krankenzimmers liegen. „The Bride" will das Bett verlassen, landet aber, nach all den Jahren im Koma, bei dem Versuch ebenfalls auf dem Fußboden [QT-Skript: „*The Bride is flat on the floor. Her legs and feet don't work*"]. Sie robbt über den Fußboden, schnappt sich ein Messer, das der Trucker bei sich hatte, und wartet auf Buck, der irgendwann das Zimmer betritt, um sich bei dem Trucker zu „erkundigen". Dann schneidet sie Buck mit dem Messer die Achilles-Sehnen durch [„*[…] The Bride reaches out and* SLASHES *both of his Achilles tendons*"; Skript]. Anschließend schleift sie

Buck, der natürlich zu Boden gegangen ist, zur Eingangstür und beginnt mit dieser, seinen Kopf zu „bearbeiten"
[QT-Skript: „*The* BRIDE [...] *drags the stunned fucker
across the floor, placing his melon head between the door
and the door frame. Then taking the door in her right hand.*
SLAM! SLAM! SLAM!"]. Dann fragt sie ihn nach *Bill* [THE
BRIDE: „*Wo ist Bill?!*"] und Buck beteuert, diesen nicht zu
kennen.

Als die „Braut" dann das „**BUCK**"-Namensschild des
Krankenpflegers liest und die Tätowierung „**FUCK**" auf
seinen Fingern, tauchen *Erinnerungsbilder* auf, wie Buck
vor ihrem Krankenbett steht und zu ihr sagt: „*Ich komme
aus Huntsville, Texas. Mein Name ist Buck und ich bin hier
für'n Fuck*".

„Die Braut" wiederholt die Worte nochmal gegenüber
Buck [THE BRIDE – im Original: „*Your name's Buck, right?
And you came to fuck, right?*"], bevor sie die Sache zu Ende
bringt und den Krankenpfleger mithilfe der Tür ins Jenseits
befördert [QT-Skript: „*...and with the door in her hand
and one mighty slam, this* [...] *Texas boy is sent to the Pro-
mised Land*"]. Schließlich schnappt „The Bride" sich die
Autoschlüssel zu Buck's Pickup-Truck, die sich auf einem
Schlüsselbund mit der Aufschrift „PUSSY WAGON" [THE

BRIDE: „`*Pussy Wagon*`...*Wichser!*“] befinden [*Anm.*: Dieses „*Pussy Wagon*“ ist, laut QT-Skript, „*in a pimpy font*“, also in so einer Art „Zuhälter-Schriftart“ gehalten].

In der Folge sieht man „The Bride“ in Buck's Krankenpfleger-Klamotten und mit einem Rollstuhl aus einem Fahrstuhl kommen – sie fährt mit dem Rollstuhl dann durch die Tiefgarage und findet Buck's Truck [dazugehörige Skript-Passage: „*What made the Bride stop. The ass end of a big, yellow 4x4 hard-body pickup truck, with flames painted along the side, and the words „PUSSY WAGON“ written along the flat-bed hatch door*[„Tieflader-Ladeluke”]. *Pimpy font*“].

Der „Braut“ gelingt es anschließend, sich mühsam aus dem Rollstuhl zu erheben und sich auf den RücksitzBereich des Pickup-Trucks zu schleppen [QT-Skript – bezüglich des *Problems*, vor dem „The Bride“ nun trotzdem steht: „[…] *until she regains full use of her legs and feet, this little Bride ain't goin anywhere or doin anything*“].

Nun beginnt „The Bride“ eine Art „*Zehen-Meditation*“ [Skript: „[…] *the Bride focusses her eyes, her stare, her thoughts, her strength, and all her concentration....on her big toe*“; *Anm.*: Wie bereits im Kapitel über *Jackie Brown* erwähnt - QT ist *einer der größten Fußfetischisten der*

Filmgeschichte und lässt von Star-Kameramann & Ka-
mera-Genie *Robert Richardson* an der Stelle auch immer
wieder Uma Thurman's nackte Füße in *Großaufnahme* zei-
gen] und als sie sich zunehmend in diese durch das mehr-
malige Wiederholen des Satzes „*Wackle mit dem großen
Zeh!*" vertieft, kommt wiederum ein „*Erinnerungsbild*"
hoch, das das „*Attentatskommando Tödliche Viper*" (von
links nach rechts: *Elle Driver, Vernita Green, Budd, O-Ren
Ishii*) in der Hochzeitskapelle beim „Wedding Chapel Massacre" zeigt - der „Mastermind" hinter dem Massaker, o-
der: „*the dick responsible*" [Skript], nämlich *Bill*, ist jedoch
nicht zu sehen [*Anmerkung*: Das „Erinnerungsbild" ist tatsächlich nur ein *Foto* der vier Personen - ursprünglich hatte
QT in seinem Skript hier eine Art „Kurzfilm" im Stile einer
„*60's television show about an* ALL-GIRL HIT SQUAD, *complete with its own* LALO SHIFRIN THEME MUSIC" geplant;
Lalo Shifrin: Einer der *ganz großen* Komponisten von
Filmmusik und bekannt vor allem durch das „*Theme from
`Mission: Impossible`*" oder die Musik zu den *Dirty Harry*-
Filmen].

Während „The Bride" also mit ihrer „*Wiggle your big
toe*" [Skript]-Meditation beschäftigt ist, erfährt man im
„*Chapter Three The Origin of O-Ren*" [„Die Herkunft von

O-Ren"] im Rahmen einer *Anime-Sequenz* mehr über „O-Ren Ishii's Backstory" [*Anmerkung*: Diese „*Blood & Gore*"-reiche sowie mitreißend-suggestive *Anime-Sequenz* über das „*Deadly Viper Assassination Squad*"-Mitglied *O-Ren Ishii* gehört, zusammen mit dem „*Showdown im Haus der blauen Blätter*", zu den *absoluten Höhepunkten* von *Kill Bill – Volume 1*; die „*Japanese-animated introduction scene*" wurde -für das von QT mit der Umsetzung beauftragte japanische Anime-Produktionsstudio „*Production I.G*"- von *Kazuto Nakazawa* inszeniert, einem japanischen Animator, Regisseur & „Character-Designer"; dass Tarantino sich für eine vollständig animierte Sequenz entschieden hat, hatte auch handfeste *budgetäre Gründe*, da die -schwierige- „*live-action*"-Umsetzung der entsprechenden Szenen eine ganze Menge an „*budget & work*" bedeutet hätte] – diese Hintergrundgeschichte wird durch diverse „Voiceovers" der „Braut" begleitet. Das *Einstiegs-Voiceover* von „The Bride" bezüglich O-Ren: „*O-Ren Ishii wurde auf einer amerikanischen Militärbasis in Tokyo geboren. Die halb japanisch- und halb chinesisch-amerikanische Armee-Göre machte ihre erste Bekanntschaft mit dem Tod, als sie 9 war. Damals wurde sie Zeugin des Mordes an ihren Eltern auf Befehl von Japan's rücksichtslosestem Yakuza-Boss, Boss Matsumoto*".

276

Schließlich sieht man den Mord an O-Ren's Familie: „*Little O-Ren*" [Skript] beobachtet alles, während sie unbemerkt unter einem Bett liegt. Boss Matsumoto sitzt - amüsiert- in einem Stuhl, während O-Ren's Vater in einem Kampf mit drei Yakuza-Killern zu Tode kommt [Ausschnitt aus dem QT-Skript, denn Tarantino's Anweisungen für die ursprünglich geplante „Live-Action" decken sich z. T. durchaus mit dem in der Animation präsentierten Geschehen: „...*her* FATHER (*dressed in the uniform of a sergeant for the American Army*) *fighting* THREE YAKUZA GANGSTERS. *He kills one with bare hands. The other two slice him to death with samurai swords...*"].

Als O-Ren in das Gesicht ihres Vaters blickt, der auf dem Boden vor dem Bett, unter dem sie sich versteckt, gleichsam in seinen letzten Momenten zum Liegen gekommen ist, verlässt ein „*WHIMPER*" [in der deutschen Synchro ein leises „SCHLUCHZ" – dieses „*Whimper*" ist aber auch als *animierter „written text*" im Bild sichtbar] ihren Mund.

In der Folge wirft Boss Matsumoto persönlich O-Ren's Mutter auf das Bett und tötet auch diese mit einem Schwert [O-REN – unterm Bett, leise: „*Mami*"]. Danach verlässt der bösartig grinsende Matsumoto den Raum und der Yakuza, der O-Ren's Vater letztendlich getötet hat, setzt das Zimmer in Brand.

„Little O-Ren" steht dann vor dem brennenden Haus und „The Bride" setzt ihr „Voiceover" fort: *„Sie schwor Rache und zu ihrem Glück war Boss Matsumoto pädophil. […] Mit 11 bekam sie ihre Rache"* [Originalfassung gemäß Tarantino-Skript: *„She swore revenge...luckily for her, Boss Matsumoto was a pedophile. […] At* [eleven] *she got her revenge"*; *Anm.*: Im Ur-Skript heißt es noch „At *thirteen"*].

Die 11-jährige O-Ren tötet Matsumoto in einem Bett mit einem Samurai-Schwert [Beschreibungen im QT-Skript, bei denen das Samurai-Schwert noch ein *„großes Messer"* war: „O-REN ON TOP OF BOSS MATSUMOTO PLUNGING A HUGE KNIFE INTO HIS CHEST. A STREAM OF RED BLOOD SHOOTS UP OUT OF HIM *like a geyser*[„Springquelle"]. *Boss is naked, O-Ren wears a Japanese schoolgirl uniform"*] und gibt ihm gleichsam, bevor sie das Katana aus dem Körper von Boss Matsumoto zieht, noch die folgenden -auf JAPANISCH gesprochenen- Worte ins Jenseits mit: *„Sieh mich an, Matsumoto. Präg dir mein Gesicht gut ein. Sieh mir in die Augen. Sieh auf meinen Mund. Komm ich dir bekannt vor? Seh ich jemanden ähn-*

lich, den du ermordet hast? [Text der *deutschen Unterti-*
tel]. Anschließend erschießt, nachdem diese in das Zimmer
gestürmt sind, O-Ren noch „TWO OF BOSS'S MAN"
[Skript].

„*By twenty, she was one of the tip top of female assassins in the world*" [Voiceover THE BRIDE – gemäß QT-
Skript]: Die 20-jährige O-Ren steht nun auf dem Dach eines hohen Gebäudes und ist dabei, ein Attentat zu verüben.
Durch das Fadenkreuz des Gewehrs sieht man eine Wagen-
kolonne, bestehend aus „*government vehicle*[s]" [Skript],
die eine Straße entlangfahren. Das Ziel von O-Ren ist offenbar ein „*Central American General*" [Skript], der auf
den Rücksitzen seiner Staatslimousine von zwei Frauen
flankiert wird, die die Schleifen der „*Miss Panama*" und
der „*Miss Venezuela*" tragen [„[…] *he has both hands on
each of their bare knees. He's laughing* […]"; QT-Skript].
O-Ren feuert und „THE TOP OF HIS HEAD *is* BLOWN
OFF" [Skript].

Die „O-Ren Ishii's Backstory"-Sequenz endet damit,
dass man auch noch eine *animierte Version* des „Wedding
Chapel Massacre" präsentiert bekommt, bei dem die nun
25-jährige O-Ren und die anderen „*Tödlichen Vipern*" die
„Braut" brutal zusammenschlagen.

Der Film kehrt mit den Worten „*Wie auch immer, bevor ich meine Genugtuung bekommen sollte, das Wichtigste zuerst*" [Voiceover DIE BRAUT] zurück zur -realen- „Bride" Uma Thurman, deren „Zehen-Meditation" in Buck's Truck erste Erfolge zeigt, denn: Sie kann den rechten großen Zeh wieder bewegen [THE BRIDE: „*Und jetzt werden wir noch die anderen zum Wackeln bringen*"].

„*Thirteen hours later*" [*Einblendung*] – „Die Braut" steigt aus dem Pickup aus, kann also wieder gehen, steigt bei der Fahrerseite ein und fährt mit dem „Pussy Wagon" davon.

Sie kauft in der Folge ein Flugticket nach Okinawa [THE BRIDE – am Flughafen-Schalter: „*Okinawa, einfacher Flug*"], was das „*Kapitel vier*", betitelt mit „*The Man from Okinawa*", einleitet.

In einer „*tiny sushi bar*" in Okinawa [„*The little fish and sake bar is the definition of the word cozy*"; QT-Skript] wird die „Braut" dann von dem „SUSHI CHEF" [Skript] begrüßt, dem sie sich als „amerikanische Touristin" vorstellt [QT-Skript: „*She doesn't come across as one of the world's deadliest assassins […]*"].

„The Bride" und der „Sushi Chef" sprechen zunächst über die „Japanisch-Kenntnisse" der „Touristin" [Auszüge – Text gemäß Skript: THE BRIDE: „*Domo*" / SUSHI CHEF:

„*Oh, `Domo`, very good -- very good, you speak Japanese?*"; Doumo: Danke // THE BRIDE: „*Kon-nichi-wa*[…].*"; Konnichiwa: „Hallo"; „guten Tag" / SUSHI CHEF: „*Most impressive…You say Japanese words, like you Japanese*"] – der „Sushi Chef" hat nebenbei allerdings auch mit einem renitenten Angestellten [QT-Skript: „*A little* BALD JAPANESE MAN *with a shitty attitude*"; bald: glatzköpfig; Hattori Hanzo's Angestellter „Shiro" wird von *Kenji Ohba* gespielt] zu kämpfen, der sich halb weigert, den einzigen Gast zu bedienen, und jede Bestellung „hinterfragt" [SUSHI CHEF – nachdem sein Angestellter nicht den „*warmen Sake*" bringen will, den die „Touristin" bestellt hat, weil ihm die *Tageszeit* als nicht „passend" erscheint: „*Tags, abends, nachmittags, scheißegal! Hol den Sake!!*"].

Schließlich fragt der „Sushi Chef" nach dem Grund ihres Aufenthaltes in Okinawa und „The Bride" teilt ihm mit, dass sie jemanden besuchen will. Als der „Sushi Chef" sie dann fragt „*Wer ist er, darf ich fragen?*", meint die „Braut" nur: „*Hattori Hanzo*".

Der „Sushi Chef" hört auf, Sushi zu schneiden [„*There's a break in the Sushi Chef's slicing*"; QT-Skript] und die beiden unterhalten sich zunächst auf Japanisch weiter, denn auch „Die Braut" spricht *in Wahrheit* fließend

Japanisch [HATTORI HANZO: „*Was wollen Sie von Hattori Hanzo?*" / THE BRIDE: „*Ich brauche ein Samurai-Schwert*" / HATTORI HANZO: „*Wozu brauchen Sie ein Samurai-Schwert?*" / THE BRIDE: „*Ich muss eine Ratte beseitigen*"; Text gemäß den *deutschen Untertiteln*]. Nachdem „The Bride" nun ihren Wunsch nach „*Japanese steel*" [Skript] geäußert hat, führen Hanzo & „The Bride" ihre Konversation in der Sprache der „Braut" weiter und der Schwertschmied Hanzo möchte etwas über die Hintergründe erfahren [HATTORI HANZO: „*Sie haben bestimmt große Ratten, wenn Sie wollen Hattori Hanzo's Schwert*" / THE BRIDE: „*Riesige*"].

Ortswechsel: „*Hattori Hanzo's Attic*" [Skript]. Hattori Hanzo, der seine „Sushi Chef-Rolle für Gäste & Touristen" hinter sich gelassen hat, und „The Bride" betreten einen Dachboden, der gefüllt ist mit zahlreichen Samurai-Schwertern [QT-Skript: „*The room has many handcrafted samurai swords in hand-carved wooden sheaths*[Hüllen] *resting on wooden racks*[Gestelle] *[…]*"].

„The Bride", die von der Schwert-Sammlung sichtlich angetan ist, erhält von Hanzo die Erlaubnis & Empfehlung, sich ein ganz bestimmtes Schwert zu nehmen [HATTORI HANZO – im Original: „*…try the second one down in the sixth row on your left*"]. Dann, nach den Worten „*Seltsam,*

Sie mögen Samurai-Schwerter...und ich mag Baseball", wirft der Schwertschmied plötzlich einen Baseball in Richtung „Braut", den diese mit dem Schwert in zwei Hälften teilt [*„The two perfectly cut baseball pieces, hit the floor"*; Skript].

Hattori Hanzo erinnert die Besucherin an die Tatsache, dass er seinem Handwerk nicht mehr nachgeht [HATTORI HANZO: *„Die Schwerter, die Sie hier sehen, bewahre ich nur wegen ihres ästhetischen und sentimentalen Wertes auf. So stolz ich auf mein Lebenswerk bin, ich habe mich zur Ruhe gesetzt"*] und dass seine *„instruments of death"* [HANZO; QT-Skript] nicht zu verkaufen sind.

Nachdem die „Braut" ihm mitgeteilt hat, dass sie kein Schwert kaufen, sondern von ihm sozusagen eines *geschenkt* haben möchte [THE BRIDE – im Original: *„I didn't say, sell me. I said, give me"*], fragt Hanzo, dem das reichlich absurd vorkommt, nach dem Grund, *warum* er ihr helfen sollte, woraufhin „Die Braut" dem Schwertschmied zu verstehen gibt, *wer* ihre „Ratte" ist [THE BRIDE: *„Ganz einfach. Weil meine Ratte ein ehemaliger Schüler von Ihnen ist. Und was diesen Schüler angeht, würde ich sagen, Sie haben eine Verpflichtung mir gegenüber"*].

Hanzo hält kurz inne – dann geht er zu einem staubigen Fenster und schreibt mit dem Finger einen Namen drauf: *BILL.*

Anschließend, bevor er den Dachboden verlässt, bietet Hanzo der „Braut" diesen als Schlafstätte an und nennt ihr einen Zeitrahmen für die Konstruktion des Schwerts [HATTORI HANZO: *„Ich brauche einen Monat, ein Schwert zu machen. Sie sollten die Zeit nützen, um zu trainieren"*]. Als Hanzo verschwunden ist, wischt „Die Braut" Bill's Namen von dem Fenster.

„ONE MONTH LATER" [*Einblendung*] – Hattori Hanzo händigt der „Bride", die er auch als *„yellow haired warrior"* [HANZO – im Film auf Japanisch gesprochen; Text gemäß Skript] bezeichnet, in einer Art *Zeremonie* das von ihm angefertigte Schwert aus [im QT-Skript auch als *„beautiful, artful instrument of vengeance"* bezeichnet] – neben Hanzo und der „Braut" befindet sich auch noch Hanzo's „Angestellter" Shiro im Raum. Hanzo scheint *stolz* auf seine Arbeit zu sein [HATTORI HANZO – auf Japanisch: *„Ich kann voller Stolz sagen, das ist mein bestes Schwert"*].

Als „The Bride" dann *„The* HANZO SWORD" [Skript] in Händen hält, sagt sie: *„Domo"*.

„*Chapter Five Showdown at House of Blue Leaves*" [*Einblendung*] – „Die Braut" erläutert in diversen *Voiceovers* die Umstände, wie O-Ren Ishii den Machtkampf innerhalb der Yakuza-Clans in Tokyo für sich entscheiden konnte [im QT-Skript spricht „The Bride" an der Stelle von einem durch *Bill* unterstützten „*Shakespearian-in-magnitude power struggle with the other Yakuza clans, over who would rule vice in the city of Tokyo*"/dt. Synchro des BRIDE-Voiceovers: „*Es war ein Jahr nach dem Massaker in El Paso, Texas, als Bill seine Nippon-Ableger finanziell und philosophisch bei seinem höchst Shakespeare'schen Machtkampf mit anderen Yakuza-Clans um die Herrschaft über das Laster in Tokyo unterstützte. Als das letzte Schwert in die Scheide gesteckt wurde, war es O-Ren Ishii und ihr mächtiges Aufgebot, die „Verrückten 88", die sich als Sieger präsentierten*"].

Dann stellt „The Bride", ebenfalls durch *Voiceovers*, die wichtigsten Handlanger & Mitarbeiter von O-Ren vor: *Sofie Fatale* (halb Japanerin, halb Französin; O-Ren's Anwältin, beste Freundin und „2. Offizier"; THE BRIDE - im Original-Voiceover, zu Fatale's *Outfit*: „*The pretty lady who's dressed like she's a villain on Star Trek*[…]"), die erst 17-jährige *Gogo Yubari* (O-Ren's persönlicher Bodyguard; THE BRIDE – Voiceover bezüglich Yubari: „*Gogo mag vielleicht jung sein. Aber was ihr an Alter fehlt, macht sie mit ihrem Wahnsinn wett*"; Gogo trägt eine „*Japanese schoolgirl*[ ] *uniform*[ ] *complete with* [a] *plate skirt*[ ] *and* [a] *matching blazer*[ ]" – Skript; pleated skirt: Faltenrock) und *Johnny Mo* (trägt eine *Kato*-Maske & einen schwarzen Anzug; oberster General von O-Ren's Privat-Armee, den „*Crazy 88*"/„*Verrückten 88*" [*Anm.*: *Kato*-Maske: Maske des „*Master-Martial Artists*" „Kato", der in den 1930er-Jahren von dem US-Amerikaner Fran Striker kreiert wurde, und zwar als Assistent des ebenfalls maskierten „*crime fighting*"-Superhelden „*Green Hornet*"; populär wurde die Figur mit der *schwarzen* Maske über dem Augen-/Nasen-Bereich auch durch *Bruce Lee*, der „Kato" in der TV-Serie *The Green Hornet* von 1966-1967 verkörperte; QT-Skript-Beschreibung von O-Ren's Privat-Armee: „*The bunch of mop-topped*[so eine Art „*Beatles*-artiger Bob-Hairstyle für Männer"] *young men, who all wear black suits, white shirts, thin black ties and Kato masks over their eyes, are her soldiers, `The Crazy 88*`"]).

In der Folge wird man, in einem „*Japanese Night Club*" [Skript], Zeuge jener Sitzung der Yakuza-Clan-Bosse, in der O-Ren Ishii zum „*Boss aller Bosse*" von Tokyo's Unterwelt bestellt wird – die Stimmung wird nur von einer einzigen Person getrübt, nämlich von *Boss Tanaka* [verkörpert von *Jun Kunimura* - bekannt auch aus *Black Rain* von Ridley Scott von 1989 oder Takashi Miike's Kult-Schocker *Audition* von 1999; QT-Skript: „*O-Ren has just become the official leader of crime in the city of Tokyo. The six Yakuza clan bosses [...] toast their new leader, with much laughter and drinking...all except one...BOSS TANAKA*"], der offenbar etwas gegen O-Ren's „japanisch-chinesisch-amerikanische" Herkunft hat [THE BRIDE – Voiceover, gemäß Skript: „*The subject of O-Ren's blood and nationality came up before the council only once. The night O-Ren assumed power over the crime council*"].

Tanaka spricht im Zusammenhang mit O-Ren's Bestellung sogar von einer „*Abartigkeit*" [laut QT-Skript: „*perversion*" – allerdings sagt „Boss Tanaka" im Film alles auf *Japanisch*], was die anderen Clan-Bosse empört und O-Ren zu einer Nachfrage geradezu herausfordert [O-REN – auf Japanisch: „*Tanaka-San, von welcher `Abartigkeit´ sprichst du?*"].

Als Boss Tanaka deutlicher wird und meint „[...] *eine chinesisch-japanische Ami-Schlampe wurde zum Boss gemacht*" [Text gemäß den *deutschen Untertiteln*], springt O-Ren auf, läuft über den riesigen Tisch, an dem alle sitzen, hin zu Tanaka und köpft ihn mit ihrem Schwert [dazugehörige Skript-Passage: „*Faster than you can say Jimminy Cricket,...O-Ren's samurai sword is unsheathed...Boss Tanaka's head is liberated from its body...*[…] *And from the spot between its shoulder blades, a geyser of blood shoots up in the air*"; „Jiminy Cricket!": umgangssprachlich für: „Jesus!" oder „Menschenskind!"].

Anschließend wechselt O-Ren, um, wie sie meint, die „*Ernsthaftigkeit*" der Angelegenheit zu untermauern, auf die *englische Sprache*, wobei Sofie Fatale als Übersetzerin ins Japanische agiert. O-Ren sagt zu den verbliebenen Clan-Chefs dann Folgendes: „*Als eure Vorsitzende, möchte ich euch ermutigen, von Zeit zu Zeit, auf respektvolle Weise, meine Gedanken zu hinterfragen.* […] *Kein Thema wird jemals Tabu sein. Abgesehen von dem Thema natürlich, das gerade zur Sprache kam*".

Schließlich hebt sie noch den Kopf von Boss Tanaka auf, der auf dem Tisch liegt [„*She takes it by the hair and holds it up as she speaks*"; QT-Skript], und macht den anderen Bossen noch einmal klar, was sie für ein „Schicksal" erwartet, wenn sie ihr „*Chinese or* […] *American heritage*" [Skript; heritage: Erbe, Erbgut] ansprechen [O-REN – gemäß Skript & laut diesem auch in einem „*completely American*" Tonfall: „[…] *I collect your fuckin head.* […] *Just like this fucker here. Now if any of you sonsabitches got anything else to say, now's the fuckin time"*].

„Ein Ticket nach Tokyo, bitte" [THE BRIDE – am Flughafen-Schalter] – Die „Braut" macht sich auf den Weg nach Tokyo und in einer Art *Montage* sieht man in der Folge einerseits die „Braut", die in dem Flieger Richtung Tokyo sitzt [*sehr amüsanter Aspekt*: Das *Hanzo-Schwert* hat sie *auch* im Flugzeug dabei und es lehnt am Fenster - nachher spaziert sie dann in einer Szene auch in Tokyo „ganz normal" damit herum], und andererseits O-Ren Ishii, die gerade mit einer Limousine, die flankiert ist von „Bodyguards auf Motorrädern, die ihre Samurai-Schwerter -für jeden sichtbar- als `Motorradgepäck` mitführen", durch die Straßen der Stadt kutschiert wird.

Nachdem die „Bride" in Tokyo angekommen ist, verfolgt sie Sofie Fatale, die in ihrem Auto unterwegs ist, mit einem Motorrad [*Anmerkung*: „THE BRIDE" ist hier schon in ihrem gelb-schwarzen *Bruce Lee*-„Gedächtnisanzug" gekleidet, der als *Hommage* an Lee's berühmten *gelbschwarzen Trainingsanzug* gedacht ist, den die Kampfkunst-Ikone in ihrem letzten & unvollendet gebliebenen Film *Game of Death*/dt. Verleihtitel: „*Mein letzter Kampf*", veröffentlicht 1978, getragen hat; QT-Skript - bezüglich des *Kampf-Outfits* der „Braut": „[…] *a one-piece yellow* *track suit with a black stripe going down both sides, like the one Bruce Lee wears in `Game of Death`"*].

Bei einer Ampel kommen Fatale und „Die Braut" mit ihren Vehikeln nebeneinander zum Stehen – an der Stelle wird, wiederum durch ein kurzes „*Flashback*", klar, dass *auch* Sofie Fatale beim „Wedding Chapel Massacre" zugegen war und dort, während „The Bride" von den „*Tödlichen Vipern*" verprügelt wurde, eine Art „Geschäfts-Telefonat" geführt hat [SOFIE FATALE – im Rahmen des „Flashbacks", als sie ans Telefon geht: „*Moshi moshi*"; moshi moshi: japanisches „Hallo", das speziell bei *Telefongesprächen* verwendet wird]. Genau so eine Art von Telefonat führt Fatale, wie die „Braut" eben durch ihren gelben Motorradhelm hindurch beobachtet, nun offenbar gerade wieder in ihrem Auto. „Die Braut" tritt aufs Gas und rast mit ihrem Motorrad über die Kreuzung hinweg davon.

„THE HOUSE OF BLUE LEAVES – JAPANESE RESTAURANT" [Skript]: O-Ren, Gogo Yubari, Sofie Fatale sowie einige Bodyguards aus den Reihen der „*Verrückten 88*" marschieren durch das Restaurant [„*The entire O-Ren Ishii crew moves through the restaurant*" – *Anmerkung*: Aus seiner vergleichsweise „unspektakulären" Skript-Anweisung hat QT, mit der Hilfe von Musik & Kamera, im Film dann ein weiteres Highlight von *Kill Bill – Volume 1* krciert, denn der „Walk" von O-Ren & Co durch das Restaurant gehört mit *zu den suggestivsten & kraftvollsten Momenten des gesamten Films* – als Musikuntermalung verwendete Tarantino das geniale Instrumentalstück „*Battle Without Honor or Humanity*" des japanischen Rock-Musikers *Tomoyasu Hotei*, das schon im Jahr 2000 zum Soundtrack des japanischen Yakuza-Films *New Battles Without Honor and Humanity* (Regie: Junji Sakamoto) gehörte; QT in der *Kill Bill – Volume 1*-Making Of-Doku „*Die Ästhetik der Rache*": „*Die passende Musik mit dem richtigen Bild zu kombinieren, ist eine der spannendsten Sachen beim Filmemachen. […] Gut gemacht, bleibt es unvergesslich*"].

Die Restaurant-Crew, rund um die Restaurant-Besitzerin & den kahlköpfigen Kellner „Charlie Brown" [gespielt von *Yuki Kazamatsuri* & *Sakichi Sato*; „Charlie Brown" trägt einen Kimono, der farblich dem T-Shirt des *Peanuts*-Characters *Charlie Brown* ähnelt], begrüßt die genauso unangenehmen wie mächtigen Gäste unterwürfig [QT-Skript: „*The restaurant staff acts as if the Shogun himself has just showed up on their doorstep demanding a meal. No doubt if the meal is not satisfactory the staff will gladly slice off a finger*"] und die ganze Gruppe geht dann eine Treppe hinauf zu einer „*Private Dining Area*" [Skript] – im Zentrum des Restaurants unterhält gerade eine Frauen-Band, die

„*5.6.7.8's*", die Restaurant-Gäste mit ihrer Musik [Die „Hintergrundgeschichte" zum Auftritt der japanischen Rock-Band *The 5.6.7.8's*, deren Song „*Woo Hoo*" auch auf dem Soundtrack von *Kill Bill – Volume 1* verewigt ist: QT war in der Vorproduktionsphase von *Kill Bill* beim Shoppen in Tokyo zufällig mit der Musik des Rock-Trios in Berührung gekommen – da er zum Flughafen musste und keine Zeit mehr hatte, in ein Plattengeschäft zu gehen, so wie ihm das von der Verkäuferin, die er nach dem Namen der Interpreten gefragt hatte, angeraten wurde, wollte er die CD, die gerade lief, quasi der Boutique abkaufen, was der Manager dann auch erlaubte; QT über *The 5.6.7.8's*: „*Drei coole Mädchen spielen Surf-Musik auf Japanisch*"].

Auch „Die Braut" befindet sich bereits im Restaurant „*and observes all the activity by O-Ren's private dining room*" [Skript]. Die Truppe um O-Ren Ishii feiert und hat eine Menge Spaß im Esszimmer, während die „Braut" dann vor der „*paper wall*" [Skript] zu dem besagten Zimmer auftaucht - O-Ren scheint den ungebetenen Gast förmlich zu *spüren* und schleudert einen Pfeil durch die Papierwand [dazugehörige Passage im Drehbuch: „SUDDENLY *O-Ren hears something. Like a deer*[Wild] *in the forest, her head springs up on alert.* […] *O-Ren removes a* SMALL DAGGER-DART *from the folds*[Falten] *of her robe and* THROWS IT *in the direction of the sound*“; dagger dart: Dolchpfeil], der die „Braut“ nur knapp verfehlt.

Gogo springt sofort auf, schiebt die Papiertür zur Seite und überblickt, mit einem gezogenen Tantō [jap. Bezeichnung für „*kurzes Schwert*“], das Restaurant – was sie *nicht* sieht, ist „The Bride“ [„*All trace of the Bride has vanished*“; Skript], die sich vor ihr versteckt, indem sie sich an den Holzelementen der Decke über dem Eingang zum Esszimmer mit der Kraft ihrer Hände & Füße festhält. Nachdem niemand zu entdecken ist, geht Gogo zurück in das Esszimmer.

Kurz darauf geht „The Bride“ dann auf die Damentoilette und versteckt sich in einer Kabine. Wenig später wird die Toilette auch von Sofie Fatale aufgesucht, die dort zufällig einen Anruf erhält. Der Umstand, dass Fatale, wie also beim „Wedding Chapel Massacre“, *telefoniert*, verändert den Gesichtsausdruck der „Braut“, die Fatale beobachtet, und das „VENGEANCE THEME“ erklingt.

Während im Esszimmer die Restaurant-Besitzerin und speziell der Kellner „Charlie Brown“ von O-Ren’s Bodyguards geärgert & veralbert werden, ertönt plötzlich die Stimme von „THE BRIDE“ - sie ruft, und das auf JAPANISCH: „*O-Ren Ishii!! Wir beide haben noch eine Rechnung offen!!*“

Ihre Leibwache sowie O-Ren selbst verlassen das Ess-zimmer und sehen Sofie Fatale mit einem „*terrified look on her face*“ [Skript] in der Mitte des Restaurants stehen. Bevor irgendwer etwas sagen kann, taucht die „Braut“ hin-ter Sofie auf [„*The Bride steps out from behind Sofie*“; Skript]. O-Ren Ishii steht die *Überraschung* ins Gesicht ge-schrieben und sie sagt den *Namen* der „Braut“, für die Zu-seher unverständlich, „*softly to herself*“ [QT-Skript; auf das „Auspiepen“ des Namens hat Tarantino, obwohl an der Stelle eigentlich im Skript vorgesehen, im fertigen Film dann verzichtet].

Das „VENGEANCE THEME“ ertönt und „The Bride“ sieht O-Ren in einem *Flashback* beim „Wedding Chapel Massacre“ – dann schlägt sie Sofie Fatale mit dem Hanzo-Schwert den linken Arm ab [„*She raises her Hanzo sword, and Slices off Sofie's Arm at the Shoulder with one stroke.* SOFIE *Spewing and Gushing* [spewing: spucken; gushing: sprudeln] *Blood from her stump, twists her body in agony, painting the floor* [...] *with giant Splashes of Red* [...]“ - Skript; *Anmerkung*: Die Aktion bildet den Auftakt zu *zwei der größten Momente des Actionkinos überhaupt*, nämlich zu den Kämpfen „*The Bride vs. The Crazy 88*“ & „*The Bride vs. O-Ren Ishii*“; die Kämpfe nehmen im QT-Skript, was bis zu diesem Zeitpunkt für die „Dialog-dominierten“

Drehbücher von Tarantino völlig ungewöhnlich war, über 10 Seiten an -relativ- detaillierten *Beschreibungen* ein; für die wahrlich grandiose „*martial arts- & fight-choreography*", mit der man dann im fertigen Film konfrontiert wird, war die Hong Kong-Kino-Legende *Yuen Woo-Ping* (haupt-)verantwortlich, eine der wichtigsten Personen des Hong Kong-Kinos überhaupt; *Yuen Woo-Ping* hat, als „*martial arts choreographer*" & Regisseur, nicht nur *Jackie Chan* Ende der 70er mit Kung Fu-Komödien wie *Die Schlange im Schatten des Adlers & Sie nannten ihn Knochenbrecher* (beide erschienen 1978) zu einem Star gemacht, sondern zeigte auch noch für eine Reihe anderer Hong Kong-Meisterwerke verantwortlich, so wie etwa für *Iron Monkey* mit *Donnie Yen* von 1993, ein Film, der, dank Tarantino, 2001 „*a wide release in the United States by Miramax Films*" erhielt und im Rahmen dieses Releases dann 14 Millionen Dollar einspielte, was für einen „*foreign language film*" in den USA beachtlich ist und einem „Box Office-Hit" gleichkommt].

Die Restaurant-Gäste stürmen entsetzt hinaus und O-Ren schickt den Kellner „Charlie Brown" nach Hause [O-REN – auf Japanisch: „`Charlie Brown`, *verschwinde!*"] – „[…] *the entire restaurant known as `The House of Blue Leaves` is deserted of every human not engaged in the* […]

combat" [QT-Skript; *Anm.*: Die „Restaurant-Besitzerin" ist, wie man später bemerkt, die einzige „nicht-involvierte" Person, die noch geblieben ist – dieses „Bleiben" war im Ur-Skript *nicht* vorgesehen, jedoch „braucht" QT die Restaurant-Besitzerin während des „Bride vs. Crazy 88"-Fights später noch für eine ganz bestimmte Aktion].

Sechs von O-Ren's Bodyguards [O-REN – auf Japanisch: *„Tötet die Schlampe!"*] attackieren nacheinander die „Braut", bleiben aber gegenüber dieser & dem Hanzo-Schwert chancenlos und sterben umgehend einen *„samurai blade-inflicted death"* [QT-Skript; Ausschnitt aus der Skript-Beschreibung des „Endes" von O-Ren's Bodyguard „Miki": *„The Bride Thrusts*[thrust: stoßen] *her sword through Miki's abdomen, then Lifts the […] guy off the ground straight up in the air"*].

Nachdem „The Bride" zu O-Ren gemeint hat *„Na, O-Ren. Noch mehr Untergebene, die ich töten soll?"*, bekommt sie es schließlich mit *Gogo Yubari* zu tun [auf *Japanisch* geführter Dialog: THE BRIDE: *„Gogo, stimmts?"* / GOGO: *„Stimmt. Und du bist `Black Mamba`"*] – Gogo verwendet aber statt eines Schwerts einen so genannten *„Meteorhammer"* [mittelalterliche chinesische *Schlagwaffe*; QT-Skript: *„Gogo steps forward and removes her weapon, it's not a samurai sword. It's a heavy metal ball at the end* *of a long chain. She begins* TWIRLING[herumwirbeln] *it above her head. Each rotation makes a* WHOOSH *sound in the air"*].

Mit dem Meteorhammer gelingt es Gogo, der „Braut" das Hanzo-Schwert zu entreißen [„*...the Hanzo sword* FLIES *out of her grip*"; Skript], woraufhin Gogo im Vorteil ist und im Kampf kurz die Oberhand gewinnt [„WHOOSH…WHOOSH…WHOOSH…*she* LETS FLY. *It Strikes the Bride in the chest, knocking her on her back...*"; Skript].

Die nun „*weaponless Bride*" [Skript] gewinnt die Kontrolle über den Kampf, der dann zwischenzeitlich auch auf diversen Restaurant-Tischen geführt wird [„*As they fight they hop from table to table*" – Skript; Tarantino hat hier sowie auch wenig später, als „The Bride" es noch mit weit mehr Bodyguards zu tun bekommt, sogenannte „*Wuxia*"-Elemente in seinen Film eingebaut – *Wuxia*: chinesisches Film-Genre, in dem die „Martial Artists" de facto über *übernatürliche Kräfte* verfügen und beispielsweise an Wänden „hochlaufen" oder auch „fliegen" können], allmählich wieder zurück, und Gogo lässt, als Konsequenz daraus, an ihrem Meteorhammer einige kreissägeähnliche Stahlblätter zum Vorschein kommen, die diesen noch tödlicher machen. Kurz darauf hat die „Braut" dann die Stahlkette des Meteorhammers um ihren Hals [Skript: „*The chain digs into the Bride's throat*"] und ist im Begriff, stranguliert zu werden.

Letztendlich unterliegt Gogo Yubari aber der „Braut", da „The Bride" Gogo mit einem abgetrennten Tischbein tötet, aus dem einige „*nasty looking nails*" [Skript] ragen – „The Bride" jagt das Tischbein mit den Nägeln zuerst in Gogo's Fuß und dann in ihren Kopf [eine „Gogo's Ende" betreffende Skript-Passage: „*The Bride brings the table leg down on the toe of the young girl's white tennis shoe. The nails stick in, the white shoe becomes stained*[befleckt] *with red*"].

„Die Braut" hebt das Hanzo-Schwert wieder auf. O-Ren zieht ein Tantō aus dem Schaft, als *Motorengeräusche* ertönen [„*We hear a* LOUD SOUND *of many* ENGINES *behind the Bride*"; Skript].

Die „Braut" spricht O-Ren auf die „neue Situation" an [THE BRIDE: „*Ist es das, was ich denke?*" / O-REN: „*Du hast doch nicht gedacht, dass es so leicht sein würde, oder?*" / THE BRIDE: „*Weißt du, für eine Sekunde...Ja, da dachte ich es*" / O-REN: „*Was sagt der Igel zum Hasen?* – O-REN & THE BRIDE – vollenden das Ganze gemeinsam: „...*Ich bin schon da*"; *Anm.*: Im Skript bekommt man von QT auch den Grund für die gemeinsam gesprochene „*phrase*" (Originalfassung – laut Skript: „*Silly rabbit Trix Are for kids*") genannt: „*This is something they used to say back when they fought alongside of each other as `Vipers`*" – *Erklärung*: Während man sich in der deutschen Synchro für eine „*Gebrüder Grimm-Hommage*" entschieden und einen berühmten Satz aus dem Grimm'schen Märchen „*Der Hase und der Igel*" verwendet hat, stellt QT's Originalfassung nicht nur den Bezug zu einem alten 70er-Jahre US-*Trix*-Cerealien-Commercial her, in dem ein Cartoon-Hase ständig von ein paar Kindern davon abgehalten wurde, Cornflakes zu essen, sondern auch zu dem eigentlichen *Vornamen* der „Braut", nämlich „*Beatrix*"], bevor dann *Johnny Mo* heranstürmt, gefolgt von einer ganzen Reihe von „*Crazy 88*"-Söldnern [QT-Skript – bezüglich der Situation, die dadurch entsteht: „*The Boys and The Bride have a Spaghetti Western Stand-off*"].

Das ist der Punkt, an dem die „Bride" sich nun *endgültig* in eine „Killer-Maschine" verwandelt [„*The* BRIDE EXPLODING INTO A VIOLENT KILLING MACHINE ON SCREEN. […] *She's a Goddess of War Venus*"; Skript] und im Rahmen eines furiosen Kampfes mit den zahlreichen „Jüngern" von O-Ren aufräumt [Auszüge aus den Skript-Anweisungen: „*Many members of The Crazy 88 are Sliced,*

Slashed, and liberated from the limbs they were born with at the Bride's blade" / „*The Bride* [...] *Drops to the floor on her back,* [...] *Spinning like a break dancer* [...]. *She Swings and Slashes and Cuts down below at their legs and feet, like some hellish samurai sword-wielding turtle*[„Samurai-Schwert-schwingende Schildkröte"] *flipped over on its shell*"] – kurz nachdem der Kampf begonnen hat, wechselt die *Farbe* des Films in *Schwarz & Weiß* [QT's diesbezügliche Erläuterung im Skript: „*This explosion of furious violence is punctuated* CINEMATICALLY BY THE COLOR IN THE FILM POPPING OFF, *and the fight being filmed in* HIGH CONTRAST BLACK AND WHITE, *turning the squirting, spewing geysers of* BLOOD FROM CRIMSON RED TO OIL BLACK"].

In der Mitte des Fights, den die „Braut" wahrlich dominiert, scheint O-Ren Ishii zu „schwanen", dass das Ganze auf einen *Frau gegen Frau*-Schwertkampf zwischen ihr & der „Braut" hinausläuft, und sie verlässt den Innenbereich des Restaurants – „The Bride" beobachtet, während sie mit der Abwehr diverser „Crazy 88s" beschäftigt ist, wie O-Ren durch die „*paper wall*" des Esszimmers verschwindet und diese hinter sich zuschiebt.

„The Bride" läuft, quasi um O-Ren zu folgen & nicht davonkommen zu lassen, das *Geländer* [*Anmerkung*: Angeblich wollte Tarantino von der Stuntfrau & dem Uma Thurman-Stuntdouble *Zoe Bell*, bevor diese den Stunt ausgeführt hat und das Treppengeländer hinaufgelaufen ist, unbedingt wissen, *warum* „Die Braut" an der Stelle das Geländer nach oben läuft – *der Hintergrund*: QT wollte nicht Dinge hören wie „*Weil's so im Drehbuch steht*" oder dergleichen, sondern Bell, damit diese in der Szene den richtigen „Drive" hat, den entscheidenden *Antrieb* der „Braut" klarmachen, nämlich eben jenen, dass diese unbedingt zu O-Ren will & O-Ren Ishii nicht davonkommen lassen will] hinauf auf die Ebene, wo auch der „*Private Dining Room*" ist. Der Film wird wieder zu einem *Farbfilm* und „Die Braut" kämpf dann gegen die letzten noch „intakten" Crazy 88-Söldner in einem größeren Raum des Restaurants – inzwischen wurde das *Licht* kurzzeitig von der noch immer in ihrem „*Haus der blauen Blätter*" herumirrenden *Restaurant-Besitzerin* abgedreht, sodass der Eindruck erweckt wird, dass „*Black Silhouettes against* [a] *blue backdrop*" [QT-Skript] kämpfen [*Anm.*: QT spricht an der Stelle im Skript dezidiert davon, dass „The Bride" & Co hier von der Kamera in einer *Totalen* wie auf einer Art „KABUKI

STAGE" eingefangen werden sollen, also wie auf einer traditionellen Bühne des japanischen Gesang & Pantomime & Tanz-Theaters *Kabuki*; der *Kabuki*-Effekt im Film ist *atemberaubend*, vor allem deshalb, weil, nachdem das Licht abgedreht wurde, die weiße Papierwand, vor der gekämpft wird, in „*Psychedelic Bright Blue*" (Skript) erscheint].

Am Ende des „Kabuki-Fights" geht das Licht wieder an und „Die Braut" lässt bei einem kleingewachsenen „Crazy 88", der „übriggeblieben" ist, sozusagen Gnade walten, versohlt ihm mit ihrem Hanzo-Schwert den Hintern und schickt ihn nach Hause [THE BRIDE: „*Geh zu deiner Mami!*"].

Dann kehrt der „Crazy 88-General" Johnny Mo zurück [„*Johnny Mo*" (der Name ist eine Hommage an den bedeutenden Hong Kong-Regisseur *Johnnie To*, bekannt für Hong Kong-Klassiker wie *Fulltime Killer*, *Breaking News* oder *Election*, erschienen 2001, 2003 & 2005) wird von *Gordon Liu* dargestellt, der dann auch -lustigerweise- in *Kill Bill – Volume 2* als Kung Fu-Meister & The Bride-Kung Fu-Lehrer „*Pai Mei*" zu sehen ist!; den „Crazy 88"-General hatte QT in seinem Ur-Skript noch „*Mr. Barrel*" getauft], den „The Bride" zuvor im Kampfgetümmel einmal mit der Hilfe einer Stange ausgeknockt hat. Sie und

Mo liefern sich schließlich einen Fight auf dem Treppengeländer vor O-Ren's Esszimmer – er endet damit, dass ein tödlich verletzter Johnny Mo hinunter in eines der Wasserbecken fällt.

„Die Braut" hat die „Crazy 88" vollständig besiegt - und sie überblickt von dem besagten Treppengeländer aus ihr „Werk" [Beschreibung im QT-Skript: „*The* BRIDE *Splashed all over with blood. Blood painting the floor, walls and ceiling. Dead bodies, several limbs, and horribly wounded men who have yet to die, litter*[übersäen] *the ground*"; – *auch* die Restaurant-Besitzerin läuft hysterisch zwischen den toten & den wenigen noch lebenden „Verrückten 88" herum].

Dann gibt sie ihren auf Japanisch gesprochenen „*Diejenigen, die das Glück haben, noch am Leben zu sein…*"-Sager [siehe Anfangsteil des *Kill Bill – Volume 1*-Kapitels] von sich und schickt dann eine „Ergänzung & Einschränkung" hinterher, indem sie in Richtung Fatale meint: „*Du allerdings nicht, Sofie! Du bleibst genau da, wo du bist!*".

Nun wartet nur mehr *O-Ren* auf sie und „The Bride" öffnet wenig später eine „*white paper wall*" [Skript], die hinaus zu einem „SNOW-COVERED JAPANESE GARDEN" [Skript] führt.

In dem Garten [Beschreibung des *betont artifiziellen* „japanischen Gartens" im QT-Skript: „A WHITE WINTER WONDERLAND, *set against a Jet Black sky.* […] *Snow falls from the sky (Slightly artificial, not phony*[unecht] – *but Operatic*[opernhaft]*/Theatrical)*"] wird „Die Braut" bereits von der „*Queen of the Tokyo Underworld*" [Skript] erwartet.

Nachdem O-Ren die „Braut" auf ihr bemerkenswertes Schwert angesprochen hat [O-REN: „*Deine Klinge ist be-eindruckend. Wo wurde sie gefertigt?*" / THE BRIDE: „*O-kinawa*" / O-REN: „*Wer in Okinawa hat dir dieses Schwert gemacht?*" / THE BRIDE: „*Das ist ein Hattori Hanzo-Schwert*" / O-REN: „*Du lügst!*" – der *Großteil* der Dialoge zwischen den beiden wird bei diesem „*final battle*" auf *Japanisch* gesprochen] und die Herkunft schließlich geklärt ist, und das nicht zuletzt dadurch, weil die „Braut" O-Ren das „*Hanzo-Zeichen*" (eine Art *Löwenkopf*) auf der Klinge zeigt, meint O-Ren nur: „*Schwerter werden allerdings niemals müde. Ich hoffe nur, du hast deine Kräfte geschont. Denn falls nicht, wirst du keine fünf Minuten mehr überstehen. Doch dein letzter Blick auf die Welt hätte schlimmer sein können*".

Der Kampf zwischen den beiden beginnt, wobei O-Ren zunächst sowohl mit dem Schaft als auch mit dem Schwert kämpft [„[…] *when her Sword is fully unsheathed, the Japanese combat artist holds both arms straight out at her sides, Sword in one hand – Wood sheath in the other, like a bird…*"; Skript].

„*They* SWING – CLASH – DANCE – SEPARATE…CIRCLE…SWING – CLASH – DANCE – SEPARATE…" [„*Kampfbeschreibung*" im QT-Skript] – O-Ren verletzt die „Braut" schließlich mit einem Schwerthieb am Rücken und diese fällt auf den schneebedeckten Boden [O-REN - zu der am Boden liegenden BRIDE: „*Unser lächerliches kleines Girlie spielt gern mit Samurai-Schwertern. Du kämpfst zwar nicht wie ein Samurai, aber du könntest wenigstens wie einer sterben*"].

„Die Braut" richtet sich daraufhin langsam auf und meint: „*Greif mich an, mit allem, was du hast*".

Die Schwerter der beiden treffen sich abermals [„*With all the quickness and skill at their command, they clash in a superb display*[im Sinne von „in einem hervorragenden Ausdruck von"] *of Samurai Swordplay*"; Skript], doch diesmal verletzt die „Braut" O-Ren, und zwar am rechten Bein. O-Ren entschuldigt sich dann sozusagen bei der „Braut", dass sie sie vorhin verspottet hat [O-REN: „*Dafür, dass ich dich vorhin verspottet habe, möchte ich mich entschuldigen*"] – „The Bride" akzeptiert die Entschuldigung

[THE BRIDE: „*Entschuldigung angenommen*"], doch eines scheint klar & spürbar zu sein: Die nächste Attacke gegeneinander wird auch die *letzte* sein [QT-Skript: „*As they both drink the harsh cold air into their lungs, leaving red blood stains in the white snow, the two females have the same thought. The next clash will be their last*"].

Die „Braut" fragt „*Bist du bereit?*" und O-Ren antwortet daraufhin mit „*Los*".

Das erneute Kreuzen der Schwerter führt zu einem Blutstreifen im Schnee - und man kann zunächst nicht sagen, *wer* hier *wen* getroffen hat, doch dann sieht man „*einen Skalp mit langem, schwarzem Haar dran*" durch die Luft fliegen [„A SCALP OF LONG, BLACK HAIR FLIES THROUGH THE AIR, *landing in the white snow*"; Skript]. Anschließend lässt O-Ren's Hand das Schwert fallen.

Eine *Großaufnahme* präsentiert in der Folge das Gesicht von *O-Ren Ishii*, die meint: „*Es war wirklich ein Hattori Hanzo-Schwert...*".

Unmittelbar danach enthüllt die Kamera dann, dass O-Ren von der „Braut" tatsächlich so etwas wie *skalpiert* wurde [zugehörige Passage im Drehbuch, die dem O-Ren-Satz „*That really was a Hattori Hanzo sword…*" vorausgeht: „CU[Close-up] O-REN ISHII *facing away from the Bride.* […] *We see she doesn't have the* TOP OF HER HEAD

ON. *A touch of her* BRAIN *is exposed.* [...] *The Queen of the Tokyo Underworld, who's regime has just ended with one swing, stares off into space*"].

Zu den Klängen des Songs „*The Flower of Carnage (Shura No Hana)*" von *Meiko Kaji* [*Anmerkung*: Die -*wunderschöne*- japanische Ballade war schon so etwas wie der „*title- & end-credits-song*" des 1973er-Samurai- & Revenge-Movies *Lady Snowblood* von *Toshiya Fujita*, der als eine der *zentralen* Inspirationsquellen für *Kill Bill* gilt – mehr dazu im *nächsten* Abschnitt des Kapitels; die Interpretin des Songs, *Meiko Kaji*, war gleichzeitig auch die *Hauptdarstellerin* von *Lady Snowblood*, der, dank Tarantino, mittlerweile Kultstatus genießt] setzt sich „Die Braut" in dem Garten dann auf eine kleine Bank und lässt ihr Hanzo-Schwert in den Schnee fallen – eine *Großaufnahme* zeigt schließlich, wie der auf Papier geschriebene Name „*O-Ren Ishii*" von einem schwarzen Filzstift *durchgestrichen* wird.

Anschließend sieht man Sofie Fatale, „[m]*inus an arm*" [Skript], im Kofferraum ihres Wagens liegen – „Die Braut" hat sie gerade dort reingesteckt. Dann lädt sie Fatale vor dem „TOKYO GENERAL HOSPITAL" ab, wo sie von Angestellten des Krankenhauses aufgelesen wird.

„CU[Close-up] SOFIE *in a hospital environment*[Umgebung]. *Bill's voice speaks to her* OFF SCREEN" [QT-Skript] – Bill, dessen Gesicht weiterhin unbekannt bleibt, besucht eine gequält dreinblickende Sofie Fatale im Krankenhaus [BILL – laut Skript: „*Sofie, Sofie, my Sofie, I'm so sorry*"], die ihn für ihren „*Verrat*" um Verzeihung bittet. Bill gibt sich „empathisch" und behauptet, entsetzt darüber zu sein, was „Die Braut" mit seiner „*beautiful and brilliant Sofie*" [BILL – im Original] gemacht hat.

Eine Art *Rückblende* zeigt dann „The Bride" und die in den Kofferraum gesteckte Sofie [Skript: „*The* BRIDE *now wearing a yellow, faceless motorcycle crash helmet on her head, stands* FRAMED *in a* TRUNK SHOT"]. Fatale gibt sich zunächst „unkooperativ" [SOFIE FATALE – auf *Französisch*: „*Fahr zur Hölle, du dämliche Blondine. Von mir erfährst du nichts*"; Text gemäß den *deutschen Untertiteln*], doch die „Braut" droht ihr, den zweiten Arm auch noch abzuschneiden [THE BRIDE: „*Gib mir den anderen Arm!*"], wenn sie ihr nicht umgehend Informationen über die „*Tödlichen Vipern*" liefert [THE BRIDE: „*Ich will alle Informationen über die `Tödlichen Vipern`. Was sie getan haben und wo ich sie finde*"].

Bill fragt Sofie im Krankenhaus nach dem möglichen *Grund*, warum die „Braut" sie am Leben gelassen hat, und

Fatale gibt an, dass diese ihr den Grund ohnehin genannt hat.

„BACK TO THE BRIDE AT THE TRUNK" [Skript] – „Die Braut" teilt Fatale mit, dass sie sie aus genau *zwei* Gründen am Leben lässt.

Der *erste* Grund ist, damit sie alles BILL erzählen kann [THE BRIDE – im Original: *„So you can tell him, in person, everything that happened here tonight. […] I want you to tell him, all the information you just told me. I want him to know what I know. I want him to know I want him to know"* – der letzte Teil der Aussage, die quasi *„Tarantino at its Best"* ist, wurde von der deutschen Synchro wie folgt übersetzt: *„Ich möchte, dass er weiß, was ich weiß. Ich möchte, dass er weiß, dass ich möchte, dass er's weiß"*].

Der *zweite* Grund ist, dass alle noch verbliebenen *„Tödlichen Vipern"* wissen sollen, was sie erwartet: *„Und ich möchte, dass sie alle erfahren, dass sie bald genauso tot sind wie O-REN"* [Originalfassung der BRIDE-Aussage – laut Skript: *„And I want them all to know, they'll all soon be as dead as O-REN"*].

Schließlich wird man noch mit einem Flugzeug konfrontiert, das sich in einem -betont- roten Himmel bewegt. Die „Braut" gehört zu den Passagieren und sie schreibt gerade ihre *„Death List Five"* – dann sieht man *Hattori Hanzo* bei der Schwertübergabe-Zeremonie seinerzeit in O-kinawa. Hanzo spricht, wiederum auf *Japanisch*, über das *Wesen der Rache*: „*Rache ist nie ein geradliniger Weg. Sie ist wie ein dichter Wald. Und in einem Wald kann man sich verirren. Man verirrt sich und weiß nicht, wie man hineingekommen ist*".

Als die „Bride" den dritten, vierten & fünften Namen auf die „*Death List Five*" schreibt (die ersten beiden Namen lauten bekanntlich *O-Ren Ishii* & *Vernita Green*), nämlich die Namen von „*Budd* aka *Sidewinder*", „*Elle Driver* aka *California Mountain Snake*" und von „*Bill*", bekommt man drei „Ausblicke" auf *Kill Bill – Volume 2* präsentiert: In einer Szene sagt *Budd* den Satz „*Diese Frau verdient ihre Rache und wir verdienen den Tod*", in einer weiteren sagt *Elle Driver* den Satz „*Sie muss leiden, bis zu ihrem letzten Atemzug*". Eine dritte Szene zeigt „Die Braut" in *Großaufnahme* und in *Schwarzweiß* – sie redet offenbar gerade mit *Bill* [THE BRIDE: „*Wie hast du mich gefunden?*" / BILL: „*Ich bin der Mann*" (Originalfassung: „*I'm the man*" – im Sinne von: „Ich bin der Meister")].

Der Film kehrt am Ende zu Sofie Fatale ins „*Tokyo General Hospital*" zurück. Bei ihr befindet sich immer noch *Bill* - und er meint: „*Eines muss ich noch wissen, Sofie. Weiß sie eigentlich, dass ihre Tochter noch lebt?*"

„ENTER THE WU-TANG (36 CHAMBERS)"

(*Titel* eines der besten Hip-Hop-Alben überhaupt; der Soundtrack zu *Kill Bill* wurde von *Wu-Tang Clan*-Mastermind & Starproduzent *RZA* produziert - und das auf Wunsch von QT hin nach dem *Vorbild* der *Wu-Tang Clan*-Alben, in denen auch explizit immer wieder mit der „Mythologie" von Kung Fu-Filmen operiert wird; der Kung Fu-Film-Fan *RZA* komponierte für den *Kill Bill*-Soundtrack sogar einige *Originalstücke* und sorgte damit eben für ein Novum in Tarantino-Movies; der „Johnny Mo"- & „Pai Mei"-Darsteller *Gordon Liu* spielte 1978 in dem Genre-Klassiker *Die 36 Kammern der Shaolin* mit, worauf sich eben der Titel des wohl bekanntesten *Wu-Tang Clan*-Albums, erschienen 1993, mitunter auch bezieht)

„[…] *ich mache nicht gerade Filme, die das Publikum zusammenbringen.* […] *Ich mache Filme, an denen sich die Geister scheiden*"

&

„*Kritiker konzentrieren sich auf die Gewalt, vergessen aber die Poesie der Sprache und die leidenschaftliche Menschlichkeit darin*"

(*Zitat 1*: QT über die Wirkung seiner Filme auf Kritik & Publikum; *Quelle*: 1994er-*Filmfestspiele Cannes*-Dankesrede von QT anlässlich des Erhalts der *Goldenen Palme* für *Pulp Fiction* [Die Aussage ist quasi eine direkte Reaktion auf die *"Skandal!-Skandal!-Verdammte Scheiße!"*-Schreie einer Frau im Publikum – vgl. dazu das Kapitel über *Pulp Fiction*]; *Zitat 2*: Der US-Filmkritiker & Co-Gründer der Wochenzeitung *"The Austin Chronicle" Louis Black* über die oftmals *eindimensionale* Rezeption von QT-Movies – aus der 2019er-Doku *"Tarantino - The Bloody Genius"*/OT: *"QT8 – The First Eight"* von *Tara Wood*)

*"Darin waren wir am besten: Im Erzählen von guten Geschichten. Europa stand für Charakterfilme oder Stimmungsfilme. In Amerika erzählten wir Stories. Jetzt sind wir ganz schlecht darin. Wir erzählen Situationen. […] Bei der Mehrheit der Filme, die rauskommen, weiß man genau, schon nach den ersten 20 Minuten, was kommt. Das ist keine Story. Eine Story **entfaltet** sich ständig. Ich spreche nicht von schnellen Wendungen oder Überraschungen, ich spreche davon, wie sie sich **entfaltet"***

(QT in der *Charlie Rose*-Show 1994 über die amerikanische Tradition des Geschichtenerzählens im Kino – auch die beiden *Kill Bill*-Filme *entfalten*, wie fast alle Tarantino-Filme, nach und nach eine *große* Story)

„Wir hatten mehrere Übersetzer am Set. Es gab die Japanisch-Englisch-Übersetzer, die Chinesisch-Englisch-Übersetzer und auch die Japanisch-Chinesisch-Übersetzer. Es ging ziemlich wild zu“

(aus der *Kill Bill Volume 1*-Making-of-Doku „*Die Ästhetik der Rache*“; Statement von *Uma Thurman* zur *Mehrsprachigkeit* auf Tarantino's *Kill Bill*-Set)

Grundsätzlich spielen die beiden *Kill Bill*-Filme mit einem ganz sicher nicht „*good movie / bad movie*“ oder dergleichen, obwohl „*Volume 1*“, vor allem wegen des „*Showdowns im Haus der blauen Blätter*“, der auf jeden Fall zu den „*greatest & most exciting sequences in the history of cinema*“ zählt, zumindest aus meiner Sicht im leichten Vorteil scheint (*Anmerkung*: *Kill Bill* wurde „geplant & produziert“ als *ein* Film, doch die Verantwortlichen bei *Miramax* schlugen QT im Juli 2003 vor, aus dem „epischen 4-Stünder“, den sein Skript nun mal ergeben hatte, *zwei* Teile zu machen, was dazu führte, dass Tarantino großartige Szenen, wie beispielsweise die Anime-Sequenz, im Film belassen konnte – QT: „*Some of the best scenes in the movie stayed in the movie*“).

Nun, die Idee zu einem „*QT-Revenge-Movie*" war keine ganz neue, denn QT & Uma Thurman hatten den Character der „Bride" tatsächlich schon während der Dreharbeiten zu *Pulp Fiction* konzipiert, also gut acht/neun Jahre, bevor *Kill Bill* dann definitiv in Produktion ging (QT: „*Mir kam die Idee, einen Rachefilm mit Uma zu drehen. Einen von diesen extremen Filmen, in dem sie eine Killerin, eine der tödlichsten Frauen der Welt, spielen sollte.* […] *So wurde die `Braut` geboren*"; Uma Thurman: „*Es ist ein Film über Gerechtigkeit und Abrechnung*"), wobei die Eröffnungssequenz, oder besser: das Anfangsbild, von „*Volume 1*", als „Die Braut" auf dem Boden der „Wedding Chapel" in El Paso liegt, Thurman's Idee war – die „Erfindung" der „Braut"-Figur wird folglich im Abspann von *Kill Bill* explizit „*Q & U*", also „*Quentin & Uma*", zugeschrieben.

Tarantino hatte sich nach *Jackie Brown* eigentlich der Entwicklung eines „Kriegsfilms" gewidmet, ließ das Projekt, aus dem später natürlich *Inglourious Basterds* (2009) wurde, erst mal für das „*Rache-Epos mit Uma Thurman*" beiseite und zog 2000/2001 sogar für eineinhalb Jahre nach New York, um dort das Drehbuch zu schreiben und um Zeit mit Thurman und deren Tochter Maya zu verbringen (*Anmerkung*: Maya Thurman-Hawke, geboren 1998, ist das erste gemeinsame Kind von Uma Thurman & Ethan Hawke – das Schauspielerehepaar, das von 1998 bis 2004 verheiratet war, hatte sich 1997 am Set des Science Fiction-Films *Gattaca* kennengelernt).

Diese „*reunion*" von Tarantino mit seinem *Pulp Fiction*-Star bedeutete aber auch, dass QT auf eine „*more mature actress & a mother*" traf, was auch den Schreibprozess & den „*Bride*-Character" beeinflusste.

Die Entscheidung, dass die Tochter der „Bride" noch *am Leben* ist, fällte Tarantino erst die letzten vier bis fünf Monate, bevor er das Drehbuch (der QT-Freund *Scott Spiegel* zum *Kill Bill*-Drehbuch: „*Es war so dick wie ein Telefonbuch*" / die „O-Ren"-Darstellerin *Lucy Liu* bezüglich des Skripts: „*Es las sich wie ein Roman. Es war witzig und hatte viel Action. Und man konnte es nicht weglegen*"; Quelle – in beiden Fällen: Doku „*Tarantino – The Bloody Genius*") beendete.

Die Rolle des *Bill* hatte QT ursprünglich übrigens für *Warren Beatty* (Highlights u. a.: 1967: *Bonnie und Clyde* von Arthur Penn mit Faye Dunaway; 1991: *Bugsy* von Barry Levinson mit Annette Bening) geschrieben, aber als immer klarer wurde, dass die Rolle mehr „Leinwandzeit" als ursprünglich gedacht sowie auch ein gewisses Maß an *Martial Arts-Training* erfordern würde, war Beatty raus und Tarantino schrieb den *Bill*-Part für *David Carradine* (1936-2009) um, also für den berühmten „[Kwai Chang] *Caine in `Kung Fu* "", der als solcher ja schon „Referenzobjekt" einer Unterhaltung im „Hawthorne Grill"-Restaurant zwischen „Vincent Vega" John Travolta & „Jules Winnfield" Samuel L. Jackson in *Pulp Fiction* war („Budd"-Darsteller & QT-Veteran *Michael Madsen* in der Doku „*Tarantino – The Bloody Genius*" über die Besetzung von TV- & Martial Arts-Legende David Carradine: „*Er brachte ein gewisses Maß an Ehrlichkeit in den Film ein und einen gewissen Realismus, das ist nicht zu leugnen*"; *Anm.*: Mehr zur Kultfigur *David Carradine* dann im nächsten Kapitel dieses Buchs, das von *Kill Bill – Volume 2* handeln wird).

Erwähnenswert im Zusammenhang mit der Besetzung der *männlichen* Rollen im ersten *Kill Bill*-Teil ist auch noch der kurze Auftritt von *Michael Parks* als Texas Ranger „Earl McGraw", welcher das „Wedding Chapel Massacre" mit „*Sohn Nr. 1* Edgar McGraw" (gespielt vom Michael Parks-Sohn *James Parks*, der später auch Rollen in *Death Proof – Todsicher*[ist darin wiederum als „Sohn Nr. 1 Edgar McGraw" zu sehen], *Django Unchained* & *The Hateful Eight* hatte) untersucht – Parks erfüllt im filmischen Kosmos von QT nämlich wiederum genau das, wofür Tarantino, wie man beispielsweise im Kapitel über

Pulp Fiction nachlesen kann, *Romanciers* beneidet, die diverse Figuren eben immer wieder in *verschiedenen* Romanen und gleichsam mit „*unterschiedlicher Wichtigkeit in der Story*" auftreten lassen könnten, denn „Earl McGraw" hat, und das eben konstant in der Gestalt von Michael Parks, auch Auftritte in Robert Rodriguez' *From Dusk Till Dawn* von 1996 und in Tarantino's *Death Proof – Todsicher* von 2007 (*Anmerkung*: Noch dazu ist Parks, wie auch der „Johnny Mo"- & „Pai Mei"-Darsteller Gordon Liu, in *Kill Bill – Volume 1 & 2* in *zwei völlig unterschiedlichen* Rollen zu sehen, denn in *Volume 2* spielt Parks dann den mexikanischen Zuhälter & Bill-Vertrauten „Esteban Vihaio").

Die *Dreharbeiten* von *Kill Bill* (*Anmerkung*: Obwohl die Szenen -„QT-typisch"- wiederum „*out of chronological order*" präsentiert werden, denn schließlich rechnet „Die Braut" ja mit „O-Ren Ishii" in Tokyo ab, *bevor* sie das mit „Vernita Green" in Pasadena tut, wurden die Szenen quasi „*in sequence*" gedreht, also „nacheinander und in der korrekten Reihenfolge") mussten zunächst verschoben werden, denn: „*Thurman became pregnant*" (mit ihrem Sohn Levon Roan Thurman-Hawke, der 2002 geboren wurde).

QT wollte die Rolle der „Braut" aber auf gar keinen Fall mit einer anderen Schauspielerin besetzen (Tarantino – in der Doku „*Die Ästhetik der Rache*": „*Aber keine andere hätte in die Rolle gepasst*" / QT – in einem BBC-Interview: „*If Josef von Sternberg is getting ready to make `Morocco` and Marlene Dietrich gets pregnant, he waits for Dietrich*"; *Anm.*: Sternberg & Dietrich drehten sieben Filme zusammen, darunter *Der blaue Engel* und *Marokko*, entstanden 1930 bzw. 1931) und entschied sich in der Folge dafür, auf Thurman gleichsam zu *warten*.

Nachdem seine „Bride"-Darstellerin sozusagen wieder verfügbar war, wurde schließlich an Orten wie Peking, Tokyo oder Hong Kong gedreht (*Kill Bill*-Produzent *Lawrence Bender* über QT's „Personalpolitik" bei den Dreharbeiten: „*Er wollte mit den Einheimischen der jeweiligen Länder arbeiten*").

In Hong Kong zum Beispiel drehten QT & sein Team auch in den einst von Produzenten-Legende *Run Run Shaw* gegründeten berühmten *Shaw Brothers-Studios*, die Tarantino in den *Kill Bill*-Filmen gleich mit einer *doppelten Hommage* bedacht hat, denn in den „*opening titles*" bekommt man das klassische „*Shaw Brothers-Shaw Scope-Logo*" zu sehen und in den Filmen dann mehrmals einen „*Shaw Brothers-Zoom*" präsentiert, also einen schnellen

Zoom, der in einer Großaufnahme endet - dieser spezielle Zoom, mitunter auch als „*Crashing Zoom*" bezeichnet, war in zahlreichen „*kung fu movies*" der Shaw Brothers-Film-studios quasi *das* visuelle Stil-Merkmal schlechthin (ein „*Shaw Brothers-Zoom*"-Beispiel aus dem QT-Skript – im Rahmen eines „Flashbacks" der „Braut" beim „*Showdown im Haus der blauen Blätter*": „WE DO A QUICK SHAW BROTHERS ZOOM INTO HER EYES. A SPAGHETTI-WES-TERN FLASHBACK *of O-Ren beating the shit outta her at the wedding chapel* […]").

Am meisten Drehzeit beanspruchte natürlich die „*House of Blue Leaves*"-Sequenz, in der es die „Braut" mit Dutzenden von „*Yakuza soldiers*" zu tun bekommt (*Anmerkung*: Als Vorbild für das „*Haus der blauen Blätter*", also für den Ort des „*climactic battle*[s]" von *Kill Bill – Volume 1*, fungierte das Restaurant „*Gonpachi Nishiazabu*" in Tokyo, das Tarantino in der Vorproduktionsphase des Films besucht hatte), denn die gesamte Sequenz benötigte 8 Wochen Drehzeit, 6 Wochen mehr als *ursprünglich* geplant.

Mit ein Grund für das Überziehen des Drehplans mag der Umstand gewesen sein, dass QT auf *CGI*[Computer-Generated Imagery]-Effekte vollständig verzichten und statt dessen auf „*traditional practical effects used in 1970s*

Chinese cinema" setzen wollte – das hatte zur Konsequenz, dass das Team äußerst *einfallsreich* agieren musste, um diverse Blutspritzer oder eben ganze „*explosions of blood*" zu kreieren (*angeblich* soll Tarantino seiner Crew Folgendes gesagt haben: „*How would you achieve this effect? Ingenuity*[Einfallsreichtum] *is important here!*").

Das „Action-lastige" *Kill Bill*-Epos führte Tarantino also gleichsam auch in eine „*new & different phase as a filmmaker*", denn erstmals stand er quasi -ernsthaft- im Ring mit anderen großen Action-Regisseuren (QT: „*Für mich waren Action-Regisseure schon immer die größten Film-Regisseure der Welt. Wer gute Action schafft, ist der Größte*" / Uma Thurman: „*Er machte sich selbst zum Action-Regisseur*"; Quelle – in beiden Fällen: Doku „*Die Ästhetik der Rache*") und wollte damit, laut Eigenaussage, durchaus auch „*die Grenzen* [seines] *Talents austesten*".

„`*Revenge is a dish best served cold*` - *Old Klingon Proverb* -" (QT-Skript) - *Selbstverständlich* ist das gesamte *Kill Bill*-Epos, das ganz grundsätzlich als „*inspired*" vom „*US-Grindhouse Cinema*" der 70er-Jahre [*Grindhouse Cinema*: Bezeichnung für *Low-Budget*-Splatter- & Horror- & Exploitation-Filme, die in „*cheap theatres*" gelaufen sind] sowie natürlich vom „*Hong Kong-Kino*" & vom „*Italo-Spaghetti-Western*" gilt (QT: „*Ich mache mich über niemanden lustig. Die Leute verstehen, was ich mit dem Genre mache*" / QT: „`Kill Bill` *steht im gleichen Verhältnis zum amerikanischen Grindhouse-Genre der 70er wie* `Jäger des verlorenen Schatzes` *zu den Filmserien der 40er und 30er. […] Dieser Film ist also eine Mischung aus Yakuza-Film, Samurai-Film und Italo-Spaghetti-Western*"; Quellen: Dokus „*Tarantino – The Bloody Genius*" & „*Die Ästhetik der Rache*"), durchdrungen von zahlreichen „*influences*" (Uma Thurman: „[Quentin] *brachte all diese Elemente ein: Samurai-Kino, Hong Kong-Kino. Inspirationen, die Teil von ihm als Filmemacher waren*").

Hier eine kleine Auswahl der wichtigsten *Inspirationsquellen* für *Kill Bill*: Das berühmte „*alte klingonische Sprichwort*", also: „*Rache ist ein Gericht, das am besten kalt serviert wird*", das dem Film (und dem Drehbuch) vorangestellt ist, stammt aus dem *Star Trek*-Kinofilm *Star Trek II – Der Zorn des Khan* (1982; Star Trek II – The Wrath of Khan; Regie: Nicholas Meyer), in dem der „*main antagonist*" von „Captain Kirk" William Shatner & Co, nämlich „Khan" (gespielt von Ricardo Montalban), dieses „Sprichwort" während der Schlacht gegen die Enterprise sagt. Allerdings ist der Satz auch „zurück-verfolgbar" zu

Mario Puzo's Weltbestseller „*Der Pate*" (1969) sowie zu Eugéne Sue's Roman „*Mathilde*" von 1841.

Tarantino selbst hat in der Doku „*Die Ästhetik der Rache*" des Weiteren „*Giallo*-Einflüsse" [*Giallo*: italienisches Subgenre des Thrillers/Psychothrillers mit Höhepunkt in den 70ern] bestätigt sowie auch das Vorhandensein einer Art „*Brian De Palma-Sequenz*" in *Kill Bill – Volume 1* (QT: „*Aber ich habe auch eine kleine italienische Giallo-Szene eingebaut. Und auch eine Brian De Palma-Sequenz als i-Tüpfelchen*" – *Anm.*: Gemeint ist, einerseits, jene Szene, in der die „Braut" mit dem Pfleger „Buck" abrechnet [durchaus „*Giallo*"-artig], sowie, andererseits, auch jene, in der „Elle Driver" Daryl Hannah als Krankenschwester verkleidet im Split-Screen und mit der tödlichen Spritze den Krankenhausgang entlanggeht [in der Tat „*De Palma*"-artig]).

Als „*main inspiration*" für die „*Flashbacks*", die „Die Braut" immer dann hat, wenn sie auf ein Mitglied der „Tödlichen Vipern" trifft, gilt der 1965er-Spaghetti-Western [auch „*Italo-Western*" genannt – Subgenre des Westerns, das eine „italienisch-europäische Sichtweise" des Wildwest-Mythos präsentiert] *Von Mann zu Mann* (Da uomo a uomo; alternativer dt. Verleihtitel: *Die Rechnung wird mit Blei bezahlt*) von *Giulio Petroni* mit Lee Van

Cleef und John Phillip Law, denn: Der von John Phillip Law gespielte Held „Bill"[!] hat als Kind ein Massaker an seiner Familie mitansehen müssen - und immer dann, wenn er auf ein Mitglied der Banditen-Bande von damals trifft, erscheint ein „*flashing red screen with superimposed*[über-blendeten] `flashback footage*".

Außerdem hat QT auch *Ennio Morricone*'s Filmmusik zu „*Death Rides a Horse*" (englischer Verleihtitel von *Von Mann zu Mann*) verwendet und lässt dessen „*Death Rides a Horse*"-Theme erklingen, als „Die Braut" dann O-Ren Ishii im „*Haus der blauen Blätter*" gegenübersteht.

„Die Leute sagen: Nicht weißer Schnee reinigt die Welt, sondern der rote Schnee der Rache" („Weisheit" aus dem japanischen Film *Lady Snowblood*) – Wie bereits in der Zusammenfassung angedeutet, existieren so einige „*plot similarities*" zwischen *Kill Bill* und dem japanischen „*A woman kills off the gang who murdered her family*"-Film *Lady Snowblood* (QT über *Toshiya Fujita*'s Werk: „*Ein fantastisches Samurai-Revenge-Movie*"), dessen deutschsprachige Blu-ray-Ausgabe, die ich persönlich be-sitze, auch mit der „Vorbildwirkung" für den QT-Film wirbt, denn auf der Hülle des *Lady Snowblood*-Blu-ray-Exemplars, das ich mir vor einiger Zeit aus der Schweiz

besorgt habe, heißt es: „DIE INSPIRATION FÜR KILL BILL".

Lady Snowblood hat nicht nur, wie *Kill Bill*, sozusagen eine *Kapitelstruktur* und eine *non-lineare Erzählweise*, sondern verwendet zwischendurch sogar *Zeichnungen & Illustrationen*, um „*too expensive scenes*" mit Massenszenen etc. zu vermeiden (*Anmerkung*: Es wird Tarantino übrigens zuweilen auch „unterstellt", dass er sich bei der „*Japanese style animation*", die quasi die „Live-Action" in *Kill Bill – Volume 1* unterbricht, nicht nur von diversen „*violent anime films*" aus Japan hat inspirieren lassen, wie etwa *Osamu Dezaki*'s Manga-Film *Golgo 13: The Professional* (1983), sondern auch von dem indischen Psycho-Thriller *Aalavandhan* [Alternativtitel: *Abhay*] von *Suresh Krissna* aus dem Jahr 2001, der ebenfalls ein „Live-Action"-Movie mit einer *animierten Mordszene* ist).

Die von der Sängerin & eben Schauspielerin *Meiko Kaji* gespielte „Yuki Kashima" alias „Lady Snowblood" wird als „*Kind der Vergeltung*" bezeichnet, da es ihr einziges Ziel von Kindheit an ist, *Rache* an den Mitgliedern jener Bande zu nehmen, die ihren Vater getötet und ihre Mutter geschändet haben. Ausgebildet wird die in einem Frauengefängnis geborene „Yuki" zu diesem Zweck von einem

Priester namens „Dokei", der im Grunde ähnliche „Weisheiten" parat hat wie später „Hattori Hanzo" oder „Pai Mei" im Tarantino-Epos. Ein Kampf Yuki's mit der Leibgarde eines weiblichen Bandenmitglieds hat eindeutig -gewisse- Ähnlichkeiten mit dem epischen *„The Bride vs. The Crazy 88"*-Fight in *Kill Bill -Volume 1*. Darüber hinaus gleicht Yuki's Aussehen der einer „Geisha" - und Lucy Liu's spezifischer *„O-Ren Ishii Geisha style"* erinnert einen sofort an „Yuki Kashima" Meiko Kaji.

Natürlich spielt auch *Schnee* eine wichtige Rolle in *Lady Snowblood* und die im Film mitunter präsentierten *artifiziellen Schneelandschaften* ähneln dem *„Snow-Covered Japanese Garden"*, der als Schauplatz für den finalen Kampf zwischen der „Braut" und O-Ren fungiert.

Lady Snowblood mag vielleicht den wichtigsten Einfluss auf Plot & Struktur von *Kill Bill – Volume 1 & 2* gehabt haben, doch ein weiterer Film, der *„similarities"* zu Tarantino's Klassiker aufweist, ist ein wahres Meisterstück des europäischen Kinos, nämlich François Truffaut's Thriller *Die Braut trug schwarz* (La Mariée était en noir) aus dem Jahr 1968. In diesem rächt sich eine großartig aufspielende *Jeanne Moreau* an fünf Männern, die ihren Bräutigam am Tag der Hochzeit *„aus Langeweile heraus"* mit einem Jagdgewehr erschossen haben, wobei „`Die Braut`

Julie Kohler" Jeanne Moreau in dem Truffaut-Film, wie „The Bride" Uma Thurman in *Kill Bill*, auf ihrem Rachefeldzug einen Namen nach dem anderen von ihrer Liste streicht, nachdem sie die Täter ins Jenseits befördert hat.

„Uma wurde zur Kampfmaschine"

(QT über Uma Thurman als „The Bride" in der *Kill Bill*-Doku „*Die Ästhetik der Rache*")

„When fortune smiles on something as violent and ugly as REVENGE, it seems proof like no other, that not only does God exist, you're doing his will"

(aus: *Kill Bill – Volume 1*; ein *Voiceover* der „Braut", gesprochen unmittelbar vor dem „*The Origin of O-Ren*"-Kapitel; die deutsche Fassung des *Bride*'schen „Gottesbeweises" lautet: *„Wenn das Glück etwas so Gewaltigem und Gewalttätigem wie RACHE lacht, dann ist es ein Beweis, dass Gott nicht nur existiert, sondern, dass du seinen Willen erfüllst.*")

„Er vergöttert Uma“

(US-Filmkritiker *Louis Black* in Bezug auf Tarantino's Schwäche für die Schauspielerin Uma Thurman; aus: *„Taran- tino – The Bloody Genius“*)

Alle weiblichen Figuren in Tarantino's Filmen sind *bemerkenswert*, sei es *„Mia Wallace“*, *„Jackie Brown“*, *„Bridget von Hammersmark“* (*Inglourious Basterds*; gespielt von Diane Kruger), *„Daisy `Die Gefangene` Domergue“* (*The Hateful Eight*; gespielt von Jennifer Jason Leigh) oder eben *„The Bride“* („O-Ren“-Darstellerin *Lucy Liu* über QT's *Frauenfiguren*: *„Dass er Frauen immer in solchen starken Positionen zeigt, stellt er nicht besonders heraus. Das sind Frauen, die kämpfen oder Anführerinnen sind. Für ihn ist das völlig normal“*).

Die „Sofie Fatale“-Darstellerin *Julie Dreyfus* (spielte später auch die Rolle von Joseph Goebbels' Französisch-Dolmetscherin & *„mistress“* „Francesca Mondino“ in *Inglourious Basterds*) hat in Bezug auf die diversen Anforderungen, mit denen sich speziell die *„Bride“*-Darstellerin *Uma Thurman* im Rahmen der *Kill Bill*-Dreharbeiten konfrontiert sah, einmal betont: *„Sie arbeitete Tag und Nacht“*.

Zoe Bell, Thurman's Stuntdouble und 2007 dann eine der Hauptdarstellerinnen in Tarantino's -oftmals unterschätzter- Grindhouse-Hommage *Death Proof – Todsicher*, wurde in der Doku „*Tarantino – The Bloody Genius*" noch deutlicher und meinte gar: „*Uma hat sich den Arsch aufgerissen, um zu trainieren*".

Thurman hatte aber nicht nur enorme *physische Herausforderungen* zu meistern, sondern empfand die Rolle der „Braut", abgesehen davon, dass sie dafür den Umgang mit Samurai-Schwertern erlernen, japanische Dialogteile bewältigen oder in den Action-Szenen zumeist an irgendwelchen Drähten hängen musste, grundsätzlich als schwierig („*Quentin hätte mir keine kompliziertere und schwierigere Rolle schreiben können. Sie ist diese rätselhafte Figur. Sie ist knallhart. Sie ist totunglücklich. Sie ist eine eiskalte Killermaschine*" – Uma Thurman im „*Die Ästhetik der Rache*"-Making-of).

Den „*real name*" der „Braut", der bekanntlich „**Beatrix Kiddo**" lautet, bekommt man erst in *Kill Bill – Volume 2* präsentiert, allerdings ist er bereits in *Volume 1* zweimal *ganz kurz* im Bild zu sehen – man kann ihn nämlich auf den eingeblendeten „*boarding passes*", den *Flugtickets*, nach Okinawa beziehungsweise Tokyo erkennen (was allerdings aber auch nur *dann* geht, wenn man das Bild an den entsprechenden Stellen „einfriert", soll heißen: im *Kino* war das seinerzeit fast ein Ding der Unmöglichkeit, „*Beatrix Kiddo*" als den „Namen der Passagierin" zu identifizieren).

Gegen Ende der *Kill Bill*-Dreharbeiten kam es dann zu einem Vorfall, der das *Verhältnis* zwischen Tarantino & Uma Thurman über Jahre hinweg belastet hat, denn: Als jene Szene gedreht wurde, in der die „Braut" zu Bill fährt (*Anmerkung*: Die Szene ist erst in *Kill Bill – Volume 2* zu sehen, wo diese „*Fahrt zu Bill*" quasi den gesamten Film „umrahmt"), verlor Thurman, die ihren Regisseur QT zuvor sogar gebeten hatte, dass ein *Stuntdriver* den Job für sie erledigt, die Kontrolle über den Wagen, der daraufhin in einen Baum krachte (QT - der damals behauptet hatte „*the road is safe*" und Thurman in seinem „Enthusiasmus" ermutigt hatte, selbst zu fahren: „*Es war herzzerreißend. Das hier habe ich mehr als alles andere in meiner Karriere bereut. Ich werde es mein ganzes Leben lang bereuen*").

Die Schauspielerin erlitt durch den Crash dauerhaft schmerzhafte Knie- und Halswirbelverletzungen und hat später in Interviews betont, dass sie sich auf dem *Kill Bill*-Set nach diesem Unfall nicht mehr wie eine „*Performerin*" gefühlt habe, sondern nur mehr wie eine Art „*broken tool*[Werkzeug]".

Hinzu kam die Komponente, dass *Miramax Films* das entstandene Filmmaterial, das den Unfall deutlich dokumentierte, nicht herausgeben wollte und unter Verschluss hielt, um sich vor etwaigen Schadenersatzforderungen Thurmans zu schützen (Thurman – in Richtung Harvey & Bob Weinstein, die *Miramax* bis 2005 leiteten: „*Es ist unverzeihlich, dass man den Vorfall verschleiern wollte*").

Mittlerweile wurde, und das nicht zuletzt wegen des Weinstein-Skandals, das Bildmaterial jedoch freigegeben und man kann den fatalen „*car accident*" von Thurman beispielsweise in Tara Wood's Dokumentation „*Tarantino – The Bloody Genius*" betrachten.

HANZO (JAPANESE)

Revenge is never a straight line. It's a forest. And like a forest it's easy to lose your way…to get lost…to forget where you came in. To serve as a compass, a combat philosophy must be adopted that can be found in the secret doctrine of the Yagu Ninja. And now my yellow haired warrior, repeat after me;

[…]

(Ausschnitt aus dem *Kill Bill*-Skript; *Anmerkung*: Von dem zitierten Text schaffte es nur die erste Hälfte, also bis „*where you came in*", in den fertigen Film – und das nur als *Voiceover*, welches am Ende, als man den Flieger vor dem „*blood red sky*" sieht, zum Einsatz kommt [vgl. dazu auch die Zusammenfassung des Inhalts]; *ursprünglich* hatte QT aber *Szenen* gedreht, in denen „Hattori Hanzo" Sonny Chiba & „The Bride" Uma Thurman zusammensitzen und Hanzo der „Braut", wie ein „*samurai drill instructor*" (QT-Skript), die „Ninja-Doktrin" vorspricht, damit die „Braut" diese wiederholt; „*Yagu Ninja*": Hommage an Chiba's Auftritt in dem japanischen „historical martial arts period film" *Shogun's Samurai - Im Schatten des Shogun* (Regie: Kinji Fukasaku) von 1978, der in der englischsprachigen Welt auch als „*The **Yagyu** Clan Conspiracy*" bzw. als „*Intrigue of the **Yagyu** Clan*" betitelt wurde)

„[T]*he greatest maker of swords on this earth*" (Copyright: QT-Skript) und so ziemlich einziger Verbündeter der „Bride", nämlich „Hattori Hanzo", wird von Japan's Action-Legende *Sonny Chiba* (Jahrgang 1939) verkörpert (70er-Jahre-Filmographie-Highlights sind z. B.: 1974: *The Street Fighter* von Shigehiro Ozawa; 1976: *Karate Warriors* von Kazuhiko Yamaguchi).

Tarantino war schon immer ein großer Fan von Chiba (QT: „*Sonny Chiba war für mich in den 70ern neben*

Charles Bronson und Clint Eastwood einer der größten Action-Stars. Schon als Kind träumte ich davon, mit ihm zu arbeiten"), der am *Kill Bill*-Set dann gleichzeitig auch als Schwertkampf-Trainer von Uma Thurman agierte (Thurman über Chiba: „*Sonny Chiba hat eine grandiose Ausstrahlung. Er ist ein fantastischer und liebenswerter Mensch*").

Bereits in seinem *True Romance*-Skript hatte Tarantino die Figur des „Clarence Worley", die in dem Tony Scott-Film dann von Christian Slater verkörpert wurde, zu einem „*Sonny Chiba-Fan*" gemacht, wobei QT sich den *Namen* des Schwertmeisters in *Kill Bill*, -„*Hattori Hanzo*"-, aus der japanischen 80er-Jahre-TV-Serie *Shadow Warriors* (1980-1985; Kage no Gundan) geborgt hat, die dem Ninja- & Jidaigeki-Genre [*Jidai-geki*: „Historienfilm"-Genre mit Wurzeln im Kabuki-Theater, zu dem auch berühmte *Akira Kurosawa*-Filme wie *Die sieben Samurai, Kagemusha – Der Schatten des Kriegers* oder *Ran* gezählt werden, veröffentlicht 1954, 1980 & 1985] zuordbar ist und in der Chiba ebenfalls einen „*character*" namens „Hattori Hanzo" spielt (*Anmerkung*: QT soll Bruce Willis bei den *Pulp Fiction*-Dreharbeiten sogar eine Episode von *Shadow Warriors* vorgespielt haben, damit Willis sich einen Eindruck machen konnte, wie Tarantino das Katana, mit dem

„Butch Coolidge" die Psychopathen „Maynard & Zed" tötet, eingesetzt haben wollte).

Ursprünglich soll Sonny Chiba, laut Aussage von Uma Thurman, durchaus seine *Zweifel* gehabt haben, ob sie „*das Hantieren mit dem Schwert*" hinbekommen würde, doch Thurman führt das *Hanzo-Schwert*, welches zweifellos *zu den besten und populärsten Film-Waffen überhaupt* gehört und das noch dazu *meine persönliche Lieblings-Waffe innerhalb der Filmgeschichte* ist, in *Kill Bill* tatsächlich, wenn man so will und sich der *Diktion* von Tarantino & Thurman bezüglich der „Braut" anschließen möchte, mit der „*knallharten & eiskalten Präzision*" einer „*Kampfmaschine*".

„*Einfach wunderschön. Als würde man in eine andere Zeit versetzt*"

(*Lucy Liu* über die „*Bambus-Wasserwippe, die wie ein Metronom funktioniert*", welche den „*final battle*" zwischen der „Braut" & „O-Ren Ishii" quasi im Hintergrund begleitet und der Kampfszene in der Tat *zusätzlich* eine *unvergleichliche Atmosphäre* beschert; Quelle: Doku „*Tarantino – The Bloody Genius*"; *Metronom* – die „*Wikipedia*"-Erklärung: „[…] ein

mechanisches oder elektronisches Gerät, das durch akustische
Impulse in gleichmäßigen Zeitintervallen ein konstantes
Tempo vorgibt")

THE BRIDE

*You and I have unfinished business. And not a goddamn
fuckin thing you've done in the subsequent five years - inclu-
ding getting knocked up*[to knock up: schwängern] - *is going to
change that.*

(aus: *Kill Bill – Volume 1*; Text gemäß QT-Skript; Version
der dt. Synchro: *„Du weißt, dass wir noch `ne offene Rechnung
haben, OK. Und keine gottverdammte, abgefuckte Nummer, die
du in den letzten Jahren durchgezogen hast, -nicht mal, wenn
du schwanger wärst-, könnte daran was ändern."*; „The Bride"
Uma Thurman erinnert „Vernita Green" Vivica A. Fox daran,
dass auch die Tatsache, dass sie nun offenbar Mutter ist, so rein
gar nichts zwischen den beiden ändert; *Anmerkung*: Einige Zeit
lang kursierten Gerüchte, dass Tarantino einen dritten *Kill Bill
– Teil* drehen möchte – und in diesem Zusammenhang wurde
auch festgehalten, dass QT *-rein theoretisch-* bereits in *Volume
1* einen *möglichen Grundstein* dafür gelegt hat, indem er mit
der „Vernita Green" alias „Jeannie Bell"-Tochter „Nikki Bell",
die ja schließlich Zeugin davon wird, dass die „Braut" ihre

Mutter getötet hat, einen potentiellen neuen „*Rache-Engel*" geschaffen hat, der dann in „*Volume 3*" folglich der „Braut" nach dem Leben trachten könnte)

„Filme mit knallharten Frauen sind wirklich `in` heutzutage"

(Vivica A. Fox im *Kill Bill*-Making-of „*Die Ästhetik der Rache*" über den „*Girl Power*"-Trend im Kino, den QT seinerzeit mit seinen *Kill Bill*-Filmen entscheidend *mitinitiiert* hat)

„EVIL WOMAN, DON'T PLAY YOUR GAMES WITH ME" (Titel eines Songs von *Black Sabbath* aus 1970, also aus den *Ozzy Osbourne*-Jahren der Band) – Nun, „Die Braut" bekommt es in *Kill Bill – Volume 1* in der Tat mit einer ganzen Reihe von interessanten *Gegnerinnen* aus den Reihen der „*Tödlichen Vipern*" und der „*Verrückten 88*" zu tun (*Anmerkung*: Auf die von Daryl Hannah gespielte „*Elle Driver*" gehe ich dann erst im Kapitel über *Kill Bill – Volume 2* ein, da die „*California Mountain Snake*" Driver in Teil 2 eine weit wichtigere Rolle als in Teil 1 spielt).

Die „*Queen of Crime in Tokyo*", „O-Ren Ishii", die als Mitglied von *Bill*'s Attentatskommando „*Tödliche Viper*" noch den Code-Namen „*Cottonmouth*"[„Baumwollmund"; US-Bezeichnung für die *Wassermokassinotter*, auch „*Baumwollschlange*" genannt] trug, wird von der US-amerikanischen Schauspielerin *Lucy Liu* verkörpert, die im Laufe ihrer Karriere auch immer wieder in großartigen TV-Produktionen zu sehen war, wie in der seinerzeit äußerst innovativen Anwalts-Serie *Ally McBeal* (1997-2002; Hauptrolle: Calista Flockhart; Liu spielte die Figur der „Ling Woo") oder der vor allem *atmosphärisch* sehr gelungenen Krimi-Serie *Elementary* (2012-2019), in welcher Liu sozusagen einen „*weiblichen Dr. Watson*" spielt, nämlich „*Dr. Joan Watson*", eine ehemalige Chirurgin und Suchtberaterin, die sich schließlich dafür entscheidet, an der Seite von Sherlock Holmes (gespielt von *Jonny Lee Miller*) in New York rätselhafte Kriminalfälle zu lösen.

Eigentlich sollte „O-Ren Ishii" von einer „*Vollblutjapanerin*" (QT) und somit von einem „*Star aus Japan*" gespielt werden, aber Tarantino fand dann Liu's Leistung in dem *Jackie Chan & Owen Wilson*-Western-Komödien-Vehikel *Shanghai Noon* (2000; Regie: Tom Dey) äußerst ansprechend, in dem Liu die Rolle der „Kaiserlichen Prinzessin *Pei Pei*" spielte. QT machte in der Folge dann aus „O-Ren" jene interessante chinesisch-amerikanisch-japanische

„*mixture*“, die eben *dennoch* Tokyo’s Unterwelt beherrscht.

Lucy Liu über die „*Geisha figurine*“ O-REN, die am Ende im „*schneebedeckten japanischen Garten*“ dann ihre Geisha-Schuhe auszieht und den Tod im Schwertkampf gegen das „*tall western girl in yellow sneakers*“ THE BRIDE/BEATRIX KIDDO findet: „*O-Ren Ishii ist eine Überlebenskünstlerin. Sie ist eine Frau, die wohl nicht friedlich an Altersschwäche sterben würde. Und es ergibt Sinn, dass sie am Ende vom Hattori Hanzo-Schwert getötet wird*“ (Quelle: „*Tarantino – The Bloody Genius*“).

Als O-Ren Ishii’s *verrückter* und *Meteorhammer*-schwingender junger weiblicher „*Bodyguard in Schuluniform*“, „Gogo Yubari“, brilliert die Japanerin *Chiaki Kuriyama* (Jahrgang 1984). Sie war Tarantino durch ihre Rolle der „#13 Takako Chigusa“ in dem japanischen Science Fiction-Thriller *Battle Royale* (2000; Batoru Rowaiaru; Regie: Kinji Fukasaku) aufgefallen, einem Film, in dem es im *Kern* darum geht, dass Schulklassen ausgewählt werden, die sich dann in staatlich arrangierten „Todesspielen“ gegenseitig töten sollen. *Battle Royale* hat, wie *Kill Bill – Volume 1*, auf DVD/Blu-ray eine Altersfreigabe *FSK 18* (*Anmerkung*: Der „*very violent*“ Kill Bill – Volume 1

wurde seinerzeit sogar beim Kinoeinsatz in den USA „*rest-
ricted to theatergoers 17 years old and up*“; Erscheinungs-
datum des ersten *Kill Bill*-Teils in den Vereinigten Staaten:
10. Oktober 2003) und bietet immerhin den japanischen
Multi-Künstler & Star-Regisseur *Takeshi Kitano* (Highlights als Regisseur: z. B.: 1989: *Violent Cop*; 1997: *Hana-
Bi – Feuerblume*) als einen der Hauptdarsteller auf.

Vivica A. Fox spielt „Vernita Green“, die, im Rahmen
ihres „neuen Lebens“, nun nicht mehr als „*Tödliche Viper*“
mit dem Code-Namen „*Copperhead*“ agiert, sondern als
„*mother & homemaker*“ namens „Jeannie Bell“, und von
der „Braut“ einen *wahrlich spektakulären* „Hausbesuch“
erhält (*Michael Madsen* in „*Tarantino – The Bloody Genius*“ über den Kampf zwischen der BRIDE & VERNITA
GREEN: „*Der Kampf zwischen Uma und Vivica A. Fox in
`Kill Bill` ist zweifellos der großartigste Kampf zwischen
zwei Frauen im Kino. Irrsinnig gut. Das ist einfach genial.
Diese Bösartigkeit und gleichzeitig die Weiblichkeit, die
nicht eine Sekunde weg ist*“).

Zum Casting von Vivica A. Fox kam es durch typische
„Tarantino-Umstände“, denn QT war in einer Videothek
auf irgendeinen *Direct to Video*-Film mit Fox gestoßen,
also auf einen Film, der gar nicht erst ins Kino gekommen
war, hatte sich dadurch aber wieder an sie erinnert und

wollte sie in der Folge für die „Vernita"-Rolle casten, weil man die afroamerikanische Schauspielerin, so Tarantino, „*seit `Independence Day` nicht mehr gesehen hatte*" (*Anmerkung*: In Roland Emmerich's ungemein unterhaltsamen Science Fiction-Kracher von 1996 spielte Fox die Figur der „Jasmine Dubrow", der Freundin von „Captain Steven Hiller" Will Smith, und erhielt damals gemeinsam mit Smith den *MTV Movie Award* in der Kategorie „*Bester Kuss*").

EPILOG

So wie in manchen Filmen die „*Tragödie*" oder dergleichen so etwas wie die unsichtbare, im Raum stehende und gleichsam über dem Geschehen schwebende „*Figur*" ist, so war in Tarantino's Debüt *Reservoir Dogs – Wilde Hunde*, obwohl von Seiten der Kritik zumeist die „*extreme violence*" des Werks thematisiert wurde, die „*Gewalt*" an sich eher noch diese besagte unsichtbare & im Raum stehende „*Figur*", die *zumeist* lediglich über dem Geschehen schwebte – und man wartete bei jedem Gespräch von Harvey Keitel, Tim Roth, Steve Buscemi, Michael Madsen & Co darauf, dass sie ausbricht.

Nun, in Tarantino's äußerst erfolgreichem Meisterwerk des Actionfilms *Kill Bill – Volume 1* (*Budget* - für beide Teile insgesamt: 30 Millionen US-$ / *Einspielergebnis* von „*Volume 1*": rund 181 Millionen US-$) ist Gewalt ganz sicher *nicht* mehr nur der weitgehend „unsichtbare Begleiter" des Geschehens, denn das Werk, das ganz gewiss *auch* einen „*Genre*-bedingten" *leichten* Hang zur „Gewaltpornografie" hat (was es aber natürlich, aufgrund von QT's *Storytelling- & Dialog*-Skills, noch lange nicht auf die Stufe von Werken wie etwa dem diesbezüglich wahrlich erstaunlichen *Rambo: Last Blood* aus 2019 befördert, in dem sich Sly Stallone ja einer fast schon „*erotischen Beziehung*" zur Gewalt hingibt), reizt auf reichlich *vielfältige* sowie *virtuose & mitreißende* Art und Weise die *Grenzen* der „*representation of violence*" im Kino aus.

Und das, nämlich dieses „*Ausdehnen der Grenzen des im Kino im Zusammenhang mit Gewalt Darstellbaren*", scheint QT immer schon ein *Anliegen* gewesen zu sein, denn auch diesbezüglich sieht Tarantino den *Filmemacher* im Nachteil (und sozusagen als „Träger von Handschellen") gegenüber dem „*novelist*"/Schriftsteller, was er 1993 auch in der bereits mehrfach zitierten Interviewsession mit Graham Fuller erwähnt hat, wo er zu Fuller meinte: „*The worst thing about movies is, no matter how far you can go, when it comes to violence you are wearing a pair of hand-cuffs that novelists […] don't wear*".

Kill Bill: Vol. 2 (2004)

(ca. 137 Min.;

dt. Verleihtitel: *Kill Bill – Volume 2*)

„IS THIS THE END OF THE BEGINNING OR THE BE-GINNING OF THE END?"

(aus dem Song „*End of the Beginning*" von *Black Sabbath*, enthalten auf deren Album „*13*" aus 2013; wie bereits im Kapitel über *Kill Bill - Volume 1* erwähnt, hatte Tarantino im Grunde immer schon Fortsetzungspläne bezüglich *Kill Bill* und hat seine diesbezüglichen Pläne sogar in den letzten ein, zwei Jahren, also nach dem großartigen *Once Upon a Time in Holly-wood* von 2019, wieder „konkretisiert", genauso wie einen *möglichen* Plot für „*Kill Bill – Volume 3*", denn nicht nur „Nikki Bell", die, wie QT sinngemäß meint, „*ihre Rache genauso verdient wie 'Die Braut` einst die ihre*", soll in einem möglichen dritten Teil wieder auftauchen, sondern auch die nun „*ein-armige*" Sofie Fatale, und das als eine Art „*step-mother*" von „Nikki Bell"; *Anmerkung*: Da Tarantino nach *Once Upon a Time in Hollywood* angekündigt hat, dass nach *10* Spielfilmen als Regisseur für ihn Schluss sein würde, könnte ein etwaiger dritter *Kill Bill* – Teil, in dem man übrigens wiederum *Uma Thurman* in der Hauptrolle zu sehen bekommen soll, Tarantino's *letzter* Kinofilm werden)

*„Ich sah tot aus, nicht wahr? Aber ich war's nicht. Obwohl die alles dafür getan hatten, so viel ist klar. Tatsächlich hat BILL mich mit diesem Schuss ins Koma geschickt. In diesem Koma lag ich insgesamt vier Jahre. Als ich aufgewacht bin, hab ich mich aufgemacht zu einem, wie's in der Werbung so schön heißt, zu einem grausamen Rachefeldzug. Ich hab geschrien und gewütet und verschaffte mir blutige Genugtuung. Ich musste 'ne Menge Leute umbringen, um an diesen Punkt zu gelangen, aber **einer** fehlt mir noch. Nur **er** fehlt noch. Ich bin gerade unterwegs zu ihm. Er ist der Letzte auf der Liste. Und sobald ich mein Ziel erreicht habe, werd ich BILL umbringen“*

(aus: *Kill Bill – Volume 2*; Text laut deutscher Synchro (Dialogbuch & Dialogregie Teil 1 & 2: Andreas Pollak); „***I am gonna kill BILL***“ (Originalfassung) – um einen „geordneten Übergang“ von „*Volume 1*“ zu „*Volume 2*“ zu schaffen, präsentiert einem Tarantino zu Beginn von Teil 2 nicht nur nochmals die *Anfangssequenz* von Teil 1 (THE BRIDE zu BILL – kurz vor dem Kopfschuss: „*Bill, I'm pregnant. It's your baby*“), sondern er lässt die „Bride“, während sie eben in ihrem Auto unterwegs zu BILL ist, auch nochmal eine „*Kurzfassung des bisher Geschehenen*“ direkt in die Kamera sprechen; Uma Thurman wird dabei in *Schwarz/Weiß* eingefangen und agiert vor einer *betont künstlichen Rückprojektion*, die einen gewissen „*50s Touch*“ hat)

„*How it happened, who was there, how many got killed and who killed them, changes depending on who's telling the story*“

(aus: *Kill Bill – Volume 2*; „*Wie es passierte, wer anwesend war, wie viele getötet wurden und wer sie tötete, wechselt abhängig davon, wer die Geschichte erzählt*“ – Ausschnitt aus einem (wahrlich *Allgemeingültigkeit* in Bezug auf das *Geschichtenerzählen* besitzenden) *Voiceover* der „Braut“ *vor* dem „*Massacre at Two Pines*“ aka „*El Paso, Texas Wedding Chapel Massacre*“, das man zu Beginn von Teil 2 präsentiert bekommt)

„*Ich bin mein ganzes Leben nie nett gewesen, aber ich werde mein Bestes tun, um freundlich zu sein*“

(aus: *Kill Bill – Volume 2*; „Bill“ David Carradine spricht (zur „Braut“ Uma Thurman und während ihrer Unterhaltung unmittelbar vor dem „*Massacre at Two Pines*“ und als Antwort auf die „Bride“-Frage „*Wirst du dich nett aufführen?*“) einen Satz, der, nebenbei erwähnt, zu *meinen absoluten Lieblings-Filmzitaten* gehört; im Original sagt David Carradine: „*I've never been nice in my whole life. But I'll do my best to be sweet.*“)

Quentin Tarantino hat seine „*unrühmlichen Bastarde*“ im Rahmen seiner Filme schon durch diverse Filmgenres gejagt.

So war *Reservoir Dogs – Wilde Hunde* ein *Heist-Movie*, der den „*heist*“, den „Raubüberfall“, gar nicht erst gezeigt hat (was Tarantino einmal als seinen eigenen „*goofy*[im Sinne von „*silly, funny*“] *way to do a heist-movie*“ bezeichnet hat).

Pulp Fiction wiederum war, jedenfalls der *ursprünglichen* Intention nach, ein *Spiel* mit Elementen des *Hard Boiled-Crime-Fiction*-Genres, das dem Seher „atypische Verläufe“ von Genresituationen präsentierte.

Jackie Brown wurde zur Verbeugung vor dem „*Black Cinema*“ der 70er-Jahre und mehr oder weniger auch zu einer filmischen Liebeserklärung an Pam Grier.

Kill Bill – Volume 1 war, unter anderem, eine reichlich blutige Mixtur aus *Samurai*-Film, *Yakuza*-Film und *Kung Fu*-Film, die sogar eine *John Woo*-artige *Ballett(-Film)*-Einlage beinhaltete, denn der „*Showdown im Haus der blauen Blätter*" ist im Grunde „*Kampf-Ballett*" par excellence.

Mit *Kill Bill – Volume 2*, also der zweiten Hälfte seines Rache-Epos, hat QT allerdings in gewisser Weise „Neuland" betreten, denn der Film hat *auch* Elemente eines „*Romantic Melodrama*" oder kommt, wie der US-Kritiker & QT-Fan *Elvis Mitchell* in seinem Vorwort zu einer Buchausgabe des Skripts von *The Hateful Eight* geschrieben hat, ein wenig so rüber, als hätte der große chinesische Regisseur *King Hu* (1967: *Die Herberge zum Drachentor*; 1971: *Ein Hauch von Zen*) das Melodram „*In den Wind geschrieben*" von *Douglas Sirk* aus 1956 (Starring: Rock Hudson & Lauren Bacall) neu verfilmt - „`Kill Bill Vol. 2` is `Written on the Wind` if staged by King Hu*" (Mitchell).

Der Plot von *Kill Bill – Volume 2* [*Anmerkung*: Grundsätzlich enthält „*Volume 2*" viel stärkere „Abweichungen" von QT's *Ur-Skript* als das Material, das Tarantino als „*Volume 1*" veröffentlicht hat – vieles aus dem ursprünglichen

346

Drehbuch, auch was die Dialoge betrifft, wurde in „*Volume 2*" weggelassen oder von Tarantino überhaupt neu arrangiert; so existiert das „*Chapter Six Massacre at Two Pines*" im ursprünglichen Drehbuch nicht in der dann im Film dargebotenen Form, denn nach dem „*Showdown at House of Blue Leaves*" ließ QT in seinem Skript eigentlich die beiden Kapitel „*Yuki's Revenge*" & „*Can She Backe A Cherry Pie...*" folgen – in „*Yuki's Revenge*" musste sich die „Braut" quasi mit „Yuki Yubari", der nach Rache sinnenden Schwester von „Gogo Yubari", herumschlagen [den „Yuki"-Character hat QT bei der filmischen Umsetzung quasi vollständig gestrichen], während im Zentrum von „*Can She Backe A Cherry Pie...*" sogar „Bill" selbst stand, der, im Rahmen eines „Glückspiel-Abends" in einem Hotel, dann via Telefon auch von Vernita Green's Tod erfährt]:

Nachdem man eben die Anfangsszene aus Teil 1 [BILL – zur BRIDE: „*At this moment this is me at my most masochistic*"; Originalfassung] nochmal zu sehen bekommen und anschließend dann die „Kurzfassung des bisherigen Geschehens" von der „Braut" nochmal erzählt bekommen hat, wird das -in *Schwarz/Weiß* gedrehte- „*Chapter Six Massacre at Two Pines*" angekündigt, welches das „Wedding Chapel Massacre“ zeigt, also jenen Vorfall, der mittlerweile zur „*Legende*“ [Copyright: dazugehöriges *Voice-over* der BRIDE] geworden ist.

Die „Braut“ sowie ihr Verlobter Tommy [„Thomas `Tommy` Plympton“ wird von dem amerikanischen Make-up-Artist *Christopher Nelson* gespielt; Nelson war als Make-up-Artist & Stylist auch an *Kill Bill Vol. 1 & 2* beteiligt und gewann 2017 für seine Arbeit bei dem „DC Comics-supervillain team film“ *Suicide Squad* den *Oscar* in der Kategorie „*Best Makeup & Hairstyling*“] führen gerade so etwas wie eine „Hochzeitsprobe“ in der kleinen „Two Pines“-Hochzeitskapelle in El Paso, Texas durch [*Anm.*: Als Location für die „*Two Pines Church*“ diente die „*Calvary Baptist Church*“ in *Hi Vista*, Kalifornien; die kleine Kirche, die sich quasi im kalifornischen Teil der Mojave-Wüste befindet, ist seither eine Art *Touristenattraktion*], wo sie mit Reverend Harmony [gespielt von *Bo Svenson*, bekannt aus Clint Eastwood's *Heartbreak Ridge* von 1986 oder aus *Inglourious Basterds*], der Frau des Reverends [„Mrs. Harmony“ wird von der Stuntfrau & Schauspielerin *Jeannie Epper* verkörpert] sowie mit dem „*piano player*“ Rufus [*Samuel L. Jackson* in einer *Gastrolle*; RUFUS - zu den Brautleuten: „*Wie wär`s mit `Love Me Tender`? Das hab ich drauf*“] die geplanten Abläufe besprechen.

Die „Bride" gibt sich irgendwann genervt von „Mrs. Reverend's" Fragen nach dem offensichtlich vollständig „fehlenden" *Anhang* der Braut [THE BRIDE – zu den drei Frauen, die, zusammen mit einem Mann, zum Anhang des Bräutigams gehören, und mit Hinweis auf ihre Schwangerschaft: „*I'm not feeling very well, and this bitch is starting to piss me off*"/dt. Fassung: „*Ich fühl mich nicht besonders und diese Kuh fängt langsam an mich abzunerven*"] und steht dann von ihrem Stuhl auf, um sich die Füße zu vertreten.

Plötzlich, als sie sich dem Ausgang der kleinen Kirche nähert, ertönt ein *Flötenspiel*. Der Gesichtsausdruck der „Braut" verändert sich, denn dieses Flötenspiel kommt ihr offenbar *bekannt* vor – sie tritt durch den Kircheneingang hinaus [*Anmerkung*: QT & Star-Kameramann *Robert Richardson* zitieren hier *eine der berühmtesten Kamera-Einstellungen der Filmgeschichte*, nämlich John Ford's & Winton C. Hoch's berühmte „*Türrahmen-Einstellung*" aus dem John Wayne-Western *Der Schwarze Falke* von 1956 – dort „blickt" man quasi *durch den Türrahmen hinaus* auf die wüstenartige Landschaft des Monument Valley] und entdeckt: den Flöte-spielenden BILL [*Anm.*: „Bill" David Carradine spielt hier -quasi- auf derselben Flöte wie einst in der TV-Serie *Kung Fu*[!]].

„Die Braut" & Bill beginnen ein Gespräch, über dem von Anfang an eine *unangenehme Spannung* liegt [BILL: *„Hallo, Kiddo"* (*Anm.:* „Kiddo" lautet bekannterweise der wirkliche Nachname der „Braut", das Wort heißt aber im Englischen auch so was wie *„Kleine"*, könnte also an der Stelle ebenso als eine Form der „liebevollen Anrede" verstanden werden – BILL nennt „Die Braut" ja *auch* in der Anfangssequenz einmal *„[k]iddo"*, bevor er ihr in den Kopf schießt) / THE BRIDE: *„Wie hast du mich gefunden?"* / BILL: *„Ich bin der Mann"* / THE BRIDE: *„Was machst du hier?"* / BILL: *„[…] Naja, vor wenigen Augenblicken habe ich noch Flöte gespielt. In diesem Augenblick blicke ich auf die hübscheste Braut, die diese alten Augen je gesehen haben"*] und welches dann bald in der wohl entscheidenden Frage der „BRIDE" gipfelt: *„Was willst du hier?"*.

Bill spricht sie in der Folge auf ihre Schwangerschaft an [BILL – im Original: *„So you got a bun in the oven"*] sowie auf ihren Verlobten, der offenbar Inhaber eines „Second Hand-Plattenladens" in El Paso ist [THE BRIDE – sich auf Tommy's Job beziehend: *„Meine Kleine wird in `ner tollen Umgebung aufwachsen"* / BILL: *„Sicher besser als durch die Welt zu jetten, Leute umzubringen und dafür enorme Summen zu kassieren"* / THE BRIDE: *„Stimmt ganz genau"*].

Bill & „The Bride" gehen schließlich gemeinsam in die kleine Kirche, wo sie Tommy umgehend empfängt [BILL zu TOMMY – im Original: *„Arlene's told me so much about you"*; *Anm.*: Die „Bride" nennt sich in ihrem „neuen Leben" nun *„Arlene Machiavelli"*].

„Tommy, darf ich dir meinen Vater vorstellen" – Die „Braut" stellt Tommy den „Unbekannten" vor, was die Spannung, die in der Luft liegt, nur noch weiter steigert [TOMMY: *„I'm so glad to meet you, sir...äh...dad"* / BILL: *„The name is Bill"* / TOMMY: *„Well, it's great to meet you, Bill"*; Originalfassung].

Dann werden sie vom Reverend ermahnt, die „Hochzeitsprobe" fortzusetzen, woraufhin Tommy auf die Idee kommt, dass doch „Daddy" Bill seine „Tochter", die „Braut", zum Altar führen könnte [TOMMY: *„Oh mein Gott, was red` ich denn da!* **Sie** *führen sie zum Altar"*] – Bill lehnt -dankend- ab [BILL – nachdem er abgelehnt hat: *„Darf ich zusehen?"*].

Tommy geht wieder zum Reverend. Bill & „Die Braut" bleiben zurück und Bill präsentiert sich ihr gegenüber noch einmal „gönnerhaft" und „abgeklärt" [BILL: *„Du bist mir nicht das Geringste schuldig. Wenn er der Mann ist, den du willst, dann stell dich zu ihm"*].

Die „Braut" setzt sich ihren Brautschleier auf und fragt ihn: „*Do I look pretty?*" [Originalfassung]. Bill antwortet mit „*Oh yes*" und sie küsst ihn auf den Mund [THE BRIDE – nach dem Kuss: „*Danke*"], bevor sie sich dann zu Tommy und der kleinen Hochzeitsgesellschaft begibt.

Die Kamera bewegt sich anschließend aus der „*Two Pines*"-Wedding Chapel hinaus und offenbart, dass dort bereits *Vernita Green, Budd, O-Ren Ishii & Elle Driver* warten. Die schwer bewaffnete „*Deadly Viper Assassination Squad*", die „*Tödlichen Vipern*" also, betreten die Kirche. Man kann die -blutigen- Abläufe in der Kirche allerdings nur *erahnen*, denn man hört noch kurz den Reverend etwas sagen [REVEREND: „*Was zum Teufel?!*"], bevor Maschinengewehr-Salven alles übertönen [und schließlich nur mehr der Sound einer AC/DC-„*Hells Bells*"-artigen „Kirchen- & Begräbnisglocke" zu vernehmen ist].

„*A small camper trailer sits all by its lonesome in the middle of a barren*[unfruchtbar] *Texas wasteland*[Einöde]" [QT-Skript; Beschreibung des „Umfelds", in dem „*Budd's Wohnwagen*" steht].

Die beiden Brüder, Bill & Budd, unterhalten sich [Erläuterungen zu „Budd" im Skript: „[…] *Bill's Brother,* BUDD. *Not the Slick Willie Budd with the black suit and the silver-tipped black cowboy boots we saw earlier at the wedding chapel massacre. No, the Budd we see now is the Budd who climbed into a bottle five years ago, got himself comfortable, and decided to live there*"; „Slick Willie": im Sinne von „*smooth guy*"; „climb inside a bottle": im Sinne von „Alkoholiker-Level-*drinking*"] gerade über die Tatsache, dass die „Braut" in Japan offenbar mit der gesamten Leibgarde von O-Ren aufgeräumt hat [BUDD: „*Willst du mir erzählen, sie hat 88 Bodyguards niedergemetzelt, bevor O-Ren dran war?*" / BILL: „*Nein, das waren nicht wirklich 88. Die nennen sich bloß die `Crazy 88´. […] Sie starben alle durch ein Hanzo-Schwert*"].

Die Erwähnung des Hanzo-Schwerts belebt die „zähe" Konversation der beiden „*entfremdeten Brüder*" [„*estranged brothers*"; QT-Skript] und Budd drückt sein Erstaunen über den Umstand aus, dass Hanzo offenbar seinen „Blut-Schwur" gebrochen hat, *nie wieder* ein Schwert zu schmieden [BUDD – laut Skript: „*She got her a Hattori Hanzo sword? […] He made her one? Didn't he swear a blood oath never to make another sword?*"; Nachsatz von BUDD zum Thema „Hanzo", mit Seitenhieb auf seinen Bruder: „*Aber vielleicht provozierst du das auch bei anderen Menschen*"/Skript-Version: „*Or is it just you tend to bring that out in people?*"], wobei er seinem Bruder Bill dann mitteilt, dass er sein eigenes Hanzo-Schwert längst *versetzt* hat [BILL – dem dieser *„disrespect"* sichtlich schmerzt: *„Du hast dein Hanzo-Schwert versetzt? […] Es war unbezahlbar"* / BUDD: *„Na ja, in El Paso nicht. In El Paso haben die mir dafür 250$ gegeben. Ich bin Rausschmeißer in `ner Tittenbar, Bill"*].

Bill kommt zurück zum eigentlichen Anlass seines Besuchs und meint, dass Budd seinen Groll gegen ihn überwinden muss und sich vor der „Bride" in Acht nehmen [BILL – laut Skript: *„[…] you need to get over being mad at me, and start becoming afraid […]. Because she is coming, and she's coming to kill you"*]. Budd lehnt allerdings die angebotene *„assistance"* [BILL – Originalfassung] ab und will sich seiner „Schuld" stellen [BUDD: *„Ich stelle mich meiner Schuld und ich werde mich da nicht irgendwie rausmogeln"*].

Anschließend sagt Budd einen der zentralen Sätze von *Kill Bill – Volume 2*, der schon am Ende von *„Volume 1"* einmal „eingespielt" wurde: *„That woman deserves her revenge. And we deserve to die. But then again, so does she"* [*Anm.*: In Teil 1 bekam man allerdings nur den Abschnitt *„Diese Frau verdient ihre Rache und wir verdienen den Tod"* zu hören und nicht die „Ergänzung": *„Aber andererseits, sie genauso"*].

Beginn von *Kapitel sechs* – „*The lonely grave of Paula Schultz*" [„*Das einsame Grab von Paula Schultz*"; *Anmerkung*: Der Titel wird im Allgemeinen als „QT-Hommage" an die skurrile und heutzutage fast vergessene US-Komödie „*The Wicked Dreams of Paula Schultz*" von *George Marshall* aus 1968 betrachtet, in der *Elke Sommer* eine DDR-Athletin namens „Paula Schultz" spielt, die sich mit der Hilfe eines Stabhochsprung-Stabs über die Berliner Mauer in den Westen absetzt; in „QT-Hardcore-Fan-Kreisen" kursiert auch das „Gerücht", dass es sich bei „*Paula Schultz*" sozusagen um die *Ehefrau* des von *Christoph Waltz* gespielten „*Dr. King Schultz*" aus *Django Unchained* handelt].

Budd parkt mit seinem Pickup-Truck vor seinem Arbeitsplatz, dem „*My-oh-My-Club*" [Erläuterungen dazu im Skript: „*The My-oh-my Club, is the sleazy*[verkommen] *titty bar that Budd works at. His job is tossin out the riff-raff*[Mob, Penner] *that's worse than him, out on their ear – minus a few of the teeth they had when they came in*"].

In der -fast leeren- Bar [„*No strippin goin on yet, just a few* BARFLIES *drinkin*"; barfly: Säufer, „Kneipenhocker"; QT-Skript] wird er von dem Barkeeper [*Sid Haig*, der den Richter in *Jackie Brown* gespielt hat, in einer *Gastrolle*!]

darauf hingewiesen, dass er schon wieder *zu spät* zur Arbeit kommt.

Nachdem sein Boss Larry [„Larry Gomez" wird von *Larry Bishop* verkörpert; Bishop drehte 2008 als Regisseur, Autor & Hauptdarsteller den von Tarantino produzierten Action-Thriller *Hell Ride*, in dem sich auch David Carradine & Michael Madsen tummeln], der Besitzer des Clubs, nach ihm gerufen hat [LARRY – in Richtung Barkeeper: *„Sag ihm, er soll seinen verdammten Arsch hierher bewegen!"*], geht er in Larry's Büro, wo sich gerade auch eine der Stripperinnen Koks durch die Nase zieht. Larry gibt sich verärgert über Budd's Verhalten, da er angeblich schon wieder 20 Minuten zu spät gekommen ist [BUDD's Rechtfertigung: *„Ich bin Rausschmeißer und da draußen ist niemand rauszuschmeißen"*].

Budd's nonchalante Gleichgültigkeit gegenüber seiner „Autorität" bringt Larry nun dazu, den Namen von Budd aus einem Kalender, der offenbar auch als „Dienstplan" fungiert, zu streichen. Dann schickt Larry Bill's Bruder, mit einem Hinweis, dass er seinen Cowboyhut nicht mag [LARRY: *„Ich will, dass du diesen idiotischen Kuhdeckel zuhause lässt!"*; im Original verwendet „Larry" den Ausdruck „*shit-kicker-hat*"], zurück nach Hause, wo er sozusagen warten soll, bis er wieder „gebraucht" wird und dementsprechend von ihm angerufen.

Als Budd auf dem Weg nach draußen ist, wird er noch von der Stripperin Rocket [gespielt von *Laura Cayouette*] angesprochen, die ein „Problem mit der Toilette" meldet [ROCKET: „*Ja, Budd, Süßer, die Toilette tut's wieder nicht. Da läuft überall das Scheißwasser raus*" / BUDD: „*Ich mach das sauber*"; Skript-Fassung der ROCKET-Aussage: „*There's shitty water all over the floor*"].

Ortswechsel – Budd ist zu seinem „*Trailer Home*" [Skript] zurückgekehrt. Nachdem er aus dem Pickup ausgestiegen ist, blickt er sich um und scheint, wie einst O-Ren im „*Haus der blauen Blätter*", die *Gegenwart* seiner alten Mitstreiterin, der „BRIDE", förmlich zu *spüren*. Budd verschwindet in den Wohnwagen, lässt dort den Song „*A Satisfied Mind*" von *Johnny Cash* erklingen [*Anmerkung*: Den Song hat Cash *exklusiv* für den *Kill Bill – Volume 2*-Soundtrack aufgenommen – 2010 ist „*A Satisfied Mind*" dann auch auf Cash's erst posthum erschienenem Album „*American VI: Ain't No Grave*" zu hören], und setzt sich, wie man hören kann, in einen Schaukelstuhl.

Unter dem Wohnwagen hat sich, wie sich bald herausstellt, die „Braut" versteckt – sie trägt eine „*black stocking cap*" [Skript; also eine „*schwarze Strumpfmütze*"] über dem Gesicht [*Anm.*: Sehr *amüsant* an der Stelle ist, dass Uma Thurman aussieht wie so eine Art „*blonder Ninja*", weil eben ihre blonden Haare vorne aus der Mütze herausragen] und sie hat ihr Hanzo-Schwert bei sich. „Die Braut" platziert sich in der Folge vor dem Eingang zum Wohnwagen [Skript: „*She slowly rises…removes her black stocking cap…blonde hair falls around her shoulders…sword in right hand…left hand grabs the front doorknob*"] und will diesen „stürmen". Doch Budd, der jetzt nicht mehr der „kleine Rausschmeißer" ist, der sich von seinem Chef erniedrigen lassen muss, sondern wieder der einstige „*warrior*" [Skript], erwartet die Angreiferin in seinem Schaukelstuhl mit einer „DOUBLE-BARREL SHOTGUN" [QT-Skript] und: *schießt* [Skript-Passage mit Bezug auf die „Auswirkungen" dieses Schusses: „*The BRIDE standing in the doorway is HIT* […] *in the chest, and* PROPPELED THROUGH *the* AIR BACKWARDS. *Landing hard on her back in the dirt*"].

Die „Bride" ist außer Gefecht gesetzt, verletzt, und sie röchelt & stöhnt [„*Bloody mess down her front -- Groan from her throat*"; Skript]. Budd verlässt den Wohnwagen, kickt das Hanzo-Schwert, das neben der „Braut" liegt, von

dieser weg, beugt sich über sie und klärt sie dann quasi darüber auf, mit *was* er da eigentlich auf sie geschossen hat:
„*Niemand lässt mehr die Sau raus mit ˋner doppelten Dosis
Steinsalz* […]“ [im Original: „*Ain't nobody a badass with
a double dose of rock salt* […]“].

„*The blood splattered Bride*“ [QT-Skript], de facto
bewegungsunfähig, spuckt daraufhin „*a gob of bloody saliva*“ [Skript; saliva: Speichel] in Budd's Gesicht. Budd revanchiert sich bei der „Braut“, indem er „zurück-spuckt“.
Anschließend dreht er die „Braut“ um, sodass sie auf dem
Bauch liegt, und jagt ihr eine Betäubungsspritze in den
Körper [Skript: „*Almost mercifully, the man once known as
ˋSidewinderˋ, sticks a syringe in her* […], *dropping her un-
conscious*“].

Budd ruft nun *Elle Driver* an, also jene „*six-foot tall,
long-haired blonde with the codename ˋCalifornia Mountain Snakeˋ*“ [Beschreibung von „Elle Driver“ an der Stelle
im Skript], die zunächst glaubt, dass *Bill* am Telefon ist
[ELLE: „*Bill?*“]. Bill's Bruder meint daraufhin [Text gemäß
QT-Skript]: „*Wrong brother, you hateful bitch.* […] *I just
caught me the cowgirl ain't never been caught*“.

Nachdem Budd zu Elle Driver den Satz „*Ich habe gerade das Cowgirl erwischt, das sich von niemandem erwischen lässt*" gesagt hat und sich Driver's anfängliche diesbezügliche „leichte Ungläubigkeit" in „gehässige & hasserfüllte Begeisterung" umgewandelt hat, bietet ihr Budd das Hanzo-Schwert an, das er nun in seinen Händen hält [BUDD: „*Ein kaum gebrauchtes Hattori Hanzo-Superschwert. Eins kann ich dir sagen, Elle. Das Ding ist höllisch scharf*"/Skript-Version: „*A brand spankin new Hattori Hanzo sword. And I'm here to tell ya Elle, that's what I call sharp*"]. Die beiden handeln für „*das tollste Schwert, das je ein Mensch gefertigt hat*" [BUDD] den Preis von *einer Million Dollar* aus [BUDD's Antwort auf Elle's Frage, warum er es eigentlich nicht seinem Bruder *Bill* verkauft – gemäß Skript: „*If I'm gonna drink myself to death,...it won't be on Bill's dollar. It's gonna be on yours*"]. Budd & Elle wollen sich am folgenden Tag dann zur Geldübergabe treffen, wobei Elle an ihn bezüglich der „Braut" auch jene „Forderung" stellt, die man ebenfalls bereits am Ende von „*Volume 1*" zu hören bekommen hat: „*Sie muss leiden bis zu ihrem letzten Atemzug*"/„*She must suffer to her last breath*". Budd's Antwort: „*Das, Elle, Süße, kann ich dir auf jeden Fall garantieren*".

„CUT TO:" [Skript] – ein *texanischer Friedhof* in der Nacht [„*We look down on a spooky Texas graveyard…Tombstones…Graves…Dirt…Low-hanging fog. This could be the opening shot of a Texas zombie movie*"; QT-Skript]. Während *Ernie* [gespielt von *Clark Middleton*, bekannt auch aus TV-Serien wie *The Blacklist*, in der er „Glen Carter" spielt, einen von „Raymond Reddington" James Spader hin und wieder benötigten „*tracker*"/„Spürhund"], ein Bekannter von Budd, damit beschäftigt ist ein Grab auszuheben, schleift Budd die nun wieder erwachte sowie an Armen und Beinen gefesselte „Braut" von der Ladefläche seines Pickups und platziert sie unsanft auf dem Boden. Die „Bride" kann sich dadurch ein Bild von dem ganzen *Alptraum-Szenario* machen, das sie offenbar erwartet [Skript-Passage: „*Once in the dirt, The Bride sees an Old Coffin that's been dup up. Next to it is a brand new pine box coffin*[Kiefernholzsarg]*, straight out of ˋFistful of Dollars´. And a freshly dug grave, with a pile of dirt next to it, in front of an old tombstone that reads: ´PAULA SCHULTZ´*"; „*Fistful of Dollars*": englischer Titel von Sergio Leone's Western-Klassiker *Für eine Handvoll Dollar* von 1964].

Mit der einzigen Waffe, die sie im Moment noch hat, nämlich ihrem *Blick*, leistet sie gegen die beiden Männer, die nun vor ihr stehen und sie beobachten, *Widerstand* [ER-NIE – im Original: „*Whoa, look at those eyes. This bitch is furious*"].

Budd & Ernie wollen die „Braut" nun aufheben und hinübertragen zu dem Kiefernholzsarg [Skript-Beschreibung des Widerstands der „Braut" gegen den Vorgang & der Konsequenz dieses Widerstands: „*She struggles with her bound legs and arms…Both men* DROP *her to the ground*"]. Da die „Braut" aber zu starke Gegenwehr leistet, bedroht Budd sie mit einer Dose Pfefferspray [im Original: „*can of Mace*"], die er ihr vor die Augen hält. Er sagt: „[…] *Du liegst noch heute Nacht unter der Erde. Und das war's dann für dich. Ich werde dich beerdigen*".

In der Folge präsentiert er der „Braut" eine *Taschen-lampe*, welche er ihr, wie er ihr mitteilt, als eine Art „Geschenk" sogar mit in das Grab geben würde, vorausgesetzt allerdings, sie verhält sich nun *ruhig*, denn ansonsten, so Budd's Drohung, würde sie aufgrund einer Ladung Pfefferspray gleichsam „*blind*" lebendig begraben werden [BUDD – laut Skript: „*Then you'll be blind* […] *and buried alive*"; *Anmerkung*: Das „*buried alive*"-Motiv hat QT auch in dem von ihm inszenierten 2-teiligen *CSI: Crime Scene Investigation*-Season 5-Finale *Grabesstille*/OT: *Grave Danger* aus 2005 verwendet, wo er quasi den Las Vegas-

CSI-Mann „Nick Stokes", gespielt von *George Eads*, „ins Grab befördert" hat].

Die „Braut" gibt Budd ein „zustimmendes Zeichen" mit den Augen – dann platzieren die beiden Männer sie im Sarg und: „[…] *with a hammer and nails the two men seal the coffin shut*" [QT-Skript]. *Bevor* Budd den Sargdeckel aber gemeinsam mit Ernie durch zahlreiche Nägel fixiert, gibt er der „Braut" noch folgende Worte mit: „*Warum hast du meinem Bruder das Herz gebrochen…*"/„*This is for breaking my brother's heart*".

„INT. PINE BOX" [Skript; also im Sinne von „*Innen. Kiefernholz-Box*"] – Die „BRIDE" wird nun tatsächlich lebendig begraben [dazugehörige Passagen im QT-Skript, die gleichsam die „Änderung der Lichtverhältnisse" dokumentieren: „*Dark, except for the cracks of light seeping through between the lid*[Deckel] *and the box. However with each nail pounded in, more lights is cut off…* TILL…*the only light left, is the crack by The Bride's head. The last hammered nail obliterates*[auslöschen] *that light source. The Bride lies in TOTAL DARKNESS*"].

Angesichts der „*totalen Dunkelheit*" im Sarg, die folglich auch die Leinwand beherrscht, denn Tarantino präsentiert uns tatsächlich für einige Zeit absolute Dunkelheit und eine dementsprechend „unsichtbare BRIDE", kann man die

Abläufe zunächst nur erahnen: Man *hört*, wie der Sarg im Grab von Paula Schultz mit Erde bedeckt wird [„BAM…*The dirt just keeps falling, the bams becoming softer with each new shovelful*; Skript], und natürlich auch, wie die „Braut" auf die horrorartige [und *Horror-Film*-artige] Situation reagiert [QT-Skript: „*The Bride is starting to perspire*[schwitzen]…*her breathing becoming more rapid and panicked…her heartbeat begins to echo inside the pine box. We've never seen her like this before. She's starting to lose it…She lets out a* SCREAM…*She* SCREAMS *again*"].

Als ihre „Totengräber" Ernie & Budd, was ebenfalls hörbar ist, mit dem Pickup verschwunden sind, macht die „Braut" auch die Taschenlampe an - und nach einigen Momenten kündigt eine weitere „TITLE CARD" das „*Chapter Eight The Cruel Tutelage of Pai Mei*" [„*Die grausame Lehre des Pai Mei*"] an.

Der „*Pai Mei*"-Abschnitt, der im Grunde eine „*lange Rückblende*" ist [QT spricht, um das Ganze zeitlich festzumachen, diesbezüglich im Skript einmal von „*the year 1990*"], beginnt damit, dass Bill und „*Kiddo*" [BILL - der sie hier, „*around the campfire*", wieder so nennt] um ein Lagerfeuer sitzen. Bill spielt auf jener Flöte, die man vom „Wedding Chapel Massacre" kennt, und fängt an, eine „*Pai*

Mei-Geschichte" zu erzählen [*Anmerkung*: Ursprünglich hatte QT in seinem Drehbuch hier *eine völlig andere* Szene vorgesehen, denn Bill hätte die *Pai Mei*-Geschichte als *Voiceover* sprechen sollen, welches von „*footage from Old Shaw Brothers Martial arts flicks of the 70's*" (QT-Skript) begleitet wird, und hier speziell von Filmausschnitten, in denen „*the old, white-haired, white-eyebrowed Villian `Pai Mei*'" (QT-Skript) von dem chinesischen Schauspieler *Lo Lieh* gespielt wird – Lo Lieh verkörperte Pai Mei z. B. in Lau Kar-Leung's „*Executioners from Shaolin*" aus 1977; „Pai Mei", der „*head priest of The White Lotus Clan*" (Skript), ist im Grunde also keine von QT erfundene Figur – QT: „*Pai Mei ist keine neue Figur, er kommt in Filmen der Shaw Brothers vor*"].

Im Zentrum von Bill's Geschichte stehen die Umstände, die zu dem „*massacre of the Shaolin Temple*" [Skript] geführt haben: Der *White Lotus-Clan*-Führer Pai Mei soll erzürnt darüber gewesen sein, dass ein Shaolin-Mönch einen *Gruß* seinerseits (also etwas, was bei Pai Mei einer „*generous social gesture*" [BILL – laut Skript] gleichkommt) nicht erwidert hat. Die Motive des Mönchs, den Pai Mei am Wegesrand getroffen hat, den Gruß nicht zu erwidern, bleiben, so hält Bill fest, unbekannt, jedoch aber nicht die *Konsequenzen* seines Verhaltens [BILL – im Original: „*The motives of the monk remain unknown. What is known, were the consequences*"], denn Pai Mei übte Vergeltung und alle 60 Mönche des Klosters, zu dem der „Nicht-Grüßer aus den Reihen der Shaolin" gehörte, starben durch die Fäuste des Weißen Lotus. Das „Shaolin-Tempel-Massaker" war aber auch der *Ursprung der Legende* von Pai Mei's „*Five-Point Palm-Exploding Heart-Technique*" [dt. Synchro: „*Fünf-Punkt-Pressur-Herz-Explosionstechnik*"; in QT's Ur-Skript war übrigens noch von einer „***Ten**-Point Palm-Exploding Heart Technique*" die Rede], dem „*tödlichste*[n] *Schlag aller Kampfsportarten*" [BILL; Originalfassung: „*The deadliest blow in all of the martial arts*"].

Auf Nachfrage der „Braut" hin, die am Lagerfeuer gespannt Bill's Worten lauscht, erklärt er ihr die sagenumwobene [und von QT *frei erfundene*] Kampftechnik: „*Er trifft dich mit seinen Fingerspitzen an fünf verschiedenen Pressurpunkten an deinem Körper. Und dann kannst du weitergehen. Aber sobald du fünf Schritte gemacht hast, wird das Herz in deinem Körper explodieren. Und du fällst zu Boden, tot*".

„*Did he teach you that?*" [Originalfassung] – „Die Braut" stellt Bill die naheliegendste Frage… und dieser muss sie *verneinen* [BILL - im Original: „*No*"]. Dann warnt er die „Braut" noch davor, im Rahmen ihrer Ausbildung bei Pai Mei, die offenbar von Bill gewollt & geplant ist, so etwas wie *Aufsässigkeit* zu zeigen, weil der Kung Fu-Meister nun mal keinen „*backtalk*" oder „*sarcasm*" [Skript] ausstehen kann.

„EXT. THE WHITE LOTUS TEMPLE – DAY" [Skript]: Die „Bride" wartet in einem Jeep, der vor „*the Priest Pai Mei's home located high up on top of White Lotus Mountain*" [QT-Skript] geparkt ist. Bill kommt die riesige Stein-Treppe hinunter, die hinauf zum Wohnsitz des Priesters führt [„*A huge stone staircase of one hundred steps climb up a hill leading to Pai Mei's home*"; Skript], und teilt der „Bride" Folgendes mit: „*Er akzeptiert dich als seine Schülerin*".

Nachdem sie ihn auf die kleine Kopfverletzung angesprochen hat, die Bill offenbar gerade in einem Kampf mit seinem alten Meister davongetragen hat [THE BRIDE: „*Caught him in a good mood, aye?*" / BILL: „*More like a sadistic one*"; Dialog gemäß Skript], fragt sie ihn „*Wieso hat er mich akzeptiert?*" und Bill bietet ihr sozusagen einen Einblick in die Psyche eines, wie er ihn im Original nennt, „*rotten bastard*[s]": „*Weil er ein sehr, sehr, sehr alter Mann ist. Und wie alle gemeinen Mistkerle, wenn sie alt*

*werden, werden sie einsam. Was sie nicht zu besseren Men-
schen macht, aber es zeigt ihnen, welchen Wert Gesellschaft hat*" [*Anmerkung*: Die Bill-Aussage über Pai Mei
gehört zu den *allerbesten Dialogpassagen* von *Kill Bill –
Volume 2* und verdeutlicht, dass, trotz aller „Künstlichkeit
& Übertriebenheit" des *Kill Bill*-Epos, die „psychologische
Schlüssigkeit", die in den 90er-Jahre-Tarantino-Filmen
stets präsent war, nicht ganz verloren gegangen ist - soll
heißen: die „psychologische Schlüssigkeit" des *Kill Bill*-
Personals ist vorhanden auch *jenseits* der Tatsache, dass
QT in den beiden Filmen natürlich grundsätzlich virtuos
mit tief in der „menschlichen Natur" angelegten und ver-
wurzelten „Rachebedürfnissen & Rachegefühlen" jong-
liert, was das Identifikationspotential mit einer Figur wie
der „Braut" & ihrem „filmischen Schicksal" ungemein
steigert].

Schließlich macht er der „Braut" nochmals klar, dass
sie unbedingt die *Verhaltensregeln* (kein Sarkasmus &
keine Widerrede) einhalten muss und dass der Umgang mit
Pai Mei so oder so schwer sein wird, weil sie sozusagen
gleich *drei* Dinge in sich vereint, mit denen der Meister so
seine Schwierigkeiten hat: „*Er hasst Weiße, er verabscheut
Amerikaner und er empfindet Verachtung für Frauen. Also,
was dich angeht, wird es schon eine Weile dauern*".

Dann fährt Bill mit seinem Jeep davon und lässt die „BRIDE" zurück - „*somewhere in the middle of China*" [Skript].

Die „Braut" steigt schließlich die zahlreichen Stein-Treppen hinauf, um in den „*White Lotus Temple*" zu gelangen [Beschreibung des Tempels im Skript: „*The huge temple is exactly like it must have been a hundred years ago, except now it's empty and dusty*"].

Oben angekommen [„„[…] *She's winded*[im Sinne von: „kurzatmig"] *from climbing up those fuckin steps*"; QT-Skript] trifft sie *Pai Mei* sitzend an [QT-Skript-Beschreibung des Aussehens des „Kung Fu-Priesters": „*Long White Hair, Long White Beard, Long White Eyebrowes,* […] *long flowing White Robe*"; *Anm.*: Im Grunde sieht Pai Mei, wie QT im Skript und mit Bezug auf die geplanten *Shaw Brothers*-Filmausschnitte meint, die in der Kinofassung von *Kill Bill – Volume 2* dann doch nicht zum Einsatz gekommen sind, „*by about hundred years older*" aus, als er das eben in den alten Filmen getan hat].

Sie kniet vor ihm nieder und sagt „*Meister*" auf Mandarin zu ihm [*Anmerkung*: Der angesprochene „Meister" spricht in sämtlichen Szenen *Chinesisch*; die hier angeführten Dialoge zwischen *„master & student"* geben den Text der *deutschen Untertitel* wieder].

Nach einer „Sprach-Debatte" zwischen Pai Mei und der „Braut" [PAI MEI: *„Dein Mandarin ist miserabel. Es tut meinen Ohren weh. […] Sprich nur, wenn ich dich anspreche. Ist es zu viel zu hoffen, dass du Kantonesisch verstehst?"* / THE BRIDE: *„Ich spreche Japanisch"* / PAI MEI: *„Ich habe dich nicht gefragt, ob du Japanisch sprichst, sondern, ob du Kantonesisch sprichst"* / THE BRIDE: *„Ein wenig"*] bringt der Meister das Ziel ihres Aufenthalts gleichsam auf den Punkt: *„Du bist hier, die Geheimnisse des Kung Fu zu erlernen, keine Sprachen"*.

Pai Mei lenkt das Gespräch dann kurz auf Bill und weist in der Folge auf ihr mangelndes Können hin [PAI MEI: *„Dein Meister hat mir gesagt, du bist nicht gänzlich unwissend. Was kannst du?"* / THE BRIDE: *„Ich beherrsche den Tiger-Kranich-Stil. Und besonders gut beherrsche ich die hohe Kunst des Samurai-Schwerts"* / PAI MEI: *„Dass ich nicht lache"*], um sich schließlich über die *„Wut"* der „BRIDE", die sich langsam bei ihr zeigt, lustig zu machen [PAI MEI: *„Deine Wut amüsiert mich […]"*; *Anm.*: QT hat in das *Pai Mei*-Segment, neben dem *Shaw Brothers-Zoom*,

370

der natürlich gleich mehrmals vorkommt, ein weiteres *unverkennbares* Merkmal des *klassischen* alten chinesischen Kung Fu-Films der 60er- & 70er-Jahre eingebaut, nämlich die „Gewohnheit" von Bösewicht-Figuren, in diversen Situationen laut & hämisch *aufzulachen*, um sozusagen *unmissverständlich* jedem zu zeigen und klarzumachen: „*Ich bin böse*" oder „*Ich bin der Bösewicht*"– Skript-Passage, die der oben zitierten PAI MEI-Aussage „*Your anger amuses me* [...]" vorausgeht: „*Pai Mei softly* LAUGHS *to himself, and strokes his long white beard*"].

Pai Mei fordert „Die Braut" dann -sozusagen- zu einem Kampf heraus [*Best of* „PAI MEI-Kampfansagen" an die „BRIDE" an jener Stelle: „*Glaubst du, du wärst mir gewachsen?*" / „*Weißt du, dass ich jeden töten kann?*" / „*Willst du sterben?*" / „[...] *meine jämmerliche Freundin, gibt es etwas, was du wirklich beherrschst?*"] und sie soll aus einem Schwertständer, der aber „[...] *filled with just about every type of edged weapon*" [QT-Skript] ist, ein *Schwert* ziehen [laut Skript ein „*large heavy steel Chinese Sword*"].

„*Mal sehen, wie gut du bist. Wenn du einen Treffer landest, ernenne ich dich zur Meisterin*" [QT-Skript-Version des im Film natürlich auf *Chinesisch* gesprochenen Satzes:

„If you land a single blow, I'll bow down and call you master"] – „Die Braut" lässt sich das nicht zweimal sagen und greift den herablassend agierenden „Kung Fu-Priester" an [„[…] *she* ATTACKS *with the sword*"; Skript], kämpft aber in der Folge natürlich von Beginn an einen völlig vergeblichen Kampf gegen ihn [dazugehörige *Kampf-Beschreibungen* im Skript: „*The fighting style is now like an old Shaw Brothers film, with Pai Mei dodging*[ausweichen] *at will all of her rapid sword slashes. Quick and skillful as her moves are, they are also full of Effort and Frustration. While Pai Mei effortlessly*[mühelos] *moves out of the sword's path*"].

Pai Mei springt hoch und „landet" dann auf ihrem Schwert [„*He* LEAPS HIGH UP IN THE AIR, *and* LANDS STANDING *on the Blade of her sword*"; Skript], um die Aktion dann noch mit einem „*Bruce Lee*-artigen" *Rückwärtssalto* zu toppen, bei dem sie von einem Fuß des Meisters im Gesicht getroffen und gegen einen Baum geschleudert wird [„*He does a* BACKFLIP *off the sword, kicking the Bride in the face* […]"; Skript].

Anschließend fällt Pai Mei wiederum vernichtende Urteile über die „Braut" [PAI MEI: „*Deine Fechtkunst ist dilettantisch*" / „*Dein sogenanntes Kung Fu ist wirklich erbärmlich*"] und schleudert das Schwert zurück in den

Schwertständer. Dann fordert er die „Bride" erneut zum Kampf [PAI MEI: *„Ist dein Tiger-Kranich-Stil meiner Adler-Klaue gewachsen?"*] – und zu Klängen von „70s-Kung Fu-Film-Music" liefern sich die beiden einen weiteren Fight im Stile der alten *Shaw Brothers*-Filme [QT-Skript: *„Like a Gordon Liu and Loh Lieh film, they do their animal style martial arts dance"*], bei dem es auch dazu kommt, dass der alte „Kung Fu-Priester" [*Anm.*: In seinem *Ur-Skript* hat Tarantino PAI MEI noch folgende „Altersangabe" gegenüber der „Braut" machen lassen: *„I'm a hundred and fifty years old*[…]*"*] gleichsam jene *„Verachtung für Frauen"* zum Ausdruck bringt, vor der *Bill* die „Braut" zuvor gewarnt hat, denn er sagt: *„Wie alle Yankee-Frauen kannst du nur in Restaurants etwas bestellen und Geld ausgeben"*.

Pai Mei beendet den ungleichen Kampf, schnappt sich das Handgelenk der „Braut" und verdreht es auf für sie *äußerst schmerzhafte* Weise [Ausschnitte aus den zugehörigen Skript-Passagen: *„*[…]* She's on the* [ground], *with her arm stuck out in the air behind her, her wrist still between his fingers. He could literally break her arm in half.* […] *He* TWISTS *her wrist…The pain is excruciating*[qualvoll]*…*[…] She CRIES OUT"], wobei am Ende der Tortur, nach einigen „Fragen“ Pai Meis an die „BRIDE“, die wiederum darauf zielen, dass sie ihre Unterlegenheit & ihr mangelndes Können eingesteht [PAI MEI: *„Musstest du je so etwas ertragen? […] Du bist hilflos wie ein Wurm im Kampf gegen den Adler? […] Willst du auch eine solche Kraft besitzen?“*], folgende „erlösenden“ Worte stehen: *„Dein Training beginnt morgen“*.

„TIME CUT“ [Skript] – Pai Mei befindet sich bei einer *„wood wall three inches in front of him“* [Skript] und scheint sich auf einen bestimmten Punkt darauf zu konzentrieren. Die „Braut“, *„the new student“* [Bezeichnung an der Stelle aus dem QT-Skript], die hinter ihm steht, wird nun Zeugin davon, wie der Kung Fu-Meister die Holzplatte durchschlägt [QT-Skript: *„He lets out a* SCREAM, *and puts his fist* THROUGH THE WALL“]. *Bevor* Pai Mei dann den Vorgang wiederholt und ein zweites Loch in das Holz schlägt [*„He* HITS *the wall again leaving another hole“*; Skript], zeigt er sich wiederum über die „Einstellung“ der „Braut“ empört [PAI MEI: *„Kannst du das?“* / THE BRIDE: *„Ich kann es, aber es ist zu nah“* / PAI MEI: *„Dann kannst du es nicht! Was ist, wenn ein Feind 10 cm von dir entfernt steht? Was tust du dann? Gibst du klein bei? Oder durchbohrst du ihn?“*].

Dann sagt er zur „BRIDE": „*Fang an!*" - und diese platziert sich vor der Holzplatte und führt einen Schlag gegen diese aus, was aber nur zu dem Ergebnis führt, dass ihre Hand blutig ist [QT-Skript bezüglich der Konsequenzen des Schlags & der Reaktion der „Braut": „*She* HITS *it. Only managing to stain the wall with the blood from her scraped knuckles*[aufgeschürfte Knöchel]. […] *She looks at her fucked-up hand*[…]"].

„*Das Holz soll sich vor deiner Hand fürchten, nicht umgekehrt! Kein Wunder, dass du es nicht schaffst. Du gibst auf, bevor du angefangen hast*" – nach diesen Worten verschwindet PAI MEI [„*He walks off in a huff*[im Zorn]"; Skript] und die „Braut" bearbeitet „THE WOOD WALL" [Skript] weiter.

In weiterer Folge bekommt man eine Reihe von „*Trainingssequenzen*" zu sehen, die die „Braut" im Rahmen ihrer *Ausbildung* zeigen: „Die Braut" trägt zwei Wassereimer, die an einer Stange befestigt sind, mühevoll die lange Stein-Treppe hinauf – „Die Braut" beim Kung Fu-Training [„*The* BRIDE *Practicing her Tiger/Crane combo Kung Fu*"; Skript] – „Die Braut" versucht wieder, die „Holzwand" zu durchschlagen, wobei Pai Mei auf der Holzwand sitzt und ihr mit einem Stock auf den Kopf schlägt, weil sie „versagt" [„*Pai Mei* WHACKS *her on top of her head with his stick*"; Skript] – „Die Braut" beim Kung Fu-Training, gleichsam als *Silhouette* vor einem roten Hintergrund – „Die Braut" beim Kung Fu-Training gemeinsam mit Pai Mei als *Silhouetten* vor einem roten Hintergrund [*Anm.*: Die beiden -relativ kurzen- Sequenzen, in denen die BRIDE als *Silhouette* bzw. dann die BRIDE & PAI MEI als *Silhouetten* vor einem roten Hintergrund trainieren, gehören zu den Höhepunkten der „*White Lotus Temple*"-Szenen, wobei auch hier ähnliche Sequenzen aus alten *Shaw Brothers*-Kung Fu-Filmen Pate gestanden haben].

Am Ende dieser „*Trainingssequenzen*"-Reihe zeigt sich Pai Mei (ohne, dass die „Braut", die gerade wieder mit dem Versuch beschäftigt ist, die Holzplatte zu durchschlagen, dies sieht) das erste Mal *stolz* auf seine Schülerin [„*We do a Shaw Brothers* ZOOM *into a* CU[Close-up] *on Pai Mei, he gives an affirmative* NOD *and* GRUNT[bestätigendes Nicken & Brummen]; Skript].

„INT. DINNER TABLE [...]" [QT-Skript] – Pai Mei & „Die Braut" sitzen an einem Tisch. Während der Kung Fu-Meister seinen Reis isst, hat seine Schülerin durch die vom Training geschundene & verletzte Hand so ihre Schwierigkeiten, den Reis mit Stäbchen zu essen [Skript: „*She tries to eat a bowl of rice with chopsticks, but her fingers won't work*"], was dazu führt, dass sie eben versucht, mit den Fingern ein wenig Reis zu sich zu nehmen.

Pai Mei drückt sein Missfallen aus und meint: „*Wenn du wie ein Hund essen willst, musst du leben wie ein Hund*". Dann befördert er die Schale mit Reis auf den Boden und ergänzt: „*Willst du wie ein Mensch leben, dann nimm diese Stäbchen*".

„THE BRIDE" versucht es schließlich, trotz Anstrengung & Schmerz, noch einmal und: *isst ihren Reis schließlich mit Stäbchen*! Der Meister ist abermals *stolz* auf sie.

„BACK TO COFFIN, SIX FEET UNDER" [QT-Skript] – „Die Braut" in ihrem Sarg im Grab von Paula Schultz [Skript: „[…] *The Flashlight Beam turns on*. CU[Close-up] *The* BRIDE *in Profile*"]. Der *Anflug* von Panik ist vorbei [„*Her breathing is normal.* […] *Her composure*[Fassung, Beherrschung] *is back*"; Skript] und sie scheint zu überlegen, was sie tun kann.

Ihre „*Red Cowboy Boots*" [Skript] bieten offenbar die Lösung und es gelingt ihr, diese mühsam im Sarg auszuziehen und sogar in die Hände zu bekommen [zugehörige Skript-Passagen: „*Raising her knees, as much as the coffin will allow, and wiggling her feet, she slips her bare feet out of the boots and the belt's binding...Then, using her bare feet, then her bound-at-the-wrist hands, to pass one of the boots up to her*"; *Anm.*: QT bezeichnet den angesprochenen „*Gürtel*", mit dem seine Heldin an den Füßen gefesselt wurde, im Drehbuch kurz zuvor als „*leather belt*"]. Sie dreht einen Stiefel um und aus dem Cowboy-Boot heraus fällt ein: „STRAIGHT RAZOR" [Skript].

Mit dem Rasiermesser schneidet sie sich ihre noch verbliebenen Fesseln beim Handgelenk durch [THE BRIDE – quasi zu dem Strick: „*Komm schon, du Miststück!*"]. Anschließend beginnt sie, den Sarg „abzuklopfen", und sagt dann: „*OK, Pai Mei. Ich werde kommen*" [im Original: „*Here I come*"].

„[…] *she begins to concentrate. Her eyes focus on the wood above her, her* [right] *hand reaches out, touches the pine, passing her energy to it*" [QT-Skript] – „Die Braut" ballt ihre rechte Hand zu einer Faust und beginnt, auf den Sargdeckel zu schlagen [„[…] *that* FIST *begins* STRIKING *the coffin lid above her. With each Strike she lets out a* KARATE SCREAM"; Skript]. Nach und nach bekommt der Sargdeckel Sprünge und Erde dringt in den Sarg ein, bis der Sargdeckel durch die Faustschläge zerstört ist und der Sarg selbst mit Erde überfüllt wird [„*More dirt* […] *Even more dirt* […] THE LID SMASHES *and dirt pours into the coffin like water*"; Skript].

„EXT. PAULA SCHULTZ'S GRAVE – NIGHT" [Skript]: Wie in einem Zombie-Film schießt die Hand der „Braut" aus der Erde und sie steigt sozusagen aus dem Grab wieder empor [QT-Skript-Passagen: „*A* SHOT *straight out of an Italian horror film. We see the tombstone of* `PAULA SCHULTZ`, *and the mound*[Haufen] *of dirt over her grave.* WHEN…*The Bride's Hand breaks the surface…then like one of Fulci's Zombies, Claws, Digs, and Pulls herself from mother earth's womb*[Schoß]"; *Anm.*: Tarantino nennt hier quasi den italienischen Kult-Regisseur *Lucio Fulci* als Vorbild für die „atmosphärische Ausrichtung" der Szene – Fulci inszenierte bedeutende Gore- & Horror-Filme wie *Ein Zombie hing am Glockenseil* (1980) oder *Das Haus an der Friedhofsmauer* (1981)].

Wieder an der Oberfläche, bleibt die „Braut", die natürlich von der Erde völlig verschmutzt ist, erschöpft liegen und „tankt" gleichsam Frisch-Luft – „SHE *looks like a beautiful sculpture, made out of dirt*" [Skript].

Ortswechsel: Ein texanisches *Diner* in der Nähe des Friedhofs. Ein junger Angestellter [im Ur-Skript von Tarantino noch als „SODA JERK" bezeichnet, also, wenn man's sinngemäß übersetzt, als „*Tresendödel*" - was aber in den USA auch als Bezeichnung für jemanden verwendet wird, der einen „*soda fountain*" bedient, um „*soda drinks*" zu bereiten], der allein in dem Diner ist und in der „Nachtschicht" auf Gäste wartet, erblickt etwas durch das *„big picture window"* [Skript], was ihn gleichsam dazu bringt *zweimal* hinzusehen, denn: „Die Braut" spaziert auf das Diner zu und sieht dabei aus wie eine *„six-foot tall female version of the Peanuts character `PIG PEN´"* [Skript; *Anm.*: Wie „PIG PEN", der ständig verschmutzte Junge bei den *Peanuts*, ist die „Braut" quasi umgeben von einer „Wolke" aus Staub & Schmutz].

„The dirty blonde" [Skript] betritt schließlich das Diner, setzt sich vor dem Angestellten auf einen Stuhl beim Tresen und sagt: *„Ich hätte gern ein Glas Wasser, bitte"*.

„Chapter Nine Elle and I" [TITLE CARD vor schwarzem Hintergrund] – Das Kapitel *„Elle und ich"* beginnt damit, dass man *Elle Driver* hinterm Steuer ihres *„hot black and gold Trans Am"* [Skript] sieht. Das *„Tall Blonde Girl with one Good Eye"* [QT-Skript] hält ihren Wagen dann bei *„Budd's Camper"* [Bezeichnung im Skript] an. Budd öffnet die Tür seines Wohnwagens und Driver steigt aus ihrem „1980 Pontiac Firebird Trans Am" – bei sich hat sie einen *roten Koffer*.

CUT - Die „BRIDE", immer noch bedeckt mit Schmutz und somit gezeichnet von ihrem Ausflug ins Grab von

Paula Schultz, spaziert, gleichsam wie in einem *Western*, durch eine wüstenartige Landschaft und wenig später dann über diverse Hügel einer Einöde. Schließlich überblickt sie wieder das „*Texas wasteland*", auf dem Budd's Wohnmobil steht – und sie beobachtet genau jene Abläufe, die man gerade *zuvor* gesehen hat: *Elle Driver* parkt ihren Trans Am und geht zu *Budd* in den Camper. Das „VENGEANCE *Theme*" ertönt – das erste Mal seit dem „*Showdown im Haus der blauen Blätter*".

In „*Budd's Camper's Kitchen*" [Skript] hat Elle Driver Platz in einem Stuhl genommen, während Budd bei einem Mixer steht und „*breakfast margaritas*" [Skript] zubereitet. Nachdem Budd Elle Driver offenbar „*the tale of last night*" [QT-Skript] erzählt hat und sie ihre „Anmerkungen" dazu gemacht hat [ELLE: „*Also das nennt sich eine texanische Beerdigung?* [...] *Eins muss ich dir lassen, Budd. Eine ziemlich abgefuckte Art zu verrecken*"/Skript-Fassung: „*So that's called a Texas funeral?* [...] *I got to give it to ya Budd, that's a pretty fucked up way to die*"], erkundigt sich Elle nach dem Namen, der auf dem Grab steht, in dem die „Braut" liegen soll, und notiert anschließend eben „*Paula Schultz*" in einen kleinen Notizblock.

„[...] *Elle looks around and sees the Bride's Hanzo sword in its sheath, leaning up against the T.V.* [...]" [QT-

Skript] – Driver fragt Budd, ob sie sich das Hanzo-Schwert, das ja schließlich Gegenstand eines „Geschäfts" zwischen den beiden ist, nun ansehen kann, was auch dem gesamten Gespräch wieder einen „*back to business*"-Touch gibt [BUDD: „*Das ist mein Geld da in dem roten Koffer, hab ich recht? […] Tja, dann ist es jetzt dein Schwert*"].

Während Budd weiterhin mit dem Mixer an seinen Frühstücks-Margaritas „bastelt", begutachtet Elle das Schwert [„*She slowly removes the Japanese steel from its wood sheath*"; Skript] und meint dann in der Folge: „*Bill tells me you once had one of your own*" [Text gemäß Skript]. Nach BUDD's Antwort, nämlich: „*Ja, hatte ich*", will Elle einen „Hattori Hanzo-Schwerter-Vergleich" von Budd [ELLE: „*Ja, wie ist das hier im Vergleich dazu?*"], aber Budd führt Elle den damit verbundenen „Tabu-Bruch" vor Augen und meint nur: „*Wenn du ein Hanzo-Schwert vergleichen willst, dann vergleichst du es mit irgendeinem x-beliebigen Schwert. Nicht aus der Schmiede von Hattori Hanzo*" [Skript-Version: „*If you're gonna compare a Hanzo sword, you compare it to every sword ever made -- wasn't made by Hattori Hanzo*"].

Die beiden setzen sich hin und trinken die Margaritas, die Budd in „*two former peanut butter jars*[Gefäße]"

[Skript] gefüllt hat. Dann wird BUDD „philosophisch": *„Ich hab mir immer vorgestellt: Krieger und ihre Feinde sind zwei Seiten einer Medaille. Also jetzt, wo du deinem Feind nicht mehr auf dem Schlachtfeld gegenübertrittst…Was für ein Gefühl empfindest du da? Begeisterung oder Bedauern?"* [*Anmerkung*: Die Synchro muss hier von Tarantino's Originaltext abweichen, denn QT legt BUDD folgenden Satz in den Mund, der nur im Englischen seine „volle Wirkung" entfaltet: „[…] *wich `R` are you filled with,* **R***elief or* **R***egret?"*].

Nachdem sich Budd dann mit Elle's erster Antwort, *„A little bit of both"* [ELLE - Originalfassung], nicht zufriedengibt, meint sie schließlich: „[…] *Bedauern"*.

Budd wendet sich dann dem *roten Koffer* zu [im *Ur-Skript* war übrigens noch von einem *„black suitcase"* die Rede], der auf einem Tisch liegt. *„Danke, Baby"*, sagt BUDD, nachdem er das ganze Geld gesehen hat, mit dem der Koffer gefüllt ist [*„Lying inside is a cool million, the thousand dollar bills are inside stacks*[Bündel] *of a hundred thousand each"*; Skript].

Budd beginnt begeistert, ein paar der Geldbündel aus dem Koffer zu nehmen [*„He lifts a stack out of the bag, then another, then another […]"*; Skript], bis er: die

SCHWARZE MAMBA entdeckt, die *ebenfalls* in Elle's Koffer ist!

Die „BLACK MAMBA SNAKE" [QT-Skript] schießt förmlich aus dem Koffer und beißt Budd mehrfach [„*The Black Mamba opens its* WIDE JAWS…*and* LEAPS RIGHT AT BUDD…STRIKING *Budd in the face repeatedly* […]"; Skript] – Budd springt auf, taumelt und fällt, begleitet von „*bundles of money*" [Skript], auf den Küchenboden, während die Schwarze Mamba sich verkriecht [„*The Black Mamba leaves Budd and goes under the refrigerator*"; Skript].

BUDD ist durch die Bisse bewegungsunfähig und spürt die volle Wucht des Mamba-Gifts [diesbezügliche Passage im QT-Skript: „*The serpent's extraordinarily potent venom makes a full-frontal assault on the cowboy's nervous system*"].

Dann gibt auch ELLE, die beobachtet hat, wie ihr Plan vollständig aufgegangen ist, einen „Kommentar" zu der Sache ab [ELLE: „*Es tut mir leid, Budd. Das war nicht nett von mir, was? Budd, darf ich dir meine Freundin vorstellen: Schwarze Mamba. Schwarze Mamba, das ist Budd*"] und liest Bill's Bruder anschließend aus ihrem *Notizblock* eine „*Schwarze Mamba*-Internet-Recherche" vor, die ihn über die „*fascinating creature*" [ELLE; Originalfassung] aufklärt, die auch als „*Inkarnation des Todes*" [ELLE; Originalfassung: „*Death Incarnate*"] bezeichnet wird und an deren Gift er sterben wird [Ausschnitte aus Elle Driver's vorgelesener „*Black Mamba*"-Recherche: „*In Afrika wird gesagt: Im Busch kann dich ein Elefant töten, ein Leopard kann dich töten und eine Schwarze Mamba kann dich töten. Aber nur bei der Mamba ist der Tod auch sicher. […] Ihr neurotoxisches Gift ist eines der wirksamsten Gifte auf der ganzen Welt. Es wirkt direkt auf das Nervensystem und verursacht eine Lähmung. […] Ein Biss in das Gesicht oder den Torso kann innerhalb von 20 Minuten zum Tod führen. […] Die Menge an Gift, die durch einen einzigen Biss abgegeben wird, kann gigantisch sein*"].

In der Folge tut sie den Notizblock weg und beobachtet Budd, wie dieser unter genau jenen *Black Mamba*-Biss-Symptomen leidet, die sie gerade vorgelesen hat. Driver beantwortet Budd, „*in these last agonizing minutes of life*" [ELLE zu BUDD – gemäß Skript], dann sogar noch die von ihm zuvor gestellte Frage nach dem „vorherrschenden Gefühl" in ihr, angesichts der Tatsache eben, dass die andere „*Black Mamba*", nämlich die BRAUT, vermeintlich den Löffel abgegeben hat: „*Genau in diesem Augenblick ist das vorherrschende Gefühl offensichtlich: Bedauern. Bedauern, dass möglicherweise die größte Kriegerin, die mir je begegnet ist, bei ihrem eigenen Tod auf die Hand eines ab-gewirtschafteten, versoffenen, elenden Miststücks wie dir angewiesen war. Diese Frau hat was Besseres verdient"* [QT-Skript – Fassung: „[…] *the biggest 'R' I feel, is Re-gret. Regret that maybe the greatest warrior I have ever met, met her end at the hands of a bushwhackin*[hinter-wäldlerisch]*, scrub*[Versager]*, alacky*[im Sinne von: „Speichel-leckend"] *piece of shit like you. The woman de-served better"*].

BUDD stirbt - ELLE sammelt das Geld ein und ruft dann BILL an, der diesmal „unsichtbar" und auch „unhörbar" bleibt [QT-Skript: „*The other party comes on the line, but we never hear their side*"]. Driver erzählt ihm „*tragic news*" [ELLE; Skript] und teilt ihm den Tod seines Bruders mit – als Täterin nennt sie „Die Braut" [ELLE – laut Skript: „*She put a Black Mamba in his camper*"], wobei sie Bill als „Trost" mitteilt, dass sie die „Braut" getötet hat [ELLE: „*Ich hab sie erwischt, Schatz. Sie ist tot*"].

Dann fügt Elle Driver noch hinzu, dass Bill, sollte er sich je bezüglich der „BRIDE" so etwas wie „*sentimental*" [ELLE; Skript] fühlen, doch nach *Austin, Texas* fahren soll, um dort auf dem „*Huntington cemetery on Fuller and Gu-adalupe*" [ELLE; Skript] Blumen niederzulegen – und zwar auf das Grab von *Paula Schultz*, denn: „*Dort befinden sich die letzten Überreste von* **BEATRIX KIDDO**" [ELLE; *Anmerkung* von QT im *Kill Bill*-Skript, der diesen *zentralen Moment* innerhalb des *Kill Bill*-Epos, nämlich *die Nennung des vollständigen Namens der* BRAUT, dort sozusagen nicht „unkommentiert" lässt: „[…] BEATRIX KIDDO. *Yes, that's her real name*"].

Nachdem ELLE DRIVER Bill den „*final resting place of* BEATRIX KIDDO" [Originalfassung] mitgeteilt hat, kündigt sie an, dass sie sich nun auf den Rückweg zu ihm macht [ELLE – im Original: „*OK, I'm leaving now, go smoke some pot or something. I'll be there soon*"], und will den Wohnwagen, samt rotem Geldkoffer & dem Hanzo-Schwert der „Braut", verlassen.

[*Anmerkung*: Der Kampf zwischen der „*Der Braut/Beatrix Kiddo*" Uma Thurman & „*Elle Driver*" Daryl Hannah, der nun im Film folgt, hat, so wie er in *Kill Bill – Volume 2* abläuft, *keine exakte Entsprechung* in Tarantino's ursprünglichem Skript, denn: QT hatte dort so eine Art „*Spaghetti-Western-Showdown in der Einöde*" zwischen Driver & der „Braut" geschrieben, also einen „*Outdoor-Showdown*", an dessen Ende „Die Braut", nachdem sie Driver gekillt hat, noch ein *Grab* für ihre Erzfeindin anschaufelt sowie ein Kreuz bastelt, auf das sie dann noch mit ihrem aus „*Volume 1*" bekannten „Navy Seals"-Messer, dem „*sog*", den Namen „L. DRIVER" (QT-Skript) ritzt; Tarantino hat bei den Dreharbeiten zusammen mit seinem Martial Arts-Choreographen *Yuen Woo-Ping* dann aber eine klar vom „*Eastern*" inspirierte Szene entwickelt, in der die beiden auf engstem Raum, nämlich in „*Budd's Camper*", miteinander kämpfen; QT hat sich in gewisser Weise *auch* für ein *brutaleres* & *radikaleres Ende* innerhalb des Showdowns zwischen KIDDO & DRIVER entschieden] – Kaum hat Elle also die Tür aufgemacht, wird sie von der „Braut", die wie in einem *Wuxia*-Film in der Luft „herbei-fliegt", attackiert und zurück in den Wohnwagen befördert. Ein intensiver Fight zwischen den beiden Erzfeindinnen, den „*two blonde warriors*" [QT-Skript], entsteht.

Einige *spezifische Momente* des grundsätzlich von *Kung Fu-Elementen* dominierten Kampfs THE BRIDE vs. ELLE DRIVER: Driver attackiert „Die Braut" mit dem Hanzo-Schwert, „Die Braut" setzt sich mit einer abgebrochenen Fernsehantenne zur Wehr & dann mit einem Lampenschirm – „Die Braut" würgt Driver und steckt Driver's Kopf in eine Toilette, wobei sich Driver aus der Lage dann dadurch befreit, dass sie den Toilettenspülknopf greifen kann und somit das Toilettenwasser, in dem sie zu „ertrinken" droht, zum Verschwinden bringt.

Driver gewinnt, nach der „Toiletten-Episode", die Oberhand zurück, befördert die „Braut" auf den Boden und holt das Hanzo-Schwert, das sie im Kampf irgendwo fallengelassen hat – währenddessen entdeckt „Die Braut" das *Hanzo-Schwert von Budd*, der also sowohl Bill als auch Driver bezüglich des Schwerts *belogen* hat und es *immer noch* besitzt. „Die Braut" zieht das Schwert aus dem Schaft und sieht schließlich die *Gravur* auf Budd's Hanzo-Schwert: „*To my brother, Budd The only man I ever loved. BILL*" [QT's Skript-Version der Gravur: „*To My Brother Budd, The Only Man I Ever Loved, from Bill*"].

ELLE & THE BRIDE stehen sich nun mit den Hanzo-Schwertern gegenüber [Skript: „*The two women, each carrying a samurai sword, face each other in showdown position*"; *Anm.*: Dass Driver & „Die Braut" sich mit den Samurai-Schwertern gegenüberstehen, war also auch in der ursprünglichen „*Spaghetti-Western-Showdown*"-Variante vorgesehen] - Driver fragt „*Was ist das?*" und „Die Braut" antwortet „*Budd's Hanzo-Schwert*".

Allerdings lassen die beiden den „*Lügner*" BUDD [ELLE: „*He said he pawned*[verpfänden] *it*" / THE BRIDE: „*Guess that makes him a liar, don't it?*"; Dialog gemäß Skript] als Thema ganz schnell hinter sich und die „Braut" spricht Elle Driver dann auf Folgendes an: „*Eins hat mich immer neugierig gemacht. Unter uns Mädchen, ja. Was hast du eigentlich zu Pai Mei gesagt, als er dir das Auge ausgerissen hat?"*

Bevor Elle ihre Antwort gibt und die „Braut" diese „kommentiert" [ELLE: „*Ich nannte ihn einen widerlichen alten Affen* [im Original: ´*miserable old fool*´]" / THE BRIDE: „*Ooh, blöde Idee*"], sieht man, im Rahmen eines kurzen „*Flashbacks*", wie Pai Mei Elle Driver im „*White Lotus Temple*" das rechte Auge mit der sogenannten „*Ad-ler-Klaue*" herausreißt [Skript: „FLASHBACK […] *of Pai Mei* SNATCHING *out Elle's eye with his Eagle's Claw*"; *Anm.*: Dass auch „Die Braut" Pai Mei's „*Eagle's Claw*" beherrscht, zeigt sie bereits in „*Volume 1*", wo sie einem Yakuza im „*Haus der blauen Blätter*" ebenfalls ein Auge mit diesem *speziellen Schlag* „entfernt"].

Driver konfrontiert die „BRIDE" schließlich mit folgender „Beichte": „*Weißt du, was ich getan hab? Dieser widerliche alte Affe musste dran glauben. […] Ich hab seine Fischköpfe vergiftet. So ist es, ich hab deinen Meister getötet*".

Nachdem eine kurze *Rückblende* die Szene gezeigt hat, in der PAI MEI von Elle vergiftet wird und stirbt, macht Driver die „Ankündigung", dass sie die „Braut" nun mit deren

Hanzo-Schwert töten wird, welches also, so ELLE, „*in bal-diger Zukunft*" dann endgültig *ihr* gehören wird.

„*Bitch – you don't have a future*" [THE BRIDE - Origi-nalfassung; dt. Synchro: „*Miststück, du hast keine Zu-kunft*"] – nach diesen Worten treffen sich die Klingen der „TWO WOMEN WARRIORS" [QT-Skript]. Sie blicken sich in die Augen [zugehörige Skript-Passage: „*The Bride's eye. Elle's eye*"], dann reißt „Die Braut" Elle mit der „*Ad-ler-Klaue*" das „*one Good_Eye*" aus der Augenhöhle!!

Driver schreit vor Schmerz & Wut [ELLE – im Original: „*Fucking Bitch!!!*"], taumelt nun völlig blind in dem Wohnwagen herum, in welchem sich schließlich *auch* im-mer noch, wie man bald sieht, die *Schwarze Mamba* befin-det, mit der sie Budd getötet hat.

Die „BRIDE" wirft Elle's Auge auf den Boden und *zer-drückt* es mit ihrem Fuß – dann schnappt sie sich ihr Hanzo-Schwert und verlässt, während man Driver im Hin-tergrund immer noch wüten & leere Drohungen ausstoßen hört [ELLE: „*Wo bist du!!? Ich komme!!!*"], den Wohnwa-gen. Die Tür zu „*Budd's Camper*" fällt zu und eine „TITLE CARD" kündigt das *letzte Kapitel* an: „*Face to Face*" [„*Von Angesicht zu Angesicht*"].

Die „Braut" fährt mit ihrem neuen Wagen [laut Skript: „*A convertible Volkswagen Karman Ghia*"; THE BRIDE später zu ESTEBAN VIHAIO - bezüglich des „*new car*": „*Mein `Pussy Wagon` ist verreckt*"] eine „*Dirty Road, lined by greener than green trees*" [QT-Skript] in Mexiko entlang und sucht einen „väterlichen Freund" von Bill in einer heruntergekommenen Bar namens „BOTANERO CO-CHON" auf [*Anm.*: Die kleine „*cantina*", die im Film prä-sentiert wird, existiert wirklich und befindet sich im mexi-kanischen Bundesstaat *Jalisco*]. Durch ein *Voiceover* der BRIDE erfährt man schließlich mehr über den Mann, den die „Braut" in der Bar aufsuchen will - ESTEBAN VIHAIO: „*Wie die meisten Männer, die ihren Vater nicht gekannt haben, umgab sich Bill mit Vaterfiguren. Die wichtigste war Esteban Vihaio. Esteban war ein Zuhälter und der Freund von Bill's Mutter*" [Originalfassung des letzten Teils des BRIDE-Voiceovers: „*Esteban was a pimp and a friend of Bill's mother*"].

Bevor „Die Braut" & Vihaio sich miteinander unterhal-ten [*Anmerkung*: Die von *Michael Parks* gespielte Figur des „Esteban Vihaio" war im *Ur-Skript* von *Kill Bill* noch gar nicht „physisch" vorhanden (und wurde lediglich in ei-ner *Äußerung* von Bill, die es dann nicht in den Film ge-schafft hat, kurz erwähnt), denn dort erfuhr die „Bride" den

Aufenthaltsort von Bill nicht von Vihaio, sondern noch von *Elle Driver*, und zwar im Rahmen des „*Italo-Western-Showdowns in der Einöde*" zwischen den beiden Kontrahentinnen, der, wie bereits erwähnt, von Tarantino ja zu einem „*Eastern-Indoor-Showdown*" umfunktioniert wurde; QT in der 2004er-Doku „*The Making of Kill Bill – Volume 2*" zur *Atmosphäre* der „THE BRIDE spricht mit ESTEBAN VIHAIO"-Szene: „*Es war nicht beabsichtigt, aber sie hat fast etwas von Sam Peckinpah trifft auf `Apocalypse Now` oder so was*"], erfährt man im *Voiceover* außerdem noch, dass Vihaio über 50 Jahre lang ein Bordell geleitet und ebenfalls eine Art „Privatarmee" um sich aufgebaut hat, die sogenannten „*Acuna Boys*", deren Mitglieder aus den „*vaterlosen Sprösslingen seiner Huren*" [THE BRIDE – aus dem *Voiceover*] rekrutiert wurden.

Nachdem die beiden ein paar Komplimente ausgetauscht haben [ESTEBAN VIHAIO: „*Nichts würde mir mehr Vergnügen bereiten, als mit einer hübschen Dame wie Ihnen zu sprechen*" / THE BRIDE: „*Auch für mich ist es ein Vergnügen, die Gesellschaft eines charmanten Herren zu genießen*"], gibt sich Vihaio sozusagen kooperationsbereit und die BRAUT stellt ihm die für sie nunmehr *einzig* entscheidende Frage: „*Wo ist* BILL?".

Vihaio scheint plötzlich zu wissen, dass er es mit *Beatrix Kiddo* zu tun hat [ESTEBAN VIHAIO: „*Ahhh, Sie müssen Beatrix sein*"], und zeigt „Verständnis" für Bill's *Schwäche* für sie [ESTEBAN VIHAIO: „*Jetzt verstehe ich, was er an Ihnen findet. […] Wissen Sie, nach einer Frau wie Ihnen verrückt zu sein, ist immer lohnenswert*"/Originalfassung: „*[…] You know, being a fool for a woman such as yourself is always the right thing to do*"].

„*Von diesem Augenblick an war nun klar, dass mein Junge nach Blondinen verrückt ist*" [ESTEBAN VIHAIO] - Vihaio erzählt der „Braut" schließlich auch noch, dass sich Bill's *Schwäche für Blondinen* schon in der Kindheit abgezeichnet hatte, denn bei einem gemeinsamen Kinobesuch, so Vihaio, wäre der kleine Bill *auf Anhieb* ein Fan von Hollywood-Star *Lana Turner* gewesen, welche die beiden in dem Klassiker *The Postman Always Rings Twice* gesehen haben [*Anmerkung*: Tay Garnett's *The Postman Always Rings Twice* von 1946, mit *Lana Turner* & *John Garfield*, ist, nach jener mit *Jack Nicholson* & *Jessica Lange* von 1981, die sicherlich populärste Verfilmung des gleichnamigen Romans von *John M. Cain*; das Werk (gängige dt. Verleihtitel: „*Im Netz der Leidenschaften*"/„*Die Rechnung ohne den Wirt*") gilt als eine Art *Vorreiter* des „*Erotik-*

Thrillers", da im Mittelpunkt gleichsam eine *obsessive Liebesgeschichte* steht].

Wenig später wiederholt die „Bride" ihre Frage nach dem Aufenthaltsort von Bill [THE BRIDE - Originalfassung: „*Where's Bill?*"] und Vihaio nennt ihr diesen sogar ohne jegliche Ausflüchte oder Verzögerungen: „*Er wohnt in der Villa Quatro an der Straße nach Salina*".

Bill's „väterlicher Freund" erklärt der „Braut" dann auch umgehend, *warum* er ihr hilft [ESTEBAN VIHAIO: „*Weil er es von mir erwartet. […] Wie sollte er Sie sonst wiedersehen?*"/Originalfassung: „*How else is he ever going to see you again?*"].

CUT; „Die Braut" fährt mit ihrem Volkswagen [„*The Bride behind the wheel of the convertible, her long blonde hair whipping in the wind […]*"; Skript], wie zu Beginn von *Kill Bill – Volume 2*, auf einer „LONG LONG LONG EMPTY ROAD IN MEXICO" [QT-Skript] – auf der Beifahrerseite befindet sich das Hanzo-Schwert.

Sie fährt vor die besagte & *Hacienda*-artige „*Villa Quatro*" [laut QT-Skript ist diese: „*located on the beach in Mexico*"], betritt die Villa mit dem Hanzo-Schwert auf dem Rücken, passiert den Empfangsbereich und steht letztendlich vor Bill's Apartment-Zimmer, dem *Zimmer 101* [*An-*

merkung: Es gibt unter QT-Fans eine rege Diskussion darüber, welche *Bedeutung* die „*101*" hier in *Kill Bill – Volume 2* hat. Fakt ist, dass die Zimmernummer „*101*" in der Populär-Kultur oft für einen Raum steht, der eine *unheilvolle* Bedeutung hat; manche sehen die Tatsache, dass Bill in *101* wohnt, auch als eine *direkte Hommage* an den Sci-Fi-Action-Klassiker *Matrix* von 1999, wo die von Keanu Reeves gespielte Hauptfigur „Neo" anfangs auch in einem „*Room 101*" wohnt – der Martial Arts-Choreograph von *Matrix* ist schließlich auch der Martial Arts-Choreograph von *Kill Bill 1 & 2*: *Yuen Woo-Ping*].

„Die Braut" zieht eine Schusswaffe [eine „*Star Firestar M-45*" mit verlängertem Lauf] und dringt in das Apartment ein. Nachdem sie BILL's *Hanzo-Schwert*, das offenbar eine Art „Ehrenplatz" in der Mitte des Apartments erhalten hat, entdeckt hat, geht sie hinaus in den zugehörigen Hinterhof. Dort erwarten sie: BILL & „[*four*]*-year-old little B.B.*" [QT-Skript]!!

„*The three look at each other for a moment*" [Skript-Anweisung] - B.B. [„*B.B. Kiddo*" wird von *Perla Haney-Jardine* gespielt; *B.B.* steht für „**B**eatrix/**B**ill"] und Bill haben *Wasserpistolen* bei sich. Dann richtet B.B. ihre „*squirt gun*" [Skript] auf die „Braut" und sagt: „*Stillgestanden, Mami!*" [im Original: „*Freeze, Mommy!*"].

BILL & B.B. spielen in der Folge „Theater“: Bill sagt *„Bang Bang! […] Oh B.B., Mommy got us“* [Text gemäß Skript] und die beiden mimen „Sterbende“ [dazugehörige Skript-Passagen: *„Then he suddenly clutches his abdomen like he's just been shot“* / *„B.B. lowers her gun and plays out a big dying scene alongside her dad…Bill falls to the [ground]“*].

DIE BRAUT, *„still absentmindedly*[geistesabwesend] *pointing her weapon at them“* [QT-Skript], weiß nicht wirklich, wie sie auf Bill und ihre Tochter reagieren soll, doch dann regt Bill B.B. gleichsam dazu an, auf ihre Mutter mit der Wasserpistole zu schießen [B.B. – gemäß Skript: *„Bang bang!“*].

„Du bist tot, Mami. Also stirb!“[BILL] – Bill kehrt, nachdem er sich einige Zeit lang darin gefallen hat, mit einer *„dramatic narrator's voice“* [Skript] zu sprechen (um die „theatralischen Vorgänge“ rund um ihn, die „Braut“ & B.B. zu kommentieren), zu seiner *„normal voice“* [Skript] zurück und fordert „Die Braut“ auf „mitzuspielen“. Diese mimt dann tatsächlich die „Getroffene“ und lässt sich auf den Boden fallen [*„The Bride shakes off her confusion, and acts out a big death scene to her little girl“*; Skript]. B.B. läuft dann zu ihrer „Mommy“ und meint: *„Oh, Mami. Stirb nicht! Das war nur ein Spiel“*.

„*From the floor, looking up at her daughter, she speaks to her for the first time*" [QT-Skript] – DIE BRAUT antwortet B.B. und sagt „*Ich weiß*", was von einer Umarmung begleitet wird.

Bevor die „Braut" & ihre Tochter Komplimente austauschen [THE BRIDE: „*My, my, my, what a pretty little girl you are*" / B.B.: „*Your're pretty too, Mommy*"; Originalfassung], macht Bill noch eine Anspielung auf das jahrelange Koma, aus dem B.B.'s Mutter erwacht ist: „*Ich hab ihr gesagt, du würdest schlafen, aber eines Tages würdest du aufwachen und zu ihr zurückkommen*".

In der Folge kommt es, in Anwesenheit von B.B., zu einem Gespräch zwischen „Der Braut" & Bill im Küchenbereich des Apartment 101 sowie danach in B.B.'s Zimmer, wobei sich BILL in seinen Aussagen zumeist auf seine *Tat* bezieht und auch eine gewisse mit „latentem Selbstmitleid" gepaarte „Einsicht" an den Tag legt [*Anmerkung: Der Täter tut sich selbst am allermeisten leid* - Best of BILL-*Aussagen*, in denen wiederum die von mir bereits angesprochene *psychologische Schlüssigkeit* zu Tage tritt, die QT seinen Figuren, bei aller Überzeichnung, verpasst hat, denn Bill *interpretiert*, wie eben auch explizit in der *Eröffnungsszene* von „*Volume 1*", die Gewalttat, was für Gewalttäter oder Mörder *oftmals nicht ganz untypisch* ist, als eine Art „*masochistischen Akt*“, der auch von „*Traurig-keit*“ begleitet wird: „*Weißt du Engel, Mami ist irgendwie böse auf Daddy. […] Ich war ein sehr böser Daddy*“ / „*[…] I knew what would happen to Mommy if I shot her. What I didn't know, is when I shot Mommy, what would happen to me. […] I was very sad. And that was when I learned, so-methings once you do, they can never be undone*“ – Text gemäß Skript/dt. Synchro: „*[…] Ich war sehr traurig. Denn mir wurde klar, es gibt Dinge, die man nie ungesche-hen machen kann*“].

Bill schlägt schließlich vor, dass sich die „Braut“ & B.B. in B.B.'s Zimmer noch gemeinsam ein Video anse-hen, bevor diese endgültig schlafen gehen muss [B.B. – den Vorschlag Bills Nachdruck verleihend: „*Mami, willst du dir ein Video mit mir ansehen […]?*“]. Nachdem die ange-sprochene „Mami“ eingewilligt hat [THE BRIDE: „*Oh ja, das würde ich sehr gern*“], sehen sich die beiden eine Folge der Cartoon-Serie „*Samurai Jack*“ an [*Anmerkung*: Im Ori-ginal ist *jedoch* davon die Rede, dass sich Mutter & Toch-ter als „*sleepy time film*“ den Jidai-geki *Shogun Assas-sin*/dt. Verleihtitel: *Henker des Shogun* aus 1980 ansehen].

Anschließend, als B.B. eingeschlafen ist, verlässt die „BRIDE“ das Zimmer ihrer Tochter und geht, begleitet von den [*Soundtrack-*]Klängen des *Malcom McLaren*-Songs

„*About Her*" [zentrale Textzeilen: „*My man's/Got a he-art/Like a rock/Cast in the sea/Well no one told me about her/The way she lies/Well no one told me about her/How many people cried*" – *Anmerkung*: Tarantino's Verwendung des Songs „*About Her*" an jener Stelle sorgt für *einen der atmosphärisch gelungensten Momente* innerhalb des „*Von Angesicht zu Angesicht*"-Kapitels; der ehemalige *New York Dolls & Sex Pistols*-Manager McLaren produzierte den aus diversen Samples bestehenden Song exklusiv für den 2004 veröffentlichten *Kill Bill – Volume 2*-Soundtrack] und mit der -eindeutig sichtbaren- Entschlossenheit, ihre *Rache* endlich zu *vollenden*, zurück zu BILL, der im Wohnzimmerbereich auf sie wartet.

Er begutachtet ihr Hanzo-Schwert, das er „*ein Meisterwerk*" nennt, und erkundigt sich nach dessen Schöpfer [BILL: „*Wie geht es Hanzo-san? Ist sein Sushi inzwischen genießbar?*"], wobei die „Braut", die sich dann auf die Couch in der Mitte des Raumes setzt, nochmals die Tatsache betont, dass die reine *Erwähnung* von Bill's Namen ausgereicht hat, um Hattori Hanzo dazu zu bringen, seinen „heiligen Schwur" zu brechen, nie wieder ein Schwert zu schmieden.

„*Ich nehme an, es geht dir darum, dass wir Hanzo's Schwerter kreuzen? Hab ich recht?*" [BILL] – Bill macht der „Braut" anschließend zwei Vorschläge, wie sie sich duellieren könnten, nämlich: entweder *jetzt gleich* auf dem zugehörigen Privatstrand oder „[…] *nach der Tradition der alten Schule*" [BILL] im Morgengrauen bei Sonnenaufgang.

Die „BRIDE" lässt Bill den Vorschlag Nummer zwei, sich „*bei Sonnenaufgang gegenseitig auf*[zu]*schlitzen*" [BILL], nicht mehr gänzlich fertig ausformulieren, denn sie springt von der Couch hoch und will sich *Bill*'s Hanzo-Schwert greifen, das auf einem stilvollen Block aus Holz platziert ist. Bill zieht eine Schusswaffe [einen *EMF Hartfort Pinkerton*-Revolver, eine Art „langen Colt"] und feuert absichtlich knapp daneben und auf den Fernseher – der „Braut" bleibt nichts anderes übrig, als sich wieder hinzusetzen [BILL's Drohung im Anschluss: „*Na schön, wenn du dich jetzt nicht beruhigst, werd ich dir in die Kniescheibe schießen müssen. Und ich hab gehört, das soll sehr schmerzhaft sein, dort getroffen zu werden*"].

Nun will Bill ein paar „*unbeantwortete Fragen*" beantwortet haben [BILL: „*Bevor dieser blutige Rachefeldzug seinen Höhepunkt erreicht, möchte ich dir ein paar Fragen stellen. Und du sollst mir die Wahrheit sagen*"] und betont gleichzeitig, dass er ganz und gar nicht glaubt, dass THE BRIDE die Wahrheit sagen kann, wenn es um *ihn* geht. Die

„*Lösung*" für das Problem sieht Bill in einem *Wahrheitsserum*, das er der „Braut", mithilfe eines blitzschnell & somit überraschend abgefeuerten Pfeils, ins Bein jagt [BILL – nachdem der Pfeil in Kiddo steckt: „*Gotcha!*"].

„*What the fuck did you shoot me with!?*" [THE BRIDE - Originalfassung] – Er beantwortet die Frage und teilt ihr mit, dass das „*unglaublich starke*[ ] *und recht zuverlässige*[ ]" [BILL] Serum von ihm „*Die unumstößliche Wahrheit*" [im Original: „*The Undisputed Truth*"] getauft wurde.

Danach betont BILL, ausgehend von einer *Theorie* über *Superhelden* & deren *Alter Egos*, dass DIE BRAUT, auch wenn sie -sozusagen- das alltagstaugliche Kostüm von „ARLENE PLYMPTON" getragen hätte, immer BEATRIX KIDDO geblieben wäre – genauso, und das ist eben die *Analogie*, die Bill zu dem Schicksal des von ihm geschätzten Superhelden *Superman* herstellt, wie SUPERMAN im Alltag das „Kostüm" seines „Alter Egos", nämlich des „Normalos" CLARK KENT, tragen muss und doch immer *Superman* ist & bleibt, weil er, im Gegensatz eben zu anderen Superhelden, wie z. B. *Spiderman*, der seine Superkräfte erst irgendwann durch den Biss einer genetisch manipulierten Labor-Spinne erhalten hat, gleichsam auf seinem Heimatplaneten Krypton schon als *Superman* geboren wurde [BILL zur BRIDE – über deren scheinbar unumstößliche

„*natural born killer*-Natur": „*Du bist eine Killerin. Von Natur aus eine Killerin. Das warst du immer und das wirst du immer sein. […] Nichts in der Welt hätte daran was geändert*" / „*Versteh mich nicht falsch. Ich glaube, du wärst eine wunderbare Mutter gewesen. Aber du bist eine Killerin*"].

Unter dem Einfluss des Wahrheitsserums „gesteht" THE BRIDE/BEATRIX KIDDO, dass BILL in gewisser Weise recht hat und das geplante Leben mit *Tommy Plympton* wohl nicht funktioniert hätte. Als *eigentlichen* Grund für ihren „versuchten Absprung in das normale Leben" nennt sie aber die Tatsache, mit B.B. schwanger gewesen zu sein.

„*Why did you run away from me with my baby?*" [BILL; Originalfassung] – Bill hakt nach und „Die Braut" erwähnt ihren „*letzten Auftrag*", den sie von Bill erhalten hat und der die Exekution eines „*lady scoundrel*[s]" [Ausdruck im QT-Skript; scoundrel: Schurke, Halunke] namens LISA WONG in L.A. vorgesehen hatte. *Bevor* man in einer RÜCK-BLENDE dann sieht, wie die „Braut" es in ihrem Hotelzimmer in L.A. mit einer von Lisa Wong's Killerinnen, nämlich *Karen Kim* [gespielt von *Helen Kim*, welche 2007 dann auch einen Auftritt als „Peg" in Tarantino's *Death Proof – Todsicher* hatte], zu tun bekommt, erzählt sie Bill, dass sich seinerzeit bei ihr bereits im Flugzeug „erste Anzeichen von

B.B." gezeigt hätten: „*An dem Morgen, als ich ging, war mir schlecht. Im Flugzeug hab ich mich übergeben. Da hat`ich den Gedanken, dass ich möglicherweise schwanger bin*".

„*I'm the deadliest woman in the world. But right now, I'm just scared shitless for my baby*" [THE BRIDE zu KAREN KIM; Originalfassung] - Nach der „*L.A. Hotel Room*"-RÜCKBLENDE [in dieser sieht man, wie die „Bride" im Badezimmer zunächst einen Schwangerschaftstest macht und sich dann ein kurzes Feuergefecht mit der „*pretty* KOREAN WOMAN *in the blazer and skirt outfit of a hotel manager*" (QT-Skript) namens Karen Kim liefern muss, die in das Hotelzimmer eindringt; Lisa Wong's Auftragskillerin verzichtet letztendlich darauf, ihre Mission bezüglich Beatrix Kiddo zu Ende zu bringen, weil sie *mit eigenen Augen* das positive Schwangerschaftstest-Ergebnis der BRIDE sieht, auf welches sie diese mit den Worten „*Karen, ich hab erfahren, […], unmittelbar, bevor du mich […] erschießen wolltest: Ich bin schwanger. […] Ich bin die tödlichste Frau der Welt, doch jetzt hab ich `ne Scheißangst um mein Baby*" hingewiesen hat] geht der Dialog zwischen der „Braut" & Bill auf dem zum Apartment 101 gehörenden Grundstück weiter, wobei Bill an einem Tisch sitzt und die

BRAUT zunächst bei einer jener Türen steht, die hinaus zu dem Grundstück führen.

Die „BRIDE" erklärt Bill, warum sie B.B. ursprünglich nicht in seiner Nähe haben wollte [THE BRIDE: *„Ein unschuldiges Kind hat es verdient, unbelastet in diese Welt zu gehen. Aber mit dir wär sie in eine Welt geboren worden, die sie nicht kennenlernen sollte"*]. Bill wiederum führt *seinen* Standpunkt aus und bezeichnet das Vorgehen der „Braut" sogar als *„herzlos"* [BILL: *„Jemanden glauben zu lassen, der, den man liebt, wäre tot, obwohl man's nicht ist, das ist ganz schön herzlos"*], wobei er sich abermals enttäuscht über Kiddo's Bräutigam-Wahl zeigt [BILL: *„Im dritten Monat meiner Trauer hab ich dich aufgespürt. […] Nicht nur, dass du nicht tot warst, du hattest auch noch vor, einen verdammten Idioten zu heiraten. Und du warst schwanger. Ich hab überreagiert"*].

Im Anschluss daran ruft BILL der „Braut", die sich inzwischen zu ihm an den Tisch gesetzt hat, dann in Erinnerung, mit wem sie es zu tun hat, nämlich mit einem *„Killer"*, einem *„mordenden Mistkerl"* [BILL – gemäß QT-Skript: *„There are consequences to breaking the heart of a murdering bastard. You experienced some of them"*].

Die Spannung, die in der Luft liegt, steigert sich - und nachdem die „Bride" nochmals eine gewisse „Desillusionierung" bezüglich ihres ehemaligen Mentors & Liebhabers zum Ausdruck gebracht hat [THE BRIDE: „[…] *Ich hätte mir nie vorstellen können, dass du so gnadenlos zu mir bist*" / BILL: „*Tut mir aufrichtig leid, Kiddo, aber da hast du dich geirrt*"], kommt sie auf den *Ur-Grund* ihres jetzigen Zusammentreffens zurück: „*You and I have unfinished business*" [Skript; Version der dt. Synchro: „*Wir sollten noch eine offene Rechnung begleichen*"].

Showdown! – Die beiden attackieren sich mit ihren Schwertern, ohne, dass sie sich dabei wesentlich von ihren *Sitzpositionen* erheben [*Anmerkung*: Ursprünglich hatte Tarantino einen weit spektakuläreren „*Showdown am Strand im Morgengrauen*" geschrieben, aber durch Thurman's Verletzungen, die durch den im Kapitel über *Kill Bill – Volume 1* erwähnten *Autounfall* hervorgerufen wurden, musste man wohl letztendlich eine Form des „*reduzierten Schwertkampfs*" zwischen Uma Thurman & David Carradine kreieren - wobei die Szene gerade durch diesen „*überraschenden Minimalismus*" einiges an „*atmosphärischer Coolness*" gewinnt!].

Nachdem sich die Klingen der Hanzo-Schwerter nur wenige Male getroffen haben, startet die BRAUT einen

„überraschenden Angriff" [QT-Skript: „[…] *she brings up her right arm, sticks out two fingers, and hits Bill on* [five] *different pressure points on his body. Then hits him straight on in the heart with her palm. His body jolts*[jolt: schütteln, durchschütteln], *like he's just had a heart attack…he coughs*[hustet] *up a little blood…he looks at her"*].

Der Gesichtsausdruck der „Braut" verändert sich schlagartig [„*The face of the cold ice woman Ninja, melts away before our eyes, and the face of Beatrix Kiddo is filled once again with compassion*[Mitgefühl]"].

„*Pai Mei hat dich die Fünf-Punkt-Pressur-Herz-Explosionstechnik gelehrt?*" [BILL] – Die BRAUT antwortet auf Bill's -mit einem gewissen Erstaunen- vorgebrachte Frage: „*Natürlich hat er das*" [im Original: „*Of course he did*"].

Bill will anschließend noch wissen, warum sie ihm diese Tatsache *nie* gesagt hat, worauf die „Braut" antwortet, und das „*apologetically*[entschuldigend]" [Skript]: „*Vielleicht…weil ich…ein schlechter Mensch bin*".

Bevor Bill seinen „letzten Weg" antritt, macht er der „Braut" noch *eine Art Kompliment* und entkräftet ihren „*bad person*" [Original-Ausdruck im Skript]-Vorwurf gegen sich selbst [BILL: „*Nein, du bist kein schlechter Mensch. Du bist ein fantastischer Mensch. Du bist mein*

Lieblingsmensch. Aber ich muss gestehen: Hin und wieder bist du ein echtes Drecksstück"].

Die „Braut" lächelt und hat einen Anflug von *Tränen* in den Augen - Bill wischt sich einen Teil des Bluts aus dem Mundwinkel. Dann, nachdem er sie nach seinem *Aussehen* gefragt hat [BILL: „*Wie seh ich aus?*"], greift sie seine Hand und sagt: „*Du bist soweit*" [im Original: „*You look ready*"].

Er steht auf, knöpft sich seine Jacke zu, dreht sich um, „[…] *walks five steps in the opposite direction*" [Skript] und fällt zu Boden – **BILL** aka „**SNAKE CHARMER**", „[…] *her corrupter*[Verderber, Verführer], *her enemy, the father of her child,…her* MAN" [QT-Skript], ist **tot** & der RACHEFELDZUG der BRAUT **vollendet** [„*Her journey, her revenge, her victory, her unfinished business, is completed*"; Skript].

„*Next morning*" [*Einblendung* vor schwarzem Hintergrund] – B.B., mit der die „Braut" nach Bill's Tod die „*Villa Quatro*" verlassen hatte, sitzt auf einem „*motel room bed*" [Skript] und sieht sich „*Saturday morning cartoons on T.V.*" [Skript] an. „Die Braut" jedoch befindet sich im Badezimmer des Motel-Rooms und liegt dort auf dem Boden [QT-Skript-Anmerkung dazu: „*We wonder for a moment what's wrong…*"] – sie weint allerdings „*tears of joy*"

[Skript] und wiederholt, angesichts der „Reunion" mit ihrer Tochter, immer wieder dieselben Worte: *„Thank you…Thank you…Thank you*" [Originalfassung].

Schließlich gesellt sie sich zu B.B. und die beiden schauen gemeinsam fern – *„The lioness has been reunited with her cub*[Junges]*, and all is right in the jungle*" [QT-Skript-*Ur*-Version des im Film *eingeblendeten* „Schlusssatzes"].

„Es ist ein sehr inspirierter Frauenfilm"

&

„Mir ist wichtig zu sehen, dass sich ein Verlierer wieder aufrappelt. Das bewegt mich. Und diese Figur ist durch und durch so gestrickt. So ist das Leben. Der Film ist unrealistisch, aber im Grunde steht dieser Mut und diese Tapferkeit im Zentrum dieser Figur. Das finde ich das Spannendste an ihr"

(*Uma Thurman* trifft, in der Doku „*The Making of Kill Bill - Volume 2*", eine interessante „*Genre-Zuordnung*" und bringt die *Faszination* einer Figur wie der „BRIDE" auf den Punkt)

„Das Wesentliche an Tarantino-Filmen ist nicht die Gewalt und die Action, es ist der Blick hinein in die Vorstellungswelt und ins Herz gewalttätiger Menschen"

(viel treffender & viel besser kann man's wohl gar nicht ausdrücken: „Bill"-Darsteller & TV-Legende *David Carradine* spricht ein *zentrales Element der fesselnden Wirkung* von „QT-Movies" an; *Quelle*: Doku „*The Making of Kill Bill – Volume 2*")

„Quentin hat ein feines Gespür. Er kreiert eine Welt. Die Kombination von Quentin und dem Meister [gemeint ist Kameramann Robert Richardson] bringt einen aufregenden neuen Stil hervor, den es nie gab"

(*Kill Bill* – Produzent *Lawrence Bender* über das „Regisseur & Kameramann-*Dream-Team*" Quentin Tarantino & Robert Richardson – die Zusammenarbeit zwischen *QT* & *Richardson* hält bis zum heutigen Tag an)

„Manche sagen: `Viel Handlung hat er ja nicht`. Na ja, es ist eine RACHE-GESCHICHTE. *Wozu braucht es da mehr an Handlung? Fünf Leute spielen einer Person übel mit, jetzt zahlen sie dafür. Sie hat eine Liste mit 5 Namen und arbeitet sie ab. Viel mehr Handlung ist da nicht. Ich könnte noch irgendeinen Mist zur Ablenkung einbauen, aber das hasse ich an Filmen. Lassen wir den Mist weg und trauen wir uns einfach, einen* RACHE-FILM *zu machen"* (QT in der Doku „*The Making of Kill Bill – Volume 2*") – Nun, die beiden *Kill Bill*-Filme mögen gemeinsam *ein* großes & reichlich ausschweifendes Rache-Epos darstellen, aber: Im Grunde *unterscheiden* sich die zwei Werke voneinander sogar *deutlich*, und das ist eine augenscheinliche Tatsache, auf die auch Tarantino selbst in diversen Statements wiederholt hingewiesen hat.

So sprach er etwa im Zusammenhang mit „*Volume 1*" & „*Volume 2*" nicht nur davon, dass die beiden Teile gleichsam *unterschiedlichen Filmgenres* nachempfunden seien (QT: „*Volume 1 war wie japanische Samurai-Filme oder Kung Fu-Filme aus Hong Kong mit einem Hauch Spaghetti-Western. Hier* [in Teil 2] *dominiert das Element des Spaghetti-Westerns weitaus mehr. Volume 1 sollte eben ein Kung Fu-Film im Eastern-Stil sein, der zweite Teil ist eher ein Western, aber im opernhaften Stil des Spaghetti-*

Westerns. Trotzdem enthält er eine Sequenz, die ganz auf Shaw Brothers gemacht ist. In Volume 2 ist die ganze Sequenz mit Pai Mei wie ein Shaw-Film gedreht"), sondern auch von einer *„Fragen & Antworten"*-Struktur der Werke (QT: *„Volume 1 stellt die Fragen, Volume 2 hat die Antworten"*).

QT betonte, darüber hinausgehend, auch, dass in Teil 1 gleichsam *„die Mythologie, in der die Geschichte verankert ist"* geschaffen wurde, während sich Teil 2 sozusagen intensiv um die *Figuren* kümmert (QT: *„Im ersten Film geht es Schlag auf Schlag, es geht voran. Im Verlauf dieser temporeich inszenierten Rache-Geschichte lernt man die Mythologie kennen, die sich um die Figuren rankt, und die Welt, in der dieser Film spielt. Beim zweiten Film ist diese Welt schon präsent. Man kennt das Szenario und den Sinn der Geschichte. Jetzt muss man noch die Figuren kennenlernen"*; Quelle: *„The Making of Kill Bill – Volume 2"*).

Auch für Uma Thurman enthält Teil 2 gleichsam *„das meiste der Geschichte"* (Statement von Thurman: *„Kill Bill 1 ist eine herrliche, opernartige, wahnwitzige und irre Kampfsequenz mit ein paar Szenen dazwischen. […] Aber in Volume 2 entfaltet sich die ganze Geschichte der* BRAUT *und wie es zu allem kam"*), wobei Regisseur Tarantino auch keinen Zweifel daran lässt, dass Thurman der *ausgeprägteren Charakterzeichnung*, die ihr „*Volume 2*" abverlangt hat, voll und ganz gerecht geworden ist (QT: „*Wenn die Leute dachten, Uma hätte* [in *Kill Bill 1*] *Maßstäbe gesetzt und sich als `Braut´ selbst übertroffen, müssen sie sie erst mal hier sehen*").

„THE SCORE": Zu „*The RZA*", der für den gelungenen *Score* von *Kill Bill – Volume 1* verantwortlich gewesen war, gesellte sich bei Teil 2 auch Tarantino's Freund *Robert Rodriguez*, denn dieser bot QT an, weil er *unbedingt* Teil des *Kill Bill*-Projekts sein wollte, die Filmmusik *umsonst* zu schreiben, was Tarantino *natürlich* nicht ablehnte (QT: „*Filmmusik umsonst? OK!*"; Quelle: „*The Making of Kill Bill – Volume 2*"), vor allem angesichts der Tatsache, dass das Multitalent Rodriguez bekannterweise eben *auch* ein begabter Musiker & Filmkomponist ist (QT's Kommentar zum Rodriguez-*Kill Bill 2*-Score, der an gewissen Stellen tatsächlich ein „*Western*-Feeling" erzeugt: „*Robert's Musik ist fantastisch*").

„Bill ist die Rolle meines Lebens"

&

„Ich habe in vielen Shakespeare-Stücken gespielt, der konnte auch schreiben. Aber Quentin ist für mich der Größte"

(*David Carradine* sieht sowohl die Figur des „BILL" als auch dessen Schöpfer *Tarantino* ganz oben in seinen „persönlichen Hierarchien")

„The […] sword Hattori Hanzo created, just for her, for this purpose, has come to the end of its journey"

(eine Art *„finaler QT-Kommentar"* aus dem *Kill Bill*-Skript zu dem *Hanzo-Schwert* der „Braut", das *nach* Bill's Tod gleichsam seinen „Zweck" / seine „Bestimmung" verloren hat)

Tarantino (Jahrgang 1963) ist mit der TV-Serie *Kung Fu* und deren Hauptdarsteller *David Carradine* aufgewachsen. Carradine hatte in den 70ern, und das eben dank der Serie und der Rolle des *„Shaolin, den es in den Wilden Westen verschlagen hat"* „Kwai Chang Caine", tatsächlich so etwas wie einen „Rockstar-Status" (QT: „`Kung Fu` war *eine der Serien, die es vielleicht alle drei Jahre gibt und* *die zu einem Phänomen der Popkultur werden. Für eine Weile sind die Stars der Serie fast wie Rockstars. David Carradine war wirklich wie ein Rockstar"*).

Kill Bill verhalf, was angesichts des „*Comeback-Spezialisten*" QT wiederum wenig überraschend ist, Carradine, der in den 80ern und 90ern eher in B-Action-Movies (diesbezügliches Highlight: *McQuade, der Wolf* mit Chuck Norris & Barbara Carrera aus 1983) und, lässt man mal die einst wirklich megaerfolgreiche Mini-Serie *Fackeln im Sturm* (1985; North and South; mit *Patrick Swayze & James Read*) beiseite, meist in zweit- bis drittklassigen TV-Produktionen zu sehen war, zu so etwas wie einem „*Karriere-Boost*", der die ehemalige Kultfigur aus der Versenkung holte.

Dank der Rolle des „Bill" (Carradine über die Figur: „*Bill hat etwas Nobles an sich. Und gleichzeitig ist er einer der schlimmsten Menschen, die es gibt*") blieb Carradine für eine Generation, die *Kung Fu* nicht mehr wirklich kannte oder sogar nie davon gehört hatte, kein Unbekannter, was Tarantino selbst auch in der Making of-Doku zu *Kill Bill – Volume 2* wie folgt zum Ausdruck brachte: „*Das Coole ist: Für die Generation, die `Kung Fu´ nicht kennt oder […] `Long Riders`, wird er nicht David Carradine sein, sondern `Bill`. Wie er für mich immer `Kwai Chang*

Caine` bleiben wird, wird er für sie `Bill` sein" („Anm.: „*Long Riders*" – actionreicher Spät-Western von *Walter Hill* aus dem Jahr 1980, in dem gleich *alle drei* schauspielernden Carradine-Brüder, nämlich *David, Keith & Robert*, zu sehen sind).

So wie seinem weiblichen Co-Star Uma Thurman (Carradine über Thurman: „*Ich hab noch nie jemanden so hart arbeiten sehen wie sie, sowohl im Training als auch im Film. Einen schwierigeren Film kann man sich nicht vorstellen. Sie meistert alles mit Bravour*"), streute Carradine zu Lebzeiten stets, wenn man so will, natürlich auch seinem „*Wiederentdecker*" Quentin Tarantino Rosen und gab sich von dessen Qualitäten als *Autor & Regisseur*, was natürlich auch der oben zitierte Vergleich mit *William Shakespeare*(!) deutlich zeigt (den in der *Pulp Fiction*-Zeit ja auch *Christopher Walken* einmal bemüht hat), mehr als begeistert (Carradine: „*Ich schlug das Drehbuch auf, und was sah ich? Literatur, ausgearbeitet bis ins letzte Detail. So führt er auch Regie – er überlässt nichts dem Zufall, alles ist geplant*").

Als besonderes Highlight hat Carradine, und das völlig zurecht, denn sie ist ohne Zweifel *ein absolutes Highlight der Filmgeschichte*, jene Szene empfunden, in der THE BRIDE/BEATRIX KIDDO & BILL in dem „*Massacre at*

Two Pines"-Kapitel in der „*Wedding Chapel*" aufeinandertreffen und der „*Snake Charmer*" („*Schlangenbeschwörer*" - *Code-Name* von Bill) seine einstige „*Black Mamba*" daran erinnert, dass sie ihr früheres Leben nicht so einfach hinter sich lassen kann, wie sie denkt (Carradine über seine eigene sowie Tarantino's Sichtweise der besagten Szene: „*Er sagte: `Ich finde, das ist deine beste Szene im Film`. Ich meinte: Ich finde, das ist die beste Szene meiner Karriere*").

Um noch einmal, denn ich habe das Ganze schon mal zu Beginn des Zusammenfassungs-Teils erwähnt, auf eine der *denkwürdigsten Hommagen* an die Serie *Kung Fu* in *Kill Bill – Volume 2* zu sprechen zu kommen, nämlich auf die Verwendung der „*Kwai Chang Caine-Flöte*" im Rahmen der „*Wedding Chapel Massacre*"-Rückblende: Tarantino kam auf die Idee, „Bill" quasi durch das *Flötenspiel* anzukündigen, als Carradine die besagte Flöte einmal zum Training nach L.A. mitbrachte und eines Morgens tatsächlich drauf spielte (Carradine: „*Meine Flöte ist eine der Flöten aus der Serie `Kung Fu`. Quentin mag derartige Hommagen*").

„Der Kampf mit Daryl Hannah ist der große Kampf in Volume 2. Er muss den Kampf im `House of Blue Leaves` noch übertreffen. Nicht an Aufwand, aber an Gefühl. Man will die zwei kämpfen sehen. Sie soll Elle Driver fertigmachen. Es ist dramatisch, befriedigend und brutal. Wie nenne ich es? `Der Krieg der blonden Gigantinnen`. `Zwei Amazonen, die sich die Seele aus dem Leib prügeln`"

(QT in „*The Making of Kill Bill – Volume 2*" über den Fight KIDDO vs. DRIVER)

„Come and hold my hand / I wanna contact the living / Not sure I understand / This role I've been given"

(Textzeilen aus einem meiner „*favorite songs of all time*", nämlich *Robbie Williams*' „*Feel*" – in dem zugehörigen *Musikvideo* (Regie: Vaughan Arnell), erschienen 2002, spielt Tarantino's spätere „Elle Driver"-Darstellerin *Daryl Hannah* so etwas wie die „weibliche Hauptrolle")

„Wer ist kälter als kalt? Elle Driver" (Daryl Hannah über „Elle Driver") – Die *Erzfeindin* der „Braut", die „*California Mountain Snake*"[US-Bezeichnung für die sogenannte *Korallen-Königsnatter*], die einäugige Killerin mit

eindeutiger „Tendenz zum Giftmord", wird von *Daryl Hannah* verkörpert, die hier, als *Schurkin*, in gewisser Weise „schauspielerisches Neuland" betreten hat (Hannah: *„Ich habe eigentlich noch nie eine richtige Schurkin gespielt. Ich war ganz schön aufgeregt, als mir klar wurde, wie mies sie ist. Aber ich spiele gerne eine so harte und durchtrainierte Figur"*).

Hannah, Ex-Geliebte von *John F. Kennedy, Jr.*, Ex-Lebensgefährtin von Musiker *Jackson Browne* und mittlerweile Ehefrau von Rock-Legende *Neil Young*, wurde in den 80ern durch Rollen in Film-Hits wie *Blade Runner* (1982; Regie: Ridley Scott; mit Harrison Ford & Rutger Hauer), *Splash – Eine Jungfrau am Haken* (1984; Splash; Regie: Ron Howard; mit Tom Hanks), *Staatsanwälte küsst man nicht* (1986; Legal Eagles; Regie: Ivan Reitman; mit Robert Redford & Debra Winger) oder *Wall Street* (1987; Regie: Oliver Stone; mit Michael Douglas & Charlie Sheen) weltberühmt, konnte aber in den 90ern nicht mehr an derartige Erfolge anknüpfen. Insofern markierten die beiden *Kill Bill*-Filme, wie für Carradine, auch für Hannah eine Art *Comeback*, denn: „Aufsehen als Teil eines künstlerischen Produkts" hatte Hannah vor *Kill Bill 1 & 2*, genau genommen, eigentlich nur mehr 2002 erregt, als sie in dem

Musikvideo zu dem *Robbie Williams*-Hit „*Feel*" zu sehen war.

Der in der Tat *brutale* Fight der beiden Erzrivalinnen „The Bride/Beatrix Kiddo" & „Elle Driver" (Thurman über das Verhältnis Kiddo/Driver: „*Wenn die beiden aneinander geraten, geht es ziemlich unter die Gürtellinie*" – Hannah über „Die Braut": „*Sie hat ein Problem mit der `Braut´, weil die `Braut´ Bill´s Freundin war. Jetzt ist sie das*") mag, wie QT meint, der „*große Kampf*" in *Kill Bill – Volume 2* sein, aber der „*reduzierte Showdown*" zwischen der BRAUT & BILL übertrifft, aus meiner Sicht, den genial-brachialen „*Showdown in Budd´s Camper*" noch, vor allem, was „*Gefühl*" & „*Intensität*" betrifft.

BUDD

„I never saw anybody buffalo Bill the way she buffaloed Bill"

(aus: *Kill Bill – Volume 2*; „Budd" Michael Madsen zu „Elle Driver" Daryl Hannah in „Budd´s Camper"– über die Tatsache, dass wohl *niemand* seinen Bruder Bill in *der* Weise „*reingelegt*" hat wie die „Braut"; die deutsche Fassung des brillant erdachten Wortspiels mit *Bill* & dem Westernhelden

Buffalo Bill lautet: „*Nie hat eine Buffalo Bill so gebüffelt wie sie.*")

„*Ich bin wirklich stolz darauf, wie Michael Madsen die Figur spielt. Wir haben seit `Reservoir Dogs` nichts mehr zusammen gemacht*"

(QT über „Budd"-Darsteller *Michael Madsen*; Quelle: Doku: „*The Making of Kill Bill – Volume 2*")

„*Mit gefällt es, dass er in beiden Filmen mitspielt, wenn dieselben Schauspieler unterschiedliche Rollen spielen. Solange es richtig gute Charakterrollen sind*"

(QT-Statement bezogen auf *Michael Parks*, der in *Kill Bill*, wie auch *Gordon Liu*, sozusagen in einer „Doppel-Rolle" zu sehen ist; Quelle: „*The Making of Kill Bill – Volume 2*")

Rund zehn Jahre nach *Reservoir Dogs – Wilde Hunde* war es wirklich mehr als an der Zeit, dass Tarantino und sein ehemaliger „*Mr. Blonde*"-Darsteller *Michael Madsen*, der in *Kill Bill – Volume 2* in der Rolle von Bill's Bruder

„Budd" (Code-Name: „*Sidewinder*" – „Klapperschlange")
quasi auch noch „*Blondinenwitze*" reißt (BUDD in seinem
Wohnwagen zu ELLE über die BRIDE: „*Bill hat geglaubt,
sie wäre verdammt clever. Ich war nur der Meinung, sie
war ziemlich clever für `ne Blondine*"), wieder zusammen-
arbeiteten (QT: „*Meine Fans haben erwartet, dass ich mit
Mike wieder was mache. Michael gilt als Idealbesetzung
für meine Filme*").

Sowohl Tarantino als auch Uma Thurman gaben sich
von Madsen's Leistung als mittlerweile „abgewirtschafte-
ter & versoffener" Bruder von Bill begeistert (Thurman
über Madsen: „*Madsen spielt das sagenhaft. Und liefert
sich eine irre Schlacht mit meiner Erzfeindin, der `Califor-
nia Mountain Snake` Daryl Hannah*") – und im Grunde ist
„Budd" sogar die *bei weitem realistischste & vielschich-
tigste Figur* in QT's *Kill Bill*-Universum (QT: „*[…] es war
schön, Michael hier von einer neuen Seite zu sehen. Michael spielt immer den absolut Coolen in Filmen. Es war
toll, das beiseite zu lassen und ihm eine Rolle zu geben, die
eigentlich sehr komplex ist. […] In mancher Hinsicht ist er
einer der mitfühlendsten Menschen im Film*").

Zu der Besetzung von *Michael Parks* (*Anmerkung*: Ein
Parks-Highlight aus den frühen 90ern ist sicherlich die

Rolle des rücksichtslosen Gangsters „Jean Renault" in David Lynch's legendärer TV-Serie *Twin Peaks*), der in *Kill Bill – Volume 1* bekanntlich noch den Texas Ranger „Earl McGraw" verkörpert hatte, als Bill's väterlichen Freund „Esteban Vihaio" kam es dadurch, dass Parks bei der Lesung einer Drehbuch-Version, in der „ESTEBAN VIHAIO" dann eben schon als „Figur, die mit der BRAUT spricht" zugegen war, für einen Schauspieler einsprang, der im letzten Moment vorgab, verhindert zu sein (QT soll, laut Eigenaussage, damals angeblich nach der Lesung sofort Folgendes zu seinen Mitarbeitern gesagt haben: *„Sagt dem anderen ab! Michael spielt das"*).

Überhaupt war und ist Tarantino ein großer Fan des 2017 verstorbenen Parks und nannte diesen sogar einmal „*eine*[n] *der besten Schauspieler aller Zeiten*" und „*genauso gut und talentiert wie Dustin Hoffman, Harvey Keitel, Robert De Niro oder wer einem sonst noch einfällt*" (Quelle: Doku: „*The Making of Kill Bill – Volume 2*").

Hong Kong-Star *Gordon Liu* (QT: „`Die 36 Kammern der Shaolin` zählt zu den vier, fünf besten Old School-Kung Fu-Filmen"), mit dem es die „Bride" in „*Volume 1*" noch als „*Crazy 88 Johnny Mo*" zu tun bekam, erhielt zusätzlich die Rolle des „PAI MEI", weil er Tarantino mitteilte, dass ihn eben nicht nur die Figur des „Johnny Mo" ansprechen würde, sondern vor allem auch jene des ultra-strengen Kung Fu-Meisters „Pai Mei" – QT gab Liu die Rolle schließlich, weil er den Gedanken an die *„symbolische Symmetrie"* (QT) schätzte, die sich daraus ergeben würde, nämlich jene, dass Liu in jungen Jahren in diversen Hong Kong-Filmen gegen die Figur des Pai Mei gekämpft hatte und nun den „bösen Schurken", den er einst bekämpft hatte, selbst spielen würde.

„Der Film hat auch viel Action, aber es gibt nicht so viele Leichen" (Daryl Hannah über das, was *Kill Bill – Volume 2* von „*Volume 1*" unterscheidet) – Auch der zweite *Kill Bill*-Teil (US-Premiere: 8. April 2004) war ein internationaler Erfolg und spielte weltweit rund 154 Millionen US-Dollar ein, also um etwa 25 Millionen weniger als Teil 1.

Die *internationale Filmkritik* gab sich, wie übrigens auch schon bei Teil 1, etwas *zwiegespalten* bezüglich des Weges, den Tarantino nach 6 Jahren Pause mit seinem spektakulären & brutalen 2-teiligen Leinwandepos eingeschlagen hatte – eine Tatsache, die der Meister selbst in „*The Making of Kill Bill – Volume 2*" wiederum wie folgt auf den Punkt gebracht hat: „*Manche Kritiker sagen: `Das* ist echt cool. Er ist optisch viel ausgereifter und macht noch größeres Kino. Er hat zu seinem Stil gefunden und macht tolle Action. Jetzt gehört er zu den Großen`. Das ist die eine Seite. Die andere sagt: `Moment mal! In welche Richtung geht er da? Mir gefallen Quentin's Dialoge und Figuren. Wo sind die?`".

Als treffendstes Statement zu dem „QT-Revenge-Movie" (das, und davon bin *ich persönlich* fest überzeugt, bei allem „Irr- & Wahnwitz" auch *eine ganze Menge an Wahrheiten in Bezug auf Männer & Frauen im Allgemeinen* enthält) kann aber letztendlich jenes von *Michael Madsen* gelten, der zu Tarantino's Klassiker 2004 einmal meinte: „[Quentin] *war der Einzige, der das machen konnte. `Kill Bill` hätte kein anderer Regisseur machen können. Die haben viel zu viel Angst. Er ist der Einzige, der damit durchkommt. Im Ernst*".

EPILOG

MR. BLUE

Mir haben ihre ersten Titel gefallen, `Borderline` zum Beispiel. Aber seit sie mit `Papa Don't Preach` rauskam, steh ich nicht mehr drauf.

(aus: *Reservoir Dogs – Wilde Hunde*; „Mr. Blue" Eddie Bunker während der „*pre-heist debate*" um *Madonna*'s Song „*Like a Virgin*"; QT-Skript-Version: „*I like her early stuff. You know, `Lucky Star`, `Borderline` - but once she got into her `Papa Don't Preach` phase, I don't know, I tuned out.*")

Nun, ein *klein wenig* wie „Mr. Blue" mit dem Werk von *Madonna* ist es mir nach den beiden *Kill Bill*-Filmen, die ich ja, wie man mittlerweile so schön sagt, irgendwie noch „*gefeiert*" habe, in den Folgejahren mit dem Werk von Tarantino ergangen: Ich war für einige Zeit fast so etwas wie „*raus*", denn: Weder *Death Proof – Todsicher* noch *Inglourious Basterds, Django Unchained* oder gar *The Hateful Eight*, den ich erst, wie ich zu meiner Schande gestehen muss, Jahre nach dem Kino-Release auf DVD gesehen habe, erzeugten bei mir jenen „*enthusiasm*" wie einst *Reservoir Dogs, Pulp Fiction* oder *Jackie Brown*.

Erst Tarantino's „*Charles Manson-Film, der weitgehend ohne Charles Manson auskommt*", nämlich *Once Upon a Time in Hollywood*, rief mir 2019, vor allem *auch* angesichts dessen, was der Regisseur darin aus „Stuntman Cliff Booth" *Brad Pitt* herausgeholt hat, wieder in Erinnerung, dass die Wahrheit in Bezug auf Tarantino so „relativ simpel" ist wie eine auf QT bezogene Aussage des *Once Upon a Time in Hollywood*-Hauptdarstellers *Leonardo DiCaprio*, die dieser bei der sogenannten „*Red Carpet Show*" im Rahmen der Oscar-Verleihung 2020 getätigt hat: „*Er ist ein Genie*".

Und mittlerweile habe ich persönlich nicht nur „*einige vielleicht vorschnelle Urteile*" über einige Werke eines der letzten *wirklichen* „Regie-Gurus" unserer Zeit revidiert, sondern wäre ich auch schwer dafür, dass Tarantino von seinem „*right to remain violent*" (Copyright: EMINEM – Textzeile aus der „*Marshall Mathers LP*" von 2000) Gebrauch macht und uns *mehr* als nur die offenbar von ihm geplanten „10 Filme" beschert.